Wolfgang Benz, Matthias Weber (Hrsg.):

Exodus
Die Juden Europas nach dem Holocaust

Schriften des Bundesinstituts für Kultur und Geschichte der Deutschen im östlichen Europa

Band 71

In Kooperation mit:

Institut für Vorurteils- und Konfliktforschung e. V., Berlin

Stiftung Denkmal für die ermordeten Juden Europas, Berlin

Stiftung Topographie des Terrors, Berlin

Exodus
Die Juden Europas nach dem Holocaust

Herausgegeben von Wolfgang Benz und Matthias Weber

DE GRUYTER
OLDENBOURG

Bibliographische Information der Deutschen Nationalbibliothek
Die Deutsche Bibliothek verzeichnet diese Publikation in der Deutschen Nationalbibliographie; detaillierte bibliographische Daten sind im Internet über http://dnb.ddb.de abrufbar.

Library of Congress Cataloging-in-Publication Data
A CIP catalog record for this book has been applied for at the Library of Congress

Publiziert von De Gruyter/Oldenbourg, Berlin/Boston

Einbandabbildung: Hagana-Schiff „Jewish State" / „Medinat HaYehudim" im Hafen von Haifa (Oktober 1947), aufgebracht von britischen Marineeinheiten, an Bord 2.664 jüdische Einwanderer. Die Hagana führte nach dem Krieg antibritische Operationen in Palästina aus und organisierte die Einwanderung nach Israel, u.a. auf illegalen Schiffen. Foto: Wikimedia Commons.

Satz, Layout, Druck und Bindung: TZ-Verlag & Print GmbH, Roßdorf

ISBN-13: 978-3-11-054807-5

Inhalt

Vorwort

Der Begriff ‚Exodus' steht hier für das Ende einer historischen Epoche: die Entwurzelung und Heimatlosigkeit der Juden in Europa nach dem Holocaust. Fluchtbewegungen, Versuche des Neubeginns in Übersee, die Erfahrung des Exils sind Aspekte des komplexen Themas. Dem rettenden Exil in Shanghai folgte dort kein dauernder Aufenthalt. Das Zusammentreffen von ‚Opfern' und ‚Tätern' in Südamerika – in Gestalt der jüdischen Exilgemeinden unter Präsenz hochrangiger Nazis in Argentinien oder Chile – gehörte zu den Determinanten jüdischer Nachkriegsexistenz. Die Flucht nach dem Pogrom von Kielce 1946 setzte den Schlussstrich unter das jüdische Leben in Polen nach dem Holocaust. Die Lager für Displaced Persons in der amerikanischen und der britischen Besatzungszone Deutschlands waren Wartesäle zur Auswanderung nach Palästina und Übersee, zugleich waren die DP-Camps vorübergehend Stätten jüdischer Kultur und Religiosität in Deutschland nach dem Holocaust.

Exemplarisch war Lübeck als Ort des Neuanfangs in der britischen Zone, einzigartig die Situation im blockierten Westberlin; dort wurden 1948/49 Juden aus Polen aufgenommen, betreut und mit den Flugzeugen der Luftbrücke nach Bayern ausgeflogen. Der jüdischen Neuorientierung in den USA und in Australien gelten wichtige Kapitel dieses Bandes. Die Wege der illegalen Einwanderung nach Palästina durch Österreich zu den Mittelmeerhäfen sind in einem Beitrag beschrieben. In den Blick zu nehmen war als Kontrast zur jüdischen Suche nach Heimat schließlich auch die kirchliche Fluchthilfe für Judenmörder (‚Rattenlinie') im Zusammenhang des Exodus.

Von paradigmatischem Interesse sind auch die Identität und das Schicksal der Juden in Czernowitz und in Siebenbürgen. Zum Vergleich mit dem jüdischen Schicksal wird eine kulturelle Gemeinschaft exemplarisch betrachtet. Die Bukowinadeutschen, die während der NS-Herrschaft ihre Heimat verlassen mussten, damit annektierte Gebiete wie das ‚Wartheland' dem Prozess der ‚Eindeutschung' unterzogen werden konnten, wurden dort zum zweiten Mal vertrieben und mussten sich im besetzten Nachkriegsdeutschland neue Existenzen aufbauen. Die Erfahrungen von Nichtjuden als kultureller und ethnischer Gemeinschaft unter existentiell-katastrophalen Bedingungen, die vergleichend betrachtet werden, schärfen den Blick für die Dimension des Menschheitsverbrechens, ohne zu relativieren.

In diesem Buch sind die Ergebnisse einer Konferenz zusammengefasst, die am 19. Januar 2017 in Berlin in der Topographie des Terrors stattfand. Veranstalter waren die Stiftung Denkmal für die ermordeten Juden Europas, Berlin, die Stiftung Topographie des Terrors, Berlin, das Institut für Vorurteils- und Konfliktforschung e.V., Berlin, und das Bundesinstitut für Kultur und Geschichte der Deutschen im östlichen Europa, Oldenburg. Wir danken Sven Behnke (Oldenburg) für seine Unterstützung bei der redaktionellen Bearbeitung der Texte und die Erstellung der Register.

Berlin, Oldenburg im April 2017
Wolfgang Benz, Matthias Weber

Wolfgang Benz

Exodus
Der Auszug der Juden aus Europa nach dem Holocaust

Einleitung

Ein Leben nach dem Holocaust in Deutschland oder in den Territorien der Verfolgung war für die Mehrheit der Opfer nationalsozialistischer Rassen- und Vernichtungspolitik nicht denkbar. Vor neuem Antisemitismus in Polen und anderen Ländern des östlichen Europas boten nur die zionistische Alternative oder die Auswanderung nach Übersee Auswege. Die Juden, die die KZ und Vernichtungslager überlebt hatten und nicht in ihre Heimatländer zurückkehren konnten oder wollten (weil sie z.B. nicht mehr in der alten Gestalt existierten wie vor 1939) waren ,Displaced Persons' (DPs) geworden, die in Lagern auf eine Chance zur Reise in eine neue Heimat hofften.[1] Für Palästina bedeutete dies aber weiterhin illegale Einwanderung mit Hilfe der ,Bricha' (,Flucht'), jener legendären jüdischen Organisation, die Transitwege aus Ostmitteleuropa über Deutschland und Österreich auskundschaftete, Transporte über Land und dann Schiffe organisierte, mit denen der „Rest der Geretteten" nach Palästina gelangen sollte.[2]

In der US-Zone des besetzten Deutschland waren die DP-Lager Zwischenstationen nicht nur für Auswanderungswillige nach USA. In Österreich waren Salzburg und Tirol Stationen abenteuerlicher Auswanderung, die über Alpenpässe nach Italien und von dort aus nach Palästina ging.[3] Im Westen der 1945 wieder errichteten Republik Österreich existierten zwei jüdische Kolonien, die aber nicht auf Dauer angelegt waren: Jüdische Holocaustüberlebende, die als Flüchtlinge vor neuer Verfolgung und in der Hoffnung auf Emigration in eine neue Heimat lebten, machten im französisch besetzten Teil Österreichs Station, um mit der illegalen jüdischen Organisation Bricha über französische oder italienische Häfen nach Palästina zu gelangen.

Die DP-Lager in Bregenz und Hohenems hatten den Charakter von Kibbuzim, die der Schulung und Vorbereitung auf ein Siedlerleben in Eretz Israel dienten. Der Alltag der Juden in Vorarlberg war von Spannungen mit der autochthonen Umwelt

---

1 Angelika Königseder, Juliane Wetzel: Lebensmut im Wartesaal. Die jüdischen DPs (Displaced Persons) im Nachkriegsdeutschland, Frankfurt a. M. 1994; Angelika Königseder: Flucht nach Berlin. Jüdische Displaced Persons 1945-1948. Berlin 1998 (Zentrum für Antisemitismusforschung: Dokumente, Texte, Materialien 27).

2 Yehuda Bauer: Flight and Rescue: Brichah. New York 1970 (Contemporary Jewish Civilization Series).

3 Thomas Albrich (Hrsg.): Flucht nach Eretz Israel. Die Bricha und der jüdische Exodus durch Österreich nach 1945, Innsbruck, Wien 1998 (Österreich-Israel-Studien 1).

gekennzeichnet, von Problemen der Lebensmittelversorgung, von Unsicherheit und von kollektiven Traumata. Exemplarisch war der Zwischenfall in Lochau im November 1946, als Juden mit gefälschten bolivianischen Dokumenten von den Besatzungsbehörden die Ein- bzw. Weiterreise untersagt wurde und die ‚Darmschmuggleraffaire' 1951, in der die Presseberichterstattung dem in der Bevölkerung vorhandenen antijüdischen Ressentiment Ausdruck verlieh und in deutlich antisemitischer Diktion, einer Mischung aus moralisierendem Hohn und hetzerischer Empörung, den Vorfall des Devisenschmuggels beschrieb.[4]

Mindestens 65 illegale Schiffe versuchten bis zur Staatsgründung Israels jüdische Überlebende des Holocaust in das Land ihrer Hoffnung zu bringen, gegen die Restriktionen der Briten, die bis 1948 andauerten. Immerhin waren die Fluchtwege in Europa ab Frühjahr 1945 für Juden gangbarer geworden. Symbol des jüdischen Willens zur Einwanderung und britischer Abwehr wurde die Fahrt des Schiffes ‚Exodus', das am 10. Juli 1947 mit 4.515 Menschen an Bord von Marseille aus Kurs nach Eretz Israel nahm.[5] Das Schiff war von der Haganah, der jüdischen Militärorganisation im Untergrund des britischen Mandatsgebiets Palästina, gekauft worden. Ursprünglich hatte der Dampfer in den USA unter dem Namen ‚President Warfield' Vergnügungsreisende zwischen Norfolk und Baltimore gefahren, aus dem Luxusschiff war im Krieg ein Truppentransporter geworden, dann wurde das Schiff in der Chesapeake Bay aufgelegt und stand zum Verkauf. Den Namen ‚Exodus' führte das Schiff nur wenige Tage, auf seinem Weg nach Palästina, der von britischen Agenten und der britischen Marine beschattet wurde. Am späten Abend des 17. Juli 1947 wurde die ‚Exodus' auf hoher See, kurz vor ihrem Ziel Tel Aviv, von britischen Kriegsschiffen aufgebracht.

Die Briten sprachen von einem Hoheitsakt, tatsächlich war es Piraterie. Die Enterkommandos stießen auf erheblichen jüdischen Widerstand. Der Kampf endete mit drei Toten und 28 Schwerverletzten. Die schwer beschädigte ‚Exodus' (sie war von zwei Zerstörern in die Mitte genommen und fast zerquetscht worden) wurde nach Haifa geschleppt. Unter beträchtlicher Gewaltanwendung wurden die Passagiere auf drei britische Truppentransporter umgesetzt, die am folgenden Tag zur Fahrt nach Europa ausliefen. Da die britischen Internierungslager in Zypern überfüllt waren, sollten die jüdischen Flüchtlinge nach Frankreich gebracht werden. Die Juden weigerten sich dort aber, an Land zu gehen. Nach drei Wochen nahmen die Schiffe dann Kurs auf Hamburg. Die Ausschiffung am 8. September 1947 entwickelte sich, nach vielen Protestdemonstrationen in DP-Lagern auf deutschem Boden, zur moralischen Niederlage der Briten. Die öffentliche Meinung hatte das Anliegen der Juden endlich zur Kenntnis genommen und engagierte sich gegen Großbritannien.

---

4 Thomas Albrich: Zwischenstation im Dreiländereck. Jüdische DPs und Flüchtlinge nach 1945 in Hohenems und Bregenz. In: Esther Habler (Hrsg.): Displaced Persons. Jüdische Flüchtlinge nach 1945 in Hohenems und Bregenz. Innsbruck 1998.

5 Günther Schwarberg: Die letzte Fahrt der Exodus. Das Schiff, das nicht ankommen sollte. Göttingen 1988; David C. Holl: Exodus 1947. Boston 1969; Horst Siebecke: Die „Schicksalsfahrt der ‚Exodus 47'". Eine historische Dokumentation. Frankfurt a.M. 1987.

Das Schicksal der illegalen jüdischen Einwanderungsversuche in Palästina hat erst spät die Weltöffentlichkeit berührt. In den literarischen Spiegelungen, die die Fahrt der ‚Exodus' erfuhr, hat die Alijah Beth ihr Denkmal gefunden, freilich in heroisierten und trivialisierten Formen, die der Realität nur sehr annähernd entsprachen.[6]

Der Begriff ‚Emigration' war für die Juden aus Deutschland und Mitteleuropa, die zwischen 1933 und 1948 eine neue Heimat in Palästina suchten, ebenso wie der Terminus ‚Exil' keine zutreffende Beschreibung ihrer Situation. Als Flüchtlinge und Vertriebene stand ihnen nur ein Weg offen, für die Destination Palästina lautete die Umschreibung dafür ‚Alijah', das bedeutet ‚Aufstieg'. Das hieß freilich auch, dass ideologische Bindungen und dass zionistische Gesinnung mindestens stillschweigende Voraussetzungen waren. Die Mehrheit der deutschen Juden war jedoch allenfalls aus Not zionistisch gesonnen, das kam im geflügelten Wort unter Einwanderern zum Ausdruck ‚Kommen Sie aus Überzeugung oder aus Deutschland?' Das wurde dann auch Bestandteil der sozialen Situation der ‚Jeckes' in Israel. Man wird trotzdem weniger von Traumatisierung durch die Umstände des illegalen Heimatgewinns sprechen, als vom Gewinn jüdischer Identität durch die Alijah, den ‚Aufstieg' nach Israel, der allerdings zunächst auch im günstigen Fall nur die Rettung des nackten Lebens bedeutete. Für die DPs waren die Lager im besetzten Deutschland – genauer: in der amerikanischen und britischen Besatzungszone – ein notwendiger Aufenthalt, eine Station, die durchgestanden werden musste.

Im Gegensatz zur amerikanischen Politik, die jüdische Überlebende – egal ob sie echte DPs waren oder Flüchtlinge aus Osteuropa – als einheitliche Gruppe betrachtete und behandelte, teilte die britische Politik überlebende Juden in ihrem Besatzungsgebiet in drei unterschiedliche Kategorien ein, in deutsche (autochthone) Juden, in DPs und in jüdische Flüchtlinge aus Osteuropa (‚Infiltrees'). Die Briten verhinderten auch eine gemeinsame Interessenvertretung und bestanden auf getrennten Repräsentanzen der Juden, sie betrachteten die jüdischen DPs grundsätzlich als Angehörige der Nation ihrer ursprünglichen Herkunft.

Die britische Politik hatte vor allem die Konsequenz, dass die US-Zone für DPs und Infiltrees einladender war, was sich in den Dimensionen jüdischer Bevölkerung in Camps wie in Gemeinden auswirkte. Es gab erhebliche Reibungen und Konflikte zwischen den Instanzen der britischen Besatzungsmacht und den Repräsentanten der Juden.[7]

Die amerikanische Politik gegenüber Displaced Persons war generöser und entsprechend attraktiver war die US-Zone für auswanderungswillige, eine neue Heimat suchende Juden. Angesichts der besonderen Situation Berlins in den Nachkriegsjahren gestaltete sich das DP-Problem hier anders als in der britischen und amerikanischen Zone als den beiden Regionen, in denen die befreiten Juden ihr weiteres Schicksal abwarteten. Die Westsektoren Berlins boten naturgemäß wenig Raum für

---

6 In vielen Auflagen verbreitet, auch verfilmt: Leon Uris: Exodus. Garden City, New York 1958, deutsch München 1959.

7 Sigrun Jochims-Bozic: „Lübeck ist nur eine kurze Station auf dem jüdischen Wanderweg". Jüdisches Leben in Schleswig-Holstein 1945-1950. Berlin 2004 (Dokumente, Texte, Materialien 51).

Flüchtlingslager, umso größer war aber der Zuzug von Menschen aus Osteuropa, insbesondere aus Polen, die eigentlich nicht den DP-Status hatten, die aber als solche anerkannt und behandelt wurden, weil sie als jüdische NS-Verfolgte mit neuem Antisemitismus in ihren früheren polnischen Heimatorten konfrontiert waren. Der Pogrom von Kielce und andere Exzesse führten ab 1946 zur Massenflucht überlebender polnischer Juden Richtung Westen,[8] und Berlin spielte eine wichtige Rolle als Auffangs- und Durchgangsstation. Zur besonderen Situation Berlins gehörte die sowjetische Blockade 1948, in deren Folge die DPs mit den Flugzeugen, die die Luftbrücke in die Westsektoren der Stadt bildeten, in Lager in Westdeutschland ausgeflogen wurden.[9]

Jüdisches Leben nach dem Exil ist Gegenstand der zentralen Beiträge dieses Bandes: Das Ende des jüdischen Exils in Shanghai, die Existenz deutscher Juden in den USA, die Situation der Exilanten in Lateinamerika, zu der die Koexistenz mit geflüchteten Nazis gehört, der jüdische Exodus nach Australien.

Die Rede muss aber auch sein vom Exodus der Täter und von denen, die den Schergen des NS-Regimes, den Handlangern, Mitwirkenden und Ausführenden des Judenmords zur Flucht vor irdischer Gerechtigkeit halfen. Von christlicher Barmherzigkeit handelt der letzte Beitrag, von Geistlichen und hohen Würdenträgern des Vatikans, die ein Hilfsnetz knüpften und Naziverbrecher durch Tirol nach Rom und weiter nach Südamerika geleiteten. Das vollzog sich in großer Diskretion, auch war die katholische Kirche nicht die einzige Instanz, die Barmherzigkeit an Judenmördern übte. Aber die zeitliche Koinzidenz des Exodus der Juden aus Europa mit der Flucht nationalsozialistischer Funktionäre und ihrer Handlanger ist bemerkenswert, nicht minder die Hilfe, die sie erfuhren im Gegensatz zu den Hindernissen, die Juden bei der Auswanderung überwinden mussten. Ins öffentliche Bewusstsein drangen die NS-Täter, die über die ‚Rattenlinie' entkamen, erst spät. Die Entdeckung und Entführung Adolf Eichmanns und sein Prozess in Jerusalem 1961 wiesen auf die Flucht der Täter, die dann bald wieder in Vergessenheit geriet.

Der Exodus der Juden aus Europa hat einen tröstlichen Epilog. In Deutschland waren trotz mörderischer Erfahrung, trotz des Traumas, das der Holocaust auch den nachfolgenden Generationen hinterließ, Juden geblieben. Als 1957 mit dem Lager Föhrenwald bei München das letzte DP-Camp auf deutschem Boden aufgelöst wurde, blieben Menschen zurück, die den Aufbruch in ein fernes Land nicht mehr schafften, die durch die Verbindung mit nichtjüdischen Partnern eine Heimat in Deutschland gefunden hatten oder die sich ebenso stark als Deutsche wie als Juden identifizierten. Sie bildeten, entgegen der Erwartung jüdischer Organisationen, nach denen kein jüdischer Fuß mehr deutschen Boden nach der Abreise des letzten Holocaust-Opfers betreten sollte, eine kleine Gemeinschaft in der Bundesrepublik mit Schwerpunkten in Westberlin, München und Frankfurt, repräsentiert durch den 1950 gegründeten Zentralrat der Juden in Deutschland. Ende der 1980er Jahre leb-

8 Wolfgang Benz, Brigitte Mihok (Hrsg.): „Juden unerwünscht". Anfeindungen und Ausschreitungen nach dem Holocaust. Berlin 2016.

9 Angelika Königseder: Flucht nach Berlin (Anm. 1).

ten etwa 30.000 Juden in der Bundesrepublik. Kleiner war die jüdische Gemeinde in der DDR, sie zählte zuletzt noch 400 Bürger.

Das Jahr 1990, das die Vereinigung der beiden deutschen Staaten brachte, war auch für das jüdische Leben ein Neubeginn. Denn mit einem ihrer letzten Gesetze beschloss die Volkskammer der DDR die Einladung an Juden aus der Sowjetunion, die dort wegen ihrer Herkunft diskriminiert waren. Das vereinigte Deutschland bot den Kontingentflüchtlingen, wie der amtliche Jargon für die willkommenen Zuwanderer lautet, eine neue Heimat. Viele kamen, gründeten wieder Gemeinden vor allem in den neuen Bundesländern und sorgten für neues jüdisches Leben. Die Bundesrepublik hat jetzt etwa 100.000 jüdische Bürger als Folge eines neuen Exodus in umgekehrter Richtung.

I.
Entwurzelung und Neubeginn: Displaced Persons

Angelika Königseder

Flucht nach Berlin

Seit Herbst 1945 war Berlin Durchgangsstation für Tausende jüdischer Flüchtlinge aus Polen und anderen Staaten Osteuropas, die dem gewaltbereiten Antisemitismus und den aussichtslosen ökonomischen Perspektiven in ihren Heimatländern zu entkommen suchten und nach dem Holocaust einen Neuanfang in Palästina oder anderen Emigrationsländern wagen wollten.[1] Die jüdischen Überlebenden machten nur einen winzigen Teil innerhalb der riesigen Migrationsbewegungen in den Jahren 1945/46 aus. Von 1. Juli 1945 bis 31. März 1946 wurden insgesamt 7.738.000 Personen in den Flüchtlingslagern Berlins registriert, unter ihnen mehrere Tausend Juden.[2]

Erste Hilfe leistete den Flüchtenden die von überlebenden jüdischen Deutschen wiedergegründete Berliner Jüdische Gemeinde, indem sie in der Rykestraße 53, in der Iranischen Straße 3 und in der Oranienburger Straße 31 Durchgangslager einrichtete. Sie befanden sich allerdings wegen der Kriegszerstörungen in einem schlechten baulichen Zustand, und waren außerdem bald restlos überbelegt. Bis Anfang September 1945 hatten insgesamt lediglich 250 bis 300 polnische Juden bei der Gemeinde um Aufnahme gebeten.[3] Kurze Zeit später erreichten jedoch etwa 50 Juden täglich Berlin,[4] Ende November stieg die Zahl sogar auf 250. Da es der jüdischen Fluchthilfeorganisation ‚Bricha' nur gelang, etwa 100 Juden täglich aus der Stadt zu schleusen, waren die Durchgangsheime der Gemeinde rasch überfordert. Mindestens zwei Leute mussten sich ein enges Feldbett teilen, andere schliefen auf Bänken oder auf dem Boden in den Gängen. Die Versorgung war völlig unzureichend, und die hygienischen Bedingungen spotteten jeder Beschreibung.[5]

Unterstützung kam in dieser Situation von der französischen Militärregierung, die einen Wohnblock in Berlin-Wittenau am Eichborndamm 140-148 auf dem Borsig-Gelände zur Verfügung stellte. Am 1. Dezember 1945 wurde dort das Displaced Persons-Lager Wittenau eröffnet, das Platz für etwa 500 Menschen bot. Ende des Monats beherbergte es bereits 2.400 jüdische Flüchtlinge.

---

1 Der folgende Beitrag basiert im Wesentlichen auf der Dissertation der Verfasserin: Flucht nach Berlin. Jüdische Displaced Persons 1945-1948. Berlin 1998.

2 Der Berliner. Nachrichtenblatt der Britischen Militärbehörde, 18. April 1946.

3 Judah Nadich, Report on Conditions of Jews in Berlin, 16. September 1945, YIVO Leo W. Schwartz Papers (LWSP), fol. 63. Die Materialien des New Yorker YIVO Instituts sind in Mikrofilmkopie im Zentrum für Antisemitismusforschung, TU Berlin, einsehbar.

4 American Jewish Joint Distribution Committee (AJDC), Report on Germany, S. 12, YIVO DP camps Germany (DPG), fol. 1500.

5 Philip Skorneck, AJDC Director for Berlin, an Capt. Vlcek, Welfare Section, Office of Military Government for Germany (OMGUS), Subject: Conditions of Jewish people in Berlin, 6. Dezember 1945, YIVO LWSP, fol. 63.

Die politische Konstellation in Berlin verhinderte eine Verbesserung der desolaten Überbelegungssituation in Wittenau und den Durchgangslagern der Gemeinde. In allen anderen Gebieten der amerikanischen Besatzungszone gab es seit dem Spätsommer 1945 Lager für jüdische ‚Displaced Persons' (DPs), in denen die Überlebenden, auch mithilfe von amerikanisch-jüdischen Wohlfahrtsorganisationen, versorgt wurden. Aufgrund der Viermächteverwaltung Berlins aber weigerten sich die Amerikaner lange, in ihrem Stadtsektor ein Lager einzurichten und damit die Hauptlast für die jüdischen Flüchtlinge in der Stadt zu übernehmen. Sie waren daran interessiert, ein gemeinsames Vorgehen aller vier Besatzungsmächte zu erreichen. Analog zur DP-Politik in ihrer Besatzungszone waren die Briten nicht bereit – vor dem Hintergrund ihres Palästinamandats und damit verbunden der Furcht vor Reaktionen der Araber –, das Problem anzuerkennen. Sie werteten die Berichte über die antisemitischen Ausschreitungen in Polen als zionistische Propaganda und betrachteten die flüchtenden Juden als polnische Staatsbürger, die notfalls mit Gewalt in ihre Heimat zurückgebracht werden sollten.

Mit der Bereitstellung des Wohnblocks am Eichborndamm hatte die französische Seite ein positives Signal gesetzt, alles Weitere aber überstieg ihre politischen und finanziellen Möglichkeiten. Die Sowjets als vierte Besatzungsmacht argumentierten, die Juden würden Polen lediglich aus ökonomischen Motiven verlassen und wegen der bestehenden Zuzugssperre illegal nach Berlin kommen, daher sei keine Unterstützung möglich.

Aber warum flohen zehntausende Juden aus Polen nur wenige Monate nach Kriegsende aus ihrer Heimat, nahmen die Strapazen und Unsicherheiten einer Flucht in das vom Krieg zerstörte Deutschland, das den Völkermord an den europäischen Juden verantwortete, in Kauf? Die Ursachen für diese Flucht lagen in den unzumutbaren Bedingungen, die die jüdischen Überlebenden im Nachkriegspolen vorfanden. Wenige Monate nach der Befreiung lebten noch etwa 83.000 von ehemals 3,3 Millionen Juden in Polen. 13.000 waren als Soldaten mit der polnischen Armee aus der Sowjetunion zurückgekehrt; die restlichen 70.000 waren Überlebende der Konzentrationslager, ehemalige Partisanen und Juden, die versteckt im Untergrund überlebt hatten.[6] Außerdem kehrten einige Juden zurück, die in anderen Ländern befreit worden waren und hofften, in Polen ihre Familienangehörigen wiederzufinden. Meist handelte es sich um die einzigen Überlebenden von ehemals großen Familien, die auf der verzweifelten Suche nach ihren Verwandten sowie ihrem früheren Hab und Gut waren. Das Land aber glich einem riesigen jüdischen Friedhof; die einstmals bedeutenden jüdischen Gemeinden waren ausgelöscht, Synagogen und Grabstätten verwüstet.

Viele Erinnerungen zeugen von der Hoffnungslosigkeit, die die Überlebenden in ihrer Heimat erwartete. Gitta Guttmann etwa kehrte nach Petrikau, in der Nähe von Lodz, zurück. Auf die Frage eines Interviewers: „Wie war es in Polen?" antwortete sie:

---

6 Yehuda Bauer: Flight and Rescue. New York 1970, S. 113.

> Das war eine ganz schlimme Erfahrung. Das einzig Gute war, daß ich meine Mutter gefunden habe. Das war ein großes Glück. Aber ich bin in der Stadt, in Piotrków, herumgegangen wie auf einem Friedhof. Ich habe niemanden gefunden. Aber jedes Haus hat mich an jemanden erinnert, an eine Tante, an einen Onkel, an den Großvater oder an einen angeheirateten Cousin. Es war nichts da. Es war für mich ein großer Friedhof. Ich bin danach so krank geworden! Ohne daß ich irgendwelche Symptome gehabt hätte wie Fieber oder so etwas. Es war eine rein seelische Erkrankung. Ich war wochenlang krank, ich konnte überhaupt nicht fassen, was da passiert ist. Ich mußte erst wieder zu mir kommen.[7]

Zu der ergebnislosen Suche nach überlebenden Familienangehörigen kam die Weigerung vieler Polen, den Juden ihr Eigentum zurückzugeben. Jakob Olszer etwa kehrte nach seiner Befreiung aus dem Konzentrationslager in seine Heimatstadt Lodz zurück. In seiner ehemaligen Wohnung lebte eine Polin, deren Mann Soldat war. Dies reichte als Begründung aus, warum Olszer sein Apartment nicht wieder beziehen durfte.

Wolf Laper, in Wieliczka bei Krakau geboren, hatte den Krieg versteckt in den Wäldern überlebt. Als er im März 1945 versuchte, seinen Wäschereibetrieb zurückzuerhalten, sagte man ihm, es würde mehrere Jahre dauern, bis seine Identität endgültig überprüft sei. Kurze Zeit später gab ihm die polnische Untergrundarmee (‚Armia Krajowa') 24 Stunden Zeit, das Land zu verlassen. Er wandte sich an die örtliche Polizei, die aber nicht bereit war, ihm Schutz zu gewähren. Es sei sein eigenes Risiko, ob er bleibe oder nicht. Am 24. November 1945 verließ Wolf Laper Krakau Richtung Berlin.[8]

Als größtes Problem in Polen aber stellte sich bald der wiederauflebende Antisemitismus heraus, vor dem die Regierung die jüdische Bevölkerung nicht schützen konnte. Die von der Sowjetunion unterstützte kommunistisch-sozialistische Regierung besaß wenig Rückhalt in der Bevölkerung und konnte dem gewalttätigen Treiben kaum Einhalt gebieten. Seit dem Rückzug der deutschen Wehrmacht kam es in zahlreichen polnischen Städten zu pogromartigen Ausschreitungen. Im Juli 1945 etwa bewarfen Kinder in Krakau Synagogenbesucher mit Steinen. Als ein polnisch-jüdischer Soldat den Kindern Einhalt gebieten wollte, begannen diese lauthals zu schreien und behaupteten, die Juden wollten sie töten. Sofort lief eine Menschenmenge vor der Synagoge zusammen, stürmte das Gotteshaus und setzte es in Brand. Dabei wurden zehn Juden getötet und 30 schwer verletzt.[9]

Viele Flüchtlinge, die Berlin erreichten, schilderten dort ihre schrecklichen Erfahrungen in der alten Heimat. Ein Rechtsanwalt aus Tschenstochau etwa wurde gezwungen, mit seiner hochschwangeren Frau zu fliehen. Schon lange hatte er gegen den Antisemitismus seiner nichtjüdischen Kollegen zu kämpfen gehabt, im Januar

---

7 Susann Heenen-Wolff: Im Haus des Henkers. Gespräche in Deutschland. Frankfurt a.M. 1992, S. 267.

8 Captain Mautner an Colonel Hohenthal, Report on the Jewish Situation in Poland, 4. Januar 1946, S. 2, 5, OMGUS 3/176-2/17.

9 Headquarters Office of Strategic Services (OSS) Austria, Situation of Jews in Poland, 20. September 1945, OMGUS 3/176-2/17.

1946 aber erhielt er unter einem Pseudonym einen Brief, der ihn aufforderte, die Stadt bis Ende des Monats zu verlassen, andernfalls werde man ihn und seine Frau töten. Nach Gesprächen mit Kollegen entschloss er sich, seine Anwaltskanzlei aufzugeben und Tschenstochau mit seiner Frau zu verlassen. Nur mit dem Nötigsten ausgestattet kamen sie nach Berlin, wohl wissend, dass sie ihren materiellen Status nicht wieder erlangen würden.[10]

Am 10. Dezember 1945 wurde ein polnischer Jude Zeuge, als acht seiner Verwandten und Freunde von Mitgliedern der A.K. in Bolesławiec bei Wieluń getötet wurden. Etwa zehn A.K.-Soldaten stürmten frühmorgens das Haus, in dem die Juden wohnten. Sie forderten sofort 30.000 Złoty, falls die Bewohner den Betrag nicht aufbringen konnten, würden sie erschossen. Die Juden besaßen jedoch nur 23.000 Złoty, die restlichen 7.000 mussten sie sich von einem polnischen Nachbarn leihen. Die A.K. Soldaten nahmen das Geld und erschossen die jüdischen Bewohner dennoch.[11] Eine Untersuchung der polnischen Regierung ergab, dass zwischen November 1944 und Oktober 1945 351 Juden in Polen ermordet worden waren.[12] Bis April 1946 war die Zahl auf 1.000 angestiegen.[13]

Über die schlechten wirtschaftlichen Bedingungen, die unsichere politische Situation und die antisemitischen Ausschreitungen waren die polnischen Juden, die nach dem deutschen Überfall auf Polen im September 1939 und knapp zwei Jahre später auf die Sowjetunion Zuflucht in der Sowjetunion gesucht hatten, nicht informiert. Schätzungen zufolge entkamen etwa 230.000 polnische Juden der nationalsozialistischen Verfolgung durch ihre Flucht in die Sowjetunion.[14] Nach dem 1. September 1939 waren ungefähr 350.000 Juden aus dem deutsch besetzten Teil Polens in den sowjetischen geflohen. Zunächst unterschieden die Sowjets in den annektierten polnischen Gebieten nicht zwischen Einheimischen und Flüchtlingen. Im Frühjahr 1940 allerdings begannen sie, Letztere zu ‚sowjetisieren': Sie sollten ihre polnische Staatsbürgerschaft ablegen und sowjetische Pässe bekommen. Viele polnische Juden lehnten dies ab und galten nun als politisch unzuverlässig. Die sowjetischen Machthaber deportierten sie in abgeschiedene Gegenden im russischen Hinterland. Besonders ‚gefährliche Elemente' wurden sogar inhaftiert und in Arbeitslager nach Sibirien verschleppt.[15]

Nach dem deutschen Überfall auf die Sowjetunion im Juni 1941 waren allerdings die Juden am stärksten bedroht, die im sowjetisch besetzten Teil Polens geblieben waren. Viele versuchten nun, der deutschen Wehrmacht in Richtung Osten zu entkommen, sodass die Zahl der jüdischen Flüchtlinge in der Sowjetunion etwa eine

10 Captain Mautner an Colonel Hohenthal, S. 7, OMGUS 3/176-2/17.

11 Report of a Polish Jew whose relatives and friends have been shot by the Polish A.K., 9. Januar 1946, OMGBS (Office of Military Government, Berlin Sector) 4/135-1/1.

12 Bauer: Flight and Rescue (Anm. 6), S. 115.

13 Abraham S. Hyman: The Undefeated. Jerusalem 1993, S. 106.

14 Markus Nesselrodt: „I bled like you, brother, although I was a thousand miles away": postwar Yiddish sources on the experiences of Polish Jews in Soviet exile during World War II. In: East European Jewish Affairs 46 (2016), S. 47-67, hier S. 47.

15 Hyman: The Undefeated (Anm. 13), S. 177f.

halbe Million erreichte. Einige Männer im wehrfähigen Alter dienten in der Roten Armee.[16] Viele der polnisch-jüdischen Flüchtlinge starben an den Entbehrungen, an Krankheiten, Unterernährung und infolge der harten Arbeits- und Lebensbedingungen im sowjetischen Exil.

Seit Sommer 1945 verhandelten die polnische und die sowjetische Regierung über deren Repatriierung. In der Folge kehrten ungefähr 175.000 polnische Juden seit Februar 1946 in ihre Heimat zurück. Sie hofften, dort ihre Familien und ihren Besitz wiederzufinden. Es erwartete sie jedoch eine ganz andere Realität. Den meisten wurde erst jetzt klar, dass ihnen das sowjetische Exil das Leben gerettet hatte. Sie begegneten aber in der alten Heimat der gleichen Friedhofsstimmung, den Schwierigkeiten, ihr Eigentum zurückzuerhalten und dem vehementen Antisemitismus, der einen Neuanfang für jüdische Polen nahezu unmöglich machte.

Was die daraus für Berlin entstehende Situation betraf, wurde der Widerstand der Amerikaner, die alleinige Last bei der Beherbergung und Versorgung der jüdischen Flüchtlinge zu tragen, im Januar 1946 gebrochen. Konkreter Anlass war die Ankündigung der sowjetischen Militärregierung, alle 2.500 Juden, die in den beiden in ihrem Sektor angesiedelten Durchgangslagern der Jüdischen Gemeinde lebten, binnen 48 Stunden nach Prenzlau in der sowjetischen Besatzungszone zu verlegen. Einige der Betroffenen waren daraufhin in das völlig überbelegte Wittenau im französischen Stadtsektor geflüchtet, der Großteil jedoch in den amerikanischen Sektor. Daraufhin gaben die Amerikaner dem Druck nach. Die 78. US-Infanterie-Division räumte die von ihr genutzten Baracken in der Potsdamer Chaussee 87-91 in Zehlendorf binnen weniger Tage. Am 12. Januar 1946 konnte dort das DP-Lager Düppel-Center, wegen seiner Nähe zum gleichnamigen See auch Schlachtensee genannt, eröffnet werden. Dort war Raum für etwa 3.500 Menschen.

Mit dieser Entscheidung demonstrierten die Amerikaner wiederum, dass sie willens waren, auf die Bedürfnisse und speziellen Herausforderungen der jüdischen Überlebenden nach dem Krieg zu reagieren. Juristisch galten die jüdischen Flüchtlinge aus Polen nämlich nicht als DPs, weil sie ein wesentliches Merkmal nicht erfüllten: Um als DP anerkannt zu werden und dadurch Anspruch auf Unterkunft, Ernährung und Kleidung zu haben, musste man während des Krieges aus seiner Heimat geflohen, verschleppt oder vertrieben worden sein.

Fünf Wochen bevor die Amerikaner am 18. Februar 1946 allen ‚persecutees' (‚Verfolgte') generell den DP-Status zuerkannten, hatten sie mit der Bereitstellung des Lagers Düppel-Center gezeigt, dass sie diesen administrativen Beschluss auch politisch zugunsten der jüdischen Flüchtlinge umzusetzen gedachten.

Ganz anders reagierte die britische Besatzungsmacht. Sie verweigerte den als ‚infiltrees' bezeichneten Juden aus Ostmitteleuropa den DP-Status. Damit fielen die Flüchtlinge in die Zuständigkeit der deutschen Behörden und hatten folglich keinen Anspruch auf Extrazuteilungen oder Hilfe der Hilfsorganisation UNRRA (United Nations Relief and Rehabilitation Administration), die die DP-Lager im Auftrag der

16 Jacques Vernant: The Refugee in the Post-War World. London 1953, S. 62.

Vereinten Nationen verwalteten. Sie wurden auch nicht in die DP-Lager aufgenommen. Daraus ergab sich logisch, dass die Briten nicht daran dachten, in ihrem Stadtsektor in Berlin ein Lager für die jüdischen Flüchtlinge einzurichten.[17]

Mit der Bereitstellung von Düppel-Center reichten im ersten Halbjahr 1946 die Kapazitäten für jüdische Flüchtende aus Polen in Berlin aus. Im Unterschied zu den Lagern in der amerikanischen Besatzungszone in Süddeutschland blieben sie meist nur einige Tage in der Stadt. Dann verließen sie Berlin mithilfe der jüdischen Fluchthilfeorganisation ‚Bricha', die auch die Flucht aus Polen organisierte.[18]

Diese Flucht erreichte im Sommer 1946 nach dem Pogrom in Kielce, bei dem 42 Juden ermordet wurden, ihren Höhepunkt. Im 190 Kilometer südlich von Warschau gelegenen Kielce war durch das Wiederaufleben des jahrhundertealten Ritualmordvorwurfs ein Massaker ausgelöst worden, das man nach der Erfahrung der nationalsozialistischen Gewaltherrschaft nicht mehr für möglich gehalten hatte. Die polnischen Juden reagierten auf diesen Gewaltausbruch sofort. Zehntausende verließen ihre Heimat und nahmen die Strapazen und Unsicherheiten einer Flucht nach Deutschland und Österreich auf sich. Dennoch fiel den meisten die Entscheidung zum abermaligen Aufbruch aus ihrer Heimat schwer. Ein unsignierter Brief eines Holocaustüberlebenden an den polnisch-jüdischen Dichter Julian Tuwim macht die damit verbundenen Zweifel und Konflikte deutlich:

> Warum muß ich mein Heimatland verlassen? Warum gibt es hier keinen Platz für mich, in dem Land, dem ich all die Jahre meiner Jugend geweiht habe? [...] Trotzdem muß ich dieses Land verlassen, doch es war schwer für mich, dies zu entscheiden. Weil ich seit [19]39 im Ausland war, fühlte ich mit völliger Überzeugung, wie nah und kostbar Polen mir ist. [...] Bis vor kurzem [...] habe ich dafür gearbeitet, polnische Emigranten aus der Sowjetunion in organisierter Form nach Polen zurückzubringen. [...] Daher bricht mir das Herz, wenn mir der Gedanke kommt, daß ich in meine Heimat zurückgekehrt bin, um sie zu fliehen. Warum muß ich das Land verlassen, in dem ich geboren wurde und in dem ich aufwuchs, dessen Sprache meine Muttersprache ist, dem ich so viele meiner besten Jahre geschenkt habe? An dieses Land zu denken, gab mir Kraft in den harten Jahren des Krieges. Warum muß ich das alles wegwerfen und mich zu einem angstvollen Wanderleben ins Unbekannte aufmachen? Und wohin soll ich gehen? An einen Ort, wo mir alles fremd sein wird, wo ich die Sprache nicht kenne, wo die Bücher, die Zeitungen, das Kino und das Theater in einer unverständlichen Sprache zu mir sprechen werden. [...] Warum? [...] Das [polnische] Volk ist mit der Droge des Hasses vergiftet worden, und die Leute wollen uns nicht. [...] Auf den Straßen, an Treffpunkten, in den Straßenbahnen, in den Zügen, überall schauen sie, wenn sie uns nicht schlagen, mit Augen voller Haß, Verachtung, giftigen Spotts auf uns.[19]

---

17 Angelika Königseder, Juliane Wetzel: Lebensmut im Wartesaal. Die jüdischen DPs (Displaced Persons) im Nachkriegsdeutschland. Frankfurt a.M.[2] 2004, S. 53, 55.

18 Bauer: Flight and Rescue (Anm. 6).

19 Unsignierter Brief an Julian Tuwim, 30. Juli 1946. Zit. nach David Engel: Polen und Juden nach 1945. Historisches Bewußtsein und politischer Kontext als Faktoren polnisch-jüdischer Beziehungen in der Nachkriegszeit. In: Babylon 15 (1995), S. 40 und Anm. 73.

Obwohl die Bricha die meisten Flüchtlinge nach Süddeutschland lenkte, erreichten von August bis November 1946, also nach dem Pogrom von Kielce, etwa 16.000 Juden Berlin.[20] Berlin bot sich wegen seiner geografischen Nähe zu Polen, aber auch wegen des immer noch gewaltigen Flüchtlingsstroms von vertriebenen Deutschen, der keine genauen Kontrollen an der Grenze zuließ, als Ziel an.[21]

Die Flucht nach Berlin wurde in Stettin organisiert, der an der Odermündung gelegenen neuen Grenzstadt zwischen Polen und Ostdeutschland. Bereits im Frühsommer 1945 hatten Vertreter der ‚privaten' Bricha vereinzelt Juden von Stettin nach Berlin gebracht. Die ‚private' Bricha bestand aus wenigen Leuten, die Juden gegen Geld zur Flucht verhalfen. Meist betreuten sie Flüchtlinge, die den Aufbau der ‚offiziellen' Organisation nicht abwarten wollten oder nicht zionistisch orientiert waren. Die zionistische Bricha, die kein Geld von den Flüchtlingen nahm, stand diesen Privatleuten, für die geschäftliche Interessen im Mittelpunkt standen, äußerst feindlich gegenüber und es kam immer wieder zu Zusammenstößen.[22] Die privaten Fluchthelfer hatten die Route Stettin–Berlin bereits seit Kriegsende genutzt.

Die ‚offizielle' Bricha begann erst im August 1945 langsam mit dem Ausbau dieses Fluchtwegs und musste deshalb kurzfristig auf diese Schleuser zurückgreifen, um Transportmöglichkeiten für die Fahrt nach Berlin zu haben. Dabei ereigneten sich mehrere Zwischenfälle, so etwa, als einer dieser Fluchthelfer auf halbem Weg einen mit 40 Personen besetzten LKW anhielt und nur gegen zusätzliches Geld bereit war, die Fahrt fortzusetzen. Erst im Frühjahr 1946 hatte die Bricha die Route unter ihrer Kontrolle; nun verwendete sie ihre eigenen Transportmittel und baute selbst die für den Grenzübertritt notwendigen Kontakte mit polnischen und sowjetischen Grenzsoldaten auf.

Als die Zahl jüdischer Flüchtlinge nach dem Pogrom von Kielce so stark anstieg, reagierte wiederum die amerikanische Militärregierung in Berlin und gab drei große, um einen Innenhof herum angelegte Wohnblöcke in der Eisenacher Straße 39 in Tempelhof frei. Am 26. Juli 1946 wurde dort das DP-Lager Mariendorf-Bialik Center eingerichtet. Von den äußeren Bedingungen her war das erst 1931 erbaute Gebäude eines der besten DP-Lager in Deutschland und bot Platz für etwa 3.000 Menschen.[23]

Bis September 1946 blieben die drei Berliner DP-Lager eine Durchgangsstation für etwa 32.000 Juden. Am 15. September 1946 kam die Bricha-Operation Stettin–Berlin praktisch zum Erliegen. An diesem Tag brachten die Sowjets drei LKW mit Flüchtlingen auf und inhaftierten sie. Nach zähen Verhandlungen gaben sie Fahrer, Flüchtlinge und LKW zwar wieder frei, die Bricha-Mitglieder wurden jedoch

---

20 Yehuda Bauer: Out of the Ashes. The Impact of American Jews on Post-Holocaust European Jewry. Oxford 1989, S. 129.

21 Eli Rock, Henry S. Levy: Quarterly Report, Berlin Office, A.J.D.C., 1. März 1946 – 1. Juni 1946, S. 17f., YIVO DPG fol. 1633.

22 Bauer: Flight and Rescue (Anm. 6), S. 116.

23 AJDC Berlin Report, Juni-Juli 1946, S. 2, YIVO LWSP fol. 53. Der Wohnblock grenzte an die Eisenacher-, Äneas-, Dido-, Rixdorferstraße und den Dirschelweg.

zu langjährigen Haftstrafen in Sibirien verurteilt. Die Sowjets wollten das gesamte Bricha-Kommando aufdecken und entließen deshalb jüdische Flüchtlinge mit der Auflage, ihnen die Struktur und Verantwortlichen der Organisation offenzulegen. Obwohl dies nicht gelang, reduzierte die Bricha ihre Aktivitäten erheblich und beschloss Anfang November 1946, keine jüdischen Flüchtlinge mehr über Stettin nach Berlin zu bringen.[24]

Von diesem Zeitpunkt an veränderte sich der Charakter der jüdischen DP-Lager in Berlin grundlegend. Nur noch vereinzelt kamen polnische Juden nach Berlin; gleichzeitig erreichten 1947 nur noch wenige Flüchtlinge aus Berlin kommend die amerikanische Besatzungszone. Die gewaltigen Migrationsbewegungen des Vorjahres waren beendet; unter den Lagerbewohnern gab es nun relativ wenig Fluktuation. Da das eigentliche Ziel der jüdischen DPs – die Auswanderung – für die meisten wegen der restriktiven Bestimmungen aller potenziellen Emigrationsländer aber nach wie vor in weiter Ferne lag, entwickelten vor allem die beiden großen Lager Düppel-Center und Mariendorf, weitgehend distanziert von der deutschen Umwelt, ein eigenes Gemeinwesen, das alle Lebensbereiche wie Politik, Verwaltung, Polizeiwesen, Gerichtsbarkeit, Kultur, Erziehung, Berufsausbildung und Presse umfasste. Das Ziel einer möglichst raschen Auswanderung aus Deutschland wurde jedoch zu keinem Zeitpunkt infrage gestellt.

Offiziell verwalteten Hilfsorganisationen der Vereinten Nationen die DP-Lager, die Lagerkomitees bildeten jedoch im Rahmen des Selbstverwaltungssystems eine Art ‚Regierung' von Düppel-Center und Mariendorf. Eine von den Bewohnern aufgestellte DP-Polizei sollte das Lager vor unerwünschten Eindringlingen schützen, aber auch die Ordnung im Innern aufrechterhalten. Einen nicht unerheblichen Beitrag für das relativ friedliche Zusammenleben der jüdischen DPs in dieser schwierigen Situation leisteten die Lagergerichte, die bei zivilrechtlichen Streitigkeiten unter den Bewohnern Urteile fällten, Straftaten, die Juden im Lager begingen, untersuchten, aber auch die Beachtung sanitärer Vorschriften durchsetzten und den Missbrauch von Wohnraum und Strom verhinderten. Wichtig war den jüdischen DPs ein gutes Erziehungssystem. „Die Jugend ist jetzt unsere einzige übergebliebene Hoffnung und von der Erziehung ist unsere Zukunft abhängig", kommentierte die Lagerzeitung *Undser Lebn*,[25] die seit 2. August 1946 in jiddischer Sprache erschien. Sie enthielt allgemeine politische Nachrichten, Informationen zu Eretz Israel und zur Emigration, einen Literatur- und Kunstteil, eine Wissenschaftsabteilung, Lagernachrichten und Suchmeldungen. Selbstverständlich nahmen auch Berichte und Erinnerungen aus der NS-Zeit breiten Raum ein.

In beiden Lagern entstanden Theatergruppen, die vor allem mit der Aufführung jiddischer Klassiker viel Applaus ernteten. Das Ensemble ‚Baderech' („Auf dem Weg') aus Düppel wagte sich jedoch auch an Victor Hugo *(Les Misérables)*[26] und Molière

24 Bauer: Flight and Rescue (Anm. 6), S. 237f.

25 Undser Lebn. Zeitung von den befreiten Jidn in Berlin, 27. Dezember 1946, S. 5.

26 Plakat in YIVO DPG, fol. 1629.

(Der eingebildete Kranke).[27] Viele Anhänger im oftmals deprimierenden, trostlosen DP-Alltag mit der schweren Bürde des Vergangenen und einer unsicheren Zukunft fand der Sport. Die Sportclubs ‚Herzliya' in Düppel und ‚Hakoach' in Mariendorf hatten Handball, Leichtathletik, Tischtennis, Boxen und vor allem Fußball im Programm. Mit der Unterstützung zahlreicher Fans maßen die Fußballteams während der Sommersaison ihre Kräfte mit den Mannschaften der anderen Lager, häufig aber auch mit britischen, amerikanischen und polnischen Militärmannschaften.

Über all diesen Aktivitäten stand jedoch das Ziel einer möglichst raschen Auswanderung aus Deutschland. Die restriktiven Einwanderungsbestimmungen der Mandatsmacht Großbritannien für Palästina – nur 1.500 Juden durften weltweit jeden Monat einreisen – und der meisten anderen potenziellen Auswanderungsländer machten die Emigration jedoch schwierig. Erst die siegreiche Beendigung des israelischen Unabhängigkeitskrieges 1949[28] und die Lockerung der amerikanischen Vorschriften 1950[29] ermöglichten dem Großteil der jüdischen DPs die Auswanderung.

Zu diesem Zeitpunkt bestanden in Berlin aber keine DP-Lager mehr. Seit dem Frühsommer 1947 hatte es Überlegungen gegeben, Düppel-Center und Mariendorf aufzulösen und deren Bewohner in den Lagern der amerikanischen Besatzungszone unterzubringen.[30] Schließlich mussten fast alle Nahrungsmittel und Versorgungsgüter aus der US-Zone nach Berlin transportiert werden. Viele DPs hatten zudem Angehörige in Lagern der US-Zone, von denen sie nicht getrennt leben wollten.[31] Auch die Kostenreduzierung, Freisetzung von Wohnraum und die regelmäßig auftretenden politischen Schwierigkeiten – so war bei der Inanspruchnahme von Geldern aus dem Berliner Haushalt für die DPs jeweils die Zustimmung aller vier Besatzungsmächte erforderlich – spielten bei diesen Überlegungen eine Rolle.[32] Die wachsenden Zufahrtsbehinderungen nach Berlin durch die sowjetische Besatzungsmacht veranlassten den amerikanischen Militärgouverneur General Clay in der ersten Juniwoche 1948, sein Einverständnis für die Schließung von Düppel-Center und Schlachtensee zu geben.[33]

Die Verhängung der totalen Blockade Berlins zu Wasser und zu Lande durch die Sowjets am 24. Juni 1948 veränderte die Situation jedoch. General Clay befürchtete, dass die Evakuierung der DPs als ein Signal für den Beginn der Kapitulation Berlins verstanden werden könnte, und diesen Eindruck wollte er unter keinen Umstän-

27 Undser Lebn, 20. Februar 1948, S. 6.
28 Bauer: Out of the Ashes (Anm. 20), S. 291.
29 Königseder, Wetzel: Lebensmut im Wartesaal (Anm. 17), S. 72f.
30 AJDC Berlin, Report for September 1947, S. 1, YIVO LWSP fol. 521.
31 William B. Stinson, Lt Col., Chief, Displaced Persons, S-1: Inadvisability of Maintaining Displaced Persons Assembly Centers in Berlin, 3. Mai 1947, OMGUS 3/159-3/18.
32 Harry S. Messec, OMGUS Prisoners of War and Displaced Persons Division, an Chief of Staff. Subject: Discontinuation of UNDP [United Nations Displaced Persons] Installations in US Sector of Berlin, 23. Mai 1947, OMGUS 3/173-2/1.
33 William Haber, Advisor on Jewish Affairs, an Meir Grossman, Director of Department of Overseas Relations, American Jewish Conference, 10. Juni 1948, S. 5, YIVO LWSP fol. 75.

den vermitteln. Knapp vier Wochen später entschied er sich jedoch anders.[34] Um die Zahl der in Berlin zu Versorgenden zu reduzieren, sollten alle DPs sofort evakuiert, aber niemand zum Verlassen der Stadt gezwungen werden. Die Flugzeuge, die die abgesperrte Stadt aus der Luft versorgten, sollten auf ihren Rückflügen die jüdischen DPs evakuieren.[35]

Am Abend des 21. Juli 1948 erfuhren die Bewohner, dass die Auflösung der Lager und ihre Evakuierung in die amerikanische Besatzungszone in zwei Tagen beginnen sollten. Nur etwa 150 Lagerbewohner entschieden sich, in Berlin zu bleiben. Die meisten von ihnen hatten gerade kleine Geschäfte aufgebaut, die sie nicht aufgeben wollten, einige wehrten sich aber auch gegen eine Evakuierung per Flugzeug. 5.536 jüdische DPs verließen schließlich zwischen dem 23. Juli und dem 1. August 1948 Berlin in Richtung Frankfurt am Main.[36]

Die französische Militärregierung entschloss sich ebenfalls, die Bewohner Wittenaus und die jüdischen DPs, die außerhalb des Lagers im französischen Sektor lebten, in die französische Besatzungszone zu evakuieren. Insgesamt 220 Personen wurden am 12. September 1948 mit amerikanischen Flugzeugen von Tempelhof nach Frankfurt am Main geflogen und von dort in drei Lager in Südwestdeutschland verbracht. Die ehemaligen Berliner DPs aus dem amerikanischen Sektor wurden per Bahn von Frankfurt aus auf etwa 20 jüdische DP-Lager in der amerikanischen Besatzungszone verteilt.[37] Dort warteten sie – wie alle anderen jüdischen DPs – auf den positiven Bescheid ihrer Auswanderungsanträge. Die sowjetische Blockade hatte damit ein Kapitel jüdischer Nachkriegsgeschichte in Berlin beendet.

Was aber geschah mit den ehemaligen Berliner DP-Lagern? Die Wohnungen am Eichborndamm in Wittenau wurden erneut von der französischen Militärregierung beschlagnahmt und für Polizeibeamte bereitgestellt. In den Mariendorfer Wohnblock in der Eisenacher Straße zogen unmittelbar nach der Evakuierung die ausquartierten früheren Mieter wieder ein. Abgesehen von einigen Renovierungsarbeiten blieb der Wohnblock bis heute ohne größere Veränderung erhalten. Einige Baracken von Düppel wurden zu Flüchtlings-Notwohnungen und die Baracke 69 zu einem Aufnahmeheim für Obdachlose umgebaut.

Im März 1950 zog der größte Teil des bisher in Lichterfelde-West gelegenen „Jugendhofes" für schwer erziehbare männliche Jugendliche nach Düppel. Seit 1973 sind auf dem Gelände des ehemaligen DP-Lagers ein Jugendausbildungszentrum und Wohnhäuser untergebracht. Die letzten Holzbaracken wurden 1977/78 abgerissen. An die jüdischen DPs erinnern an beiden Orten heute Informationstafeln an der Bushaltestelle.

---

34 C.K. Gailey, Brigadier General, GSC, Chief of Staff, an Major General C.B. Magruder, Deputy Chief of Staff, HQ European Command, Heidelberg, U.S. Army, Berlin, 19. Juli 1948, OMGUS AG 1948/144/1.

35 William Haber, Advisor on Jewish Affairs, an Abram Rothfeld, Acting Executive Secretary, American Jewish Conference, 31. August 1948, S. 6.

36 Ebd.

37 AJDC Berlin, Welfare Report, September 1948, S. 1, YIVO LWSP fol. 523.

Sigrun Jochims-Bozic

Befristeter Aufenthalt
Lübeck als Transitstation und Ort jüdischen Neuanfangs

Im Mai 1945 hatte die britische Armee in Schleswig-Holstein insgesamt etwa 1.300 jüdische Häftlinge befreit, die verschiedene Konzentrationslager und Todesmärsche überlebt hatten.[1] Diese jüdischen Überlebenden gehörten mehrheitlich zur Gruppe der ‚Displaced Persons' (DPs), die bei Kriegsende in Schleswig-Holstein schätzungsweise 300.000 Menschen umfasste.[2] Die DPs waren im Wesentlichen ehemalige Zwangsarbeiter, ehemalige nichtdeutsche Konzentrationslagerhäftlinge und Osteuropäer, die vor der sowjetischen Armee geflohen waren. Sie alle wurden in von den Briten eingerichteten Lagern untergebracht. Dabei war es der Grundsatz der britischen Besatzungspolitik, die Juden nicht als eigene Gruppe anzuerkennen.

Vorrangige Sorge der geschundenen und zutiefst gedemütigten jüdischen DPs, die Familie, Besitz und ihre Heimat verloren hatten, war es zunächst, gesund zu werden und es auch zu bleiben. Hunderte der in Schleswig-Holstein befreiten Häftlinge starben jedoch noch nach Kriegsende an den Folgen der jahrelangen Leiden und Entbehrungen. Die Hoffnungen vieler, dass ein anderes Mitglied der Familie die Grauen der Konzentrations- und Vernichtungslager überlebt haben könnte, wurden nach der Befreiung oft bitter enttäuscht.

Dem Wunsch nach einer baldigen Auswanderung nach Palästina stand die restriktive Einwanderungspolitik der britischen Mandatsmacht entgegen. Großbritannien legte zwecks Wahrung seiner Interessen im Nahen Osten viel Wert auf ein gutes Verhältnis zu den arabischen Staaten und suchte deshalb eine jüdische Masseneinwanderung nach Palästina zu verhindern. Auch die Auswanderungsmöglichkeiten in andere Länder waren vorerst äußerst rar, zumal die jüdischen Überlebenden in Schleswig-Holstein gesundheitlich angegriffen waren und vielfach nicht über eine Ausbildung verfügten, die eine Auswanderung erleichtert hätte. Gezwungenermaßen richteten sie sich für einige Jahre provisorisch in Schleswig-Holstein ein.

Die größten Gruppen jüdischer Überlebender befanden sich im DP-Lager Neustadt/Holstein und in Lübeck. Die Lübecker Synagoge war die einzige in Schleswig-Holstein, die nach dem Krieg wieder ihrem ursprünglichen Zweck diente. Nur dort entstand eine jüdische Kultusgemeinde, die allerdings auf personelle und materielle Unterstützung von außen angewiesen war. In Lübeck war die Fluktuation der jüdi-

---

1 Vgl. Sigrun Jochims-Bozic: Lübeck ist nur eine kurze Station auf dem jüdischen Wanderweg. Jüdisches Leben in Schleswig-Holstein 1945-1950. Berlin 2004 (Dokumente, Texte, Materialien 51), S. 53.

2 Vgl. Hannes Harding: Displaced Persons in Schleswig-Holstein 1945–1953. Frankfurt a. M. 1997 (Kieler Werkstücke, Reihe A: Beiträge zur schleswig-holsteinischen und skandinavischen Geschichte 16), S. 48.

schen Bevölkerung in den ersten Wochen und Monaten nach der Befreiung besonders groß. Viele Juden in der Stadt warteten darauf, das Angebot des schwedischen Roten Kreuzes annehmen zu können, nach Schweden zu reisen.[3]

Da die Hansestadt direkt an der Zonengrenze lag, war sie auch Anlaufstation für Überlebende aus Konzentrationslagern in Mecklenburg, die nicht in von der Sowjetunion besetztem Gebiet bleiben wollten.[4] Eine Gruppe von jüdischen Menschen erreichte von Schwerin aus Lübeck. Angehörige der amerikanischen Armee hatten veranlasst, dass Überlebende verschiedener Todesmärsche nach Schleswig-Holstein geschickt wurden, unter ihnen Norbert Wollheim, der das Konzentrationslager Auschwitz überlebt hatte und führender Repräsentant der deutschen Juden in der britischen Zone sowie erster Vorsitzender der Jüdischen Gemeinde Lübeck nach 1945 wurde.[5]

Eine erste detaillierte Statistik über jüdische DPs in Schleswig-Holstein wurde im November 1945 von britischer Seite erstellt. In der britischen Zone Deutschlands gab es demnach insgesamt 7.979 jüdische DPs, davon befanden sich rund 65 Prozent im DP-Lager Belsen. In Schleswig-Holstein waren es 926 Menschen,[6] davon lebten 97 Personen in Lübeck, die überwiegende Mehrheit war polnischer Herkunft. Nach der Auflösung des Lübecker DP-Lagers im Dezember 1946 durch die britische Besatzung, lebten im Sommer 1947 in der Stadt Lübeck insgesamt 122 jüdische Personen, deren Zahl bis zum November 1949 um bis zu 100 Personen abnahm.[7]

Der Aufenthalt der jüdischen Überlebenden in Lübeck war geprägt durch das spannungsreiche Beziehungsgeflecht zwischen Juden, britischer Besatzungsmacht, Deutschen und nichtjüdischen DPs. Antisemitismus schlug den jüdischen Überlebenden in Lübeck von Seiten der Deutschen, der nichtjüdischen DPs und in einem Fall von britischen Soldaten entgegen. Die Konflikte der jüdischen Überlebenden mit den Briten in Lübeck betrafen ebenso wie in der gesamten britischen Zone besonders die britische Palästinapolitik.

Im Spätsommer 1947 fanden 3.500 jüdische Passagiere der ‚Exodus 47' zwangsweise in Lübeck vorübergehend Unterkunft und die Hansestadt diente Tausenden von jüdischen Flüchtlingen aus Osteuropa als Zwischenstation auf dem Weg nach Palästina. Die Haltung der Stadt Lübeck und ihrer Verwaltung zu den jüdischen

---

3 So ist vermutlich die von Albrecht Schreiber angegebene hohe Zahl von 800 jüdischen Personen in Lübeck im Jahr 1945 zu erklären; vgl. Albrecht Schreiber: Zwischen Davidstern und Doppeladler, Illustrierte Chronik der Juden in Moisling und Lübeck. Lübeck 1992 (Kleine Hefte zur Stadtgeschichte 8), S. 163. Auch Norbert Wollheim gab in einem Interview mit Michael Brenner die Zahl der jüdischen DPs in Lübeck nach der Befreiung mit 800 Personen an; vgl. Michael Brenner: Nach dem Holocaust. Juden in Deutschland 1945–1950. München 1995 (Beck'sche Reihe 1139), S. 141.

4 Vgl. Hebrew University of Jerusalem (HUJ), Institute of Contemporary Jewry, Oral History Division (OHD), Project 156, File 1, Interview mit Norbert Wollheim.

5 Vgl. Undzer Schtime, 25. 01. 1947.

6 Public Record Office, Kew, London (PRO), Foreign Office (FO) 1052/281, Statement showing numbers of Jews voluntarily segregated in Accordance with this HQ No. PWDP/16038/50/Exec. 1, 29. 11.1945.

7 Vgl. Jochims-Bozic: Lübeck (Anm. 1), S. 254.

Überlebenden war maßgeblich von Ablehnung geprägt, die besonders die jüdischen DPs betraf, deren Aufenthalt in der Stadt nicht erwünscht war. Die erklärte Politik des Vorsitzenden der jüdischen Gemeinde Lübeck Norbert Wollheim dagegen war es, keinerlei Unterschiede zwischen jüdischen DPs und deutschen Juden zu machen.

Ein einschneidendes Erlebnis für die jüdischen DPs in Lübeck war der Versuch ihrer Verlegung von Lübeck nach Neustadt/Holstein durch die Briten. Dieser Konflikt, der das Ende des Aufenthaltes der jüdischen DPs in Lübeck bedeutete, soll beispielhaft im Folgenden beschrieben werden:

Die deutschen und britischen Behörden warfen den jüdischen und polnischen DPs, die in Lübeck in der Walderseestraße lebten, wiederholt vor, dass sie Schwarzmarktgeschäfte betreiben würden. Grundsätzlich ist davon auszugehen, dass am Schwarzhandel neben den DPs jedweder Herkunft immer auch Deutsche und Besatzungssoldaten beteiligt waren.[8] Gegenüber den DPs versuchte die britische Militärregierung des Problems Herr zu werden, indem sie Razzien in den Lagern anordnete. Einerseits sollten dadurch Schwarzmarktgüter beschlagnahmt werden, andererseits waren die Razzien aber auch ein Instrument der Kontrolle, Einschüchterung und Disziplinierung.

Im Dezember 1946 durchsuchten verschiedene Abteilungen des britischen Militärs die Unterkünfte der jüdischen DPs in der Walderseestraße. Davon waren jüdische und polnische DPs gleichermaßen betroffen. Der Anlass war eine Anzeige der Lübecker Stadtverwaltung gewesen: Mitte November hatte sich Oberstadtdirektor Helms bei der Lübecker Militärregierung über den Verkauf von Möbelstücken der früheren deutschen Mieter durch kurz vor ihrer Repatriierung stehende Polen beschwert.[9] Da die britische Militärregierung zunächst nicht reagierte, diente ein Ende November 1946 von dem bei der Stadt beschäftigten Übersetzer Martin Gilbert verfasster Aktenvermerk als Grundlage für ein zweites Schreiben. In dem Aktenvermerk mit der Überschrift „Verschleuderung deutschen Hausrats durch Polen" hieß es, dass polnische DPs in der Walderseestraße Haushaltsgegenstände zum Tausch gegen Kleidungsstücke anbieten würden. Sie hätten entsprechende Inserate im Anzeigenblatt *Marktspiegel* aufgegeben.[10]

Von der Stadtverwaltung in Kenntnis gesetzt, kritisierte der für die DPs in Lübeck zuständige Col. Cooke, zunächst vorrangig das Verhalten der deutschen Behörden. Er stellte fest, dass es durchaus in ihrer Macht liege, eine Zeitung anzuweisen, keine derartigen Anzeigen aufzunehmen. Die Polen seien im Übrigen offensichtlich nicht der Meinung, etwas Verbotenes zu tun, denn sonst würden sie dort nicht inserieren. Da das Anzeigenblatt hauptsächlich unter Deutschen kursiere, seien sie die potenziellen Käufer und machten sich dadurch ebenso schuldig. Cooke kündigte an, gegen die Schwarzmarktaktivitäten, an denen Deutsche und DPs aktiv beteiligt seien,

8 Vgl. Harding: Displaced Persons (Anm. 2), S.115f.

9 Vgl. Stadtarchiv der Hansestadt Lübeck (StHL), Hauptamt 866, Schreiben von Oberstadtdirektor Helms an H. Q. Mil. Gov. SK Lübeck CCG (BE) K. R. O. Lübeck, 25. 11. 1946.

10 Vgl. StHL, Hauptamt 866, Aktenvermerk für Herrn Oberstadtdirektor Helms von Martin Gilbert, 25.11.1946.

einzuschreiten.[11] Informationen, die Cooke Mitte Dezember vorlagen, belegen, dass auch britische Soldaten an Schwarzmarktgeschäften mit Bewohnern der Waldersee-straße beteiligt waren.[12] Darüber hinaus betonte Norbert Wollheim in einer späteren Stellungnahme, dass die dort wohnenden baltischen DPs ebenfalls in starkem Umfang Schwarzmarkt betreiben würden.[13]

Das Vorgehen der britischen Behörden zeigt jedoch, dass sie das Problem des Schwarzmarktes zu Lasten der polnischen und jüdischen DPs zu lösen versuchten. Am Morgen vor der Razzia, am 11. Dezember, kündigte die für die DPs zuständige Hilfsorganisation UNRRA (United Nations Relief and Rehabilitation Administration) an, dass sie das Lager 72 Stunden später, also am 14. Dezember, auflösen und die jüdischen Bewohner nach Neustadt/Holstein bringen werde. Die polnischen DPs sollten auf verschiedene DP-Lager in Schleswig-Holstein verteilt werden.[14]

Bei der Durchsuchung der Unterkünfte von 90 jüdischen und 900 polnischen DPs[15] in der Nacht vom 11. auf den 12. Dezember wurden laut britischem Bericht eine Kanne britischen Benzins, Reste von Lebensmittelverpackungen aus alliierten Beständen, vier Flaschen Schnaps und größere Mengen von Kartoffeln und Fisch gefunden. In den Unterkünften der jüdischen DPs fand man bei acht Personen größere Geldsummen, deren Besitz zum Teil nicht ordnungsgemäß nachgewiesen werden konnte, einige Wertgegenstände, Gold, Diamantenmaß und -waage sowie einige Kleidungsstücke und Pelze.

Ob die anschließenden Befragungen der betroffenen acht DPs den Schwarzmarktverdacht erhärten konnten, geht aus den Quellen nicht hervor. Vor diesem Hintergrund ist die Frage berechtigt, woraus sich die von britischer Seite behauptete Bestätigung für den Verdacht auf verstärkte Schwarzmarkttätigkeit für die überwiegende Mehrheit der polnischen und jüdischen DPs herleitete.[16]

---

11 Vgl. StHL, Hauptamt 866, Schreiben von J. Cooke, 626 (R) Det. Mil. Gov. an das KRO Lübeck, 04.12.1946.

12 Vgl. PRO FO 945/743, Bericht 626(R) Det. Mil. Gov. Ref. Search carried out a/m flats 11 Dec 46, 07.01.1947.

13 Vgl. Wiener Library London (WLL), Lady Rose Henriques Collection (LRHC), Box 6, Jews in Germany B. Camps, Schreiben von Norbert Wollheim an Dr. Noah Barou, World Jewish Congress London, 06.03.1947. Wie sehr sich die jüdischen DPs gegenüber den baltischen DPs benachteiligt fühlten, zeigt die Berichterstattung der Zeitung ‚Undzer Schtime'. Dort wurden die Letten und Litauer als „professionelle SS Mörder" bezeichnet, die bei den Engländern offensichtlich erwünscht seien. Vgl. Undzer Schtime, 25.01.1947.

14 Vgl. PRO FO 945/743, Schreiben von James Acheson, Regional Commissioner Land Schleswig Holstein, an die PW & DP Division, Zonal Executive Offices, Lemgo, 10.01.1947.

15 Zu den Zahlen vgl. Anm. 14.

16 In der Darstellung des Deutschlandministers Hynd heißt es: „On the 11th December [..] a search was carried out on the block of flats occupied by both Poles and Jews, and ample evidence was found to justify suspicions that the inhabitants of the whole area had been involved in black market activities." PRO FO 945/743, Schreiben von John B. Hynd an Dr. N. Barou, World Jewish Congress London, 07.02.1947. Norbert Wollheim stellte demgegenüber fest: „Nach sorgfältiger Prüfung, welches die Ergebnisse der Hausdurchsuchungen gewesen sind, wurde mir zuverlässig berichtet, dass das einzige beschlagnahmte Gut einige Zentner Kartoffeln waren." Vgl. WLL, LRHC, Box 6, Jews in Germany B. Camps, Schreiben Norbert Wollheim an Dr. Noah Barou, World Jewish Congress, London, 06.03.1947.

In den nachträglich verfassten Schreiben der britischen Verantwortlichen wurde neben dem Schwarzmarktvorwurf als weiterer Grund für den Räumungsbefehl der Unterkünfte in der Walderseestraße die Absicht genannt, die DPs nach ihrer Nationalität und nach ihrer Arbeitsfähigkeit und -bereitschaft zusammenfassen zu wollen. An die Stelle der polnischen und jüdischen DPs in Lübeck, die nicht in der deutschen Wirtschaft beschäftigt werden wollten, sollten baltische DPs treten. Deshalb galt der im Dezember 1946 gegebene Räumungsbefehl nicht für die ebenfalls in den Walderseekasernen lebenden 290 lettischen DPs.[17]

Bereits im Sommer 1946 hatten die Briten mit dieser Absicht eine Verlegung der jüdischen DPs aus Lübeck nach Waldorf bei Lübeck-Travemünde angekündigt. Da das Lager Waldorf von den vorherigen Bewohnern nach Auszug aber stark zerstört worden war, mussten die Briten damals von ihrem Vorhaben Abstand nehmen und den Umzug auf ungewisse Zeit verschieben.[18] Abgesehen davon wollten die jüdischen DPs aus Lübeck, die jahrelang in deutschen Konzentrationslagern gefangen gehalten worden waren,[19] nicht wieder in ein Lager verlegt werden. Dies war dem für die Lübecker DPs zuständigen 626 Relief Detachment und der Lübecker Militärregierung 820 bekannt.[20] So konnte es ein halbes Jahr später im Dezember 1946 wenig überraschen, dass die jüdischen DPs sich gegen die Verlegung in das DP-Lager Neustadt wehrten.

Während die nichtjüdischen polnischen DPs ihre Unterkünfte in der Walderseestraße am Morgen nach der Durchsuchung widerstandslos zu räumen begannen, waren die jüdischen DPs nicht bereit, dem Befehl Folge zu leisten. Die Ankündigung, die Unterkunft binnen 72 Stunden zu räumen, um in ein Lager verlegt zu werden, muss bei den jüdischen Betroffenen traumatische Erinnerungen wachgerufen haben.[21] Da sich Norbert Wollheim vorübergehend in den USA aufhielt, wandten sie sich mit der Bitte um Hilfe an Josef Rosensaft in Belsen und an Mitarbeiter der britisch-jüdischen Hilfsorganisation ‚Jewish Relief

---

17 Vgl. StHL, Hauptamt 866, D. P. and PWX Camp List, 626 Mil. Gov. Det., 25.09.1946.

18 Vgl. PRO FO 945/743, Schreiben von James Acheson, Regional Commissioner Land Schleswig Holstein an PW & DP Division, Zonal Executive Offices Lemgo, 10.01.1947. Zu der geplanten Umquartierung der jüdischen DPs vgl. StHL, Hauptamt 866, Schreiben von Capt. Stewart (für Lt. Col. Comd. 626 Mil. Gov. Det.), betr.: Umquartierung von DPs, 25.06.1946. Darin ist von einer Verlegung in den Moorweg in Lübeck die Rede.

19 Vgl. Yad Vashem Archives Jerusalem (YV), Josef Rosensaft Archive of Bergen Belsen (JA) 070/63, Bericht von Norbert Wollheim, 11.03.1947.

20 Vgl. StHL, Hauptamt 866, Schreiben von Städt. Oberverwaltungsrat Haken an HQ Mil. Gov. SK Lübeck, 02.07.1946. Und in derselben Akte: Schreiben von Capt. M. S. Stewart, 626 Mil. Gov. Det. an 820 Mil. Gov. Det., 09.07.1946. Sir James Acheson, Regional Commissioner des Landes Schleswig-Holstein behauptete später fälschlicherweise, die Vertreter der jüdischen DPs hätten nichts gegen eine Verlegung nach Waldorf einzuwenden gehabt. Vgl. PRO FO 945/743, Schreiben von James Acheson, Regional Commissioner Land Schleswig-Holstein, an PW & DP Division, Zonal Executive Offices Lemgo, 10.01.1947.

21 Heinz Salomon erklärte den Widerstand der Lübecker DPs gegenüber britischen Behörden mit der Weigerung von Menschen mit Konzentrationslagererinnerungen, ihre Stadtunterkünfte zu verlassen, um in ein Lager umzuziehen. Vgl. PRO FO 945/743, Telegramm Steinreg Kiel an Control Office London, 20.01.1947.

Unit Pearl Rosenblum‘ in Neustadt und den Rabbiner Alexander Carlebach in Hamburg.[22]

Am Abend des 12. Dezember erfuhr Carlebach telefonisch von dem Leiter der jüdischen Wohlfahrtspflege in Schleswig-Holstein, Heinz Salomon in Kiel, was zu tun sei: Er und Rosenblum sollten nach Lübeck kommen und durch Verhandlungen mit den deutschen Behörden erreichen, dass ein Haus aus ehemals jüdischem Besitz den DPs zur Verfügung gestellt werde. Salomon ging davon aus, dass es mindestens fünfzig solcher Häuser in Lübeck gab.

Am nächsten Morgen trafen Pearl Rosenblum und Alexander Carlebach in Lübeck ein und führten ein Gespräch mit Oberstadtdirektor Helms und Oberverwaltungsrat Haken von der Stadtverwaltung Lübeck. Rabbiner Carlebach schilderte den Gesprächsverlauf:

> Es wurde schnell offensichtlich, dass sie nicht die Absicht hatten, zu helfen, dass sie nur zu froh darüber waren diese polnischen Juden loszuwerden und dass sie sich hinter der britischen Militärregierung versteckten, ohne deren Erlaubnis sie nichts tun könnten.[23]

In der Hoffnung, einen Aufschub des Räumungsbefehls zu erreichen, sprachen die beiden JRU-Mitarbeiter (JRU: ‚Jewish Relief Unit‘) dann bei dem Lübecker UNRRA-Direktor Major Davey vor, der jedoch nicht befugt war, eine derartige Entscheidung zu treffen. Als zuständig stellte sich Col. Cooke, Leiter des Relief Detachment 626 in Lübeck, beziehungsweise die ihm übergeordnete Instanz in Kiel heraus. Rosenblum und Carlebach suchten ihn auf, und Cooke erklärte, dass der Umzugsbefehl schon älter sei und es jetzt keinen Aufschub mehr gebe.

Auf die Einwände Carlebachs hin, dass durch den Befehl das neu entstandene Gemeindeleben zerstört werde, dass der Umzug eine Rückkehr ins Lagerleben bedeute, dass sich unter den Betroffenen schwangere Frauen und auch Kinder befänden und es jetzt Winter sei, dass der Umzug außerdem auf einen Sabbath fiele und die Menschen das Gefühl hätten, oft genug herumgestoßen worden zu sein, äußerte Col. Cooke Verständnis, erwiderte aber, die anderen polnischen nichtjüdischen DPs säßen im gleichen Boot und der Umzug sei nicht mehr zu ändern. Diese Informationen gaben Pearl Rosenblum und Rabbiner Carlebach an die Betroffenen weiter, die nach wie vor nicht nach Neustadt gehen wollten.[24] Die DPs waren in dieser Haltung noch bestärkt worden, weil einige von ihnen die Behausungen in Neustadt direkt nach Bekanntwerden des Räumungsbefehls in Augenschein genommen und für schlecht befunden hatten.[25] Sie wollten sich zu nichts zwingen lassen und vielleicht Zuflucht in der Synagoge suchen. Ohne etwas erreicht zu haben, fuhren Carlebach nach Hamburg und Rosenblum nach Neustadt zurück.

---

22 Vgl. Undzer Schtime, 25.01.1947.

23 Vgl. WLL, LRHC, Box 6, Jews in Germany, B. Camps, Lübeck, Schreiben von Rev. Alexander Carlebach, JRU Area Rep. Hamburg/Bremen an Leonard Cohen, 20.12.1946.

24 Ebd.

25 Vgl. Undzer Schtime, 25.01.1947.

Die Situation in der Walderseestraße war indes immer prekärer geworden, und die Juden wurden schließlich gezwungen, ihre Wohnungen zu verlassen. Mit ihren Habseligkeiten bepackt machten sie sich auf den Weg zur Synagoge. Am Betreten des Gebäudes wurden sie jedoch durch deutsche Polizisten gehindert, die sich vor dem Haus postiert hatten und niemanden hinein oder herausließen. Auf den Protest der DPs beim Lübecker Polizeipräsidenten hin gab dieser die Antwort, dass er nichts tun könne, weil der Befehl von höheren Instanzen komme:[26] Der britische Public Safety Officer hatte die deutsche Polizei angewiesen, sich vor der Synagoge aufzustellen.[27]

Inzwischen näherte sich der Sabbathbeginn und einige Menschen wollten zum Beten hineingehen, was die Polizisten nur unter der Bedingung zulassen wollten, dass niemand Gepäck mit in die Synagoge nähme und niemand nach dem Beten dortbliebe. Darauf ließen sich die jüdischen DPs nicht ein, sondern kehrten dem Gotteshaus vorerst den Rücken. Einige suchten bei Freunden Unterschlupf, andere wanderten die ganze Nacht hindurch bei frostigen Temperaturen durch die Stadt. Am nächsten Morgen war die Polizei verschwunden und 70 jüdische DPs begannen damit, sich in den Vorräumen der Synagoge notdürftig einzurichten.[28] Es gab keine Kochmöglichkeiten, das Heizöl reichte nur für wenige Tage und einer der Männer war krank und benötigte Bettruhe.[29] Auch gab es von nun an keinerlei Verpflegung mit Lebensmitteln durch die UNRRA mehr.[30]

Am folgenden Montag trafen erneut Pearl Rosenblum, Rabbiner Alexander Carlebach und nun auch Heinz Salomon aus Kiel in Lübeck ein. Die DPs baten die beiden Mitarbeiter der Jewish Relief Unit, sich bei der Militärregierung 820 um eine Versicherung zu bemühen, dass zumindest das Verbleiben der jüdischen DPs in Lübeck genehmigt sei. Da der Chef der Lübecker Militärregierung, Col. O'Sullivan, verhindert war, empfing sein Stellvertreter Rhodes Rosenblum und Carlebach zu einem Gespräch. Er stellte klar, dass die Militärregierung 820 nicht für die Betroffenen zuständig sei, solange sie DPs seien. Er äußerte sich jedoch dahingehend, dass die jüdischen Überlebenden, wenn sie Unterkünfte fänden, die Genehmigung bekommen könnten, sich für Meldung und Verpflegung registrieren zu lassen.

Carlebach und Rosenblum wandten sich daraufhin noch einmal an Col. Cooke, der seinerseits betonte, dass er für die DPs nichts tun werde, falls sie in Lübeck blie-

26 Vgl. Undzer Schtime, 25.01.1947.

27 Vgl. WLL, LRHC, Box 6, Jews in Germany B. Camps, Schreiben von Norbert Wollheim, Central Committee of liberated Jews in the British Zone Bergen-Belsen, an Dr. Barou, World Jewish Congress London, 06.03.1947.

28 Vgl. Undzer Schtime, 25.01.1947. Über den Verbleib der restlichen von den ursprünglich laut britischen Angaben 90 betroffenen jüdischen DPs aus der Walderseestraße geben die Quellen keine Auskunft. Angesichts der allgemein großen Fluktuation in der DP-Bevölkerung ist es aber auch möglich, dass die Zahlen der Briten nicht auf dem aktuellsten Stand waren und zu diesem Zeitpunkt tatsächlich nur noch 70 jüdische DPs in der Walderseestraße wohnten.

29 Vgl. WLL, LRHC, Box 6, Jews in Germany B. Camps, Schreiben von Rev. Alexander Carlebach, JRU Area Rep. Hamburg/Bremen an Leonard Cohen, 20.12.1946.

30 Vgl. WLL, LRHC, Box 6, Jews in Germany B. Camps, Schreiben von Pearl Rosenblum an Lady R. Henriques, J. C. R. A., London, 16.01.1947.

ben. Sollten sie auf ihren DP-Status verzichten wollen, wären sie in den Händen der Deutschen und die Militärregierung 820 für sie zuständig. Für diesen Fall forderte Cooke eine Namensliste der betroffenen jüdischen DPs. Carlebach und Pearl Rosenblum berichteten den Vertretern der Gruppe der jüdischen DPs von der Möglichkeit in Lübeck zu bleiben – um den Preis des Verlustes ihres DP-Status. Die Vertreter der jüdischen DPs waren sich daraufhin sicher, dass sich die große Mehrheit entscheiden würde, zu bleiben. Während Carlebach und Rosenblum die DPs davon zu überzeugen versuchten, dass es besser für sie sei, nach Neustadt zu gehen, wollten die jüdischen Überlebenden in Lübeck ausharren. Schließlich kamen die an der Diskussion Beteiligten überein, dass eine Delegation der DPs nach Neustadt gehen sollte, um sich die bereit gestellten Unterkünfte noch einmal anzusehen.[31]

Doch auch der zweite Besuch in Neustadt konnte die DPs nicht umstimmen. Die Unterkünfte, die sie besichtigten, waren teilweise kaputt und ihrer Meinung nach bei den herrschenden Temperaturen von 15 Minusgraden insbesondere für Familien mit Kindern nicht geeignet.[32] Pearl Rosenblum, die als Mitarbeiterin der JRU in Neustadt stationiert war, wollte dieses Argument nicht gelten lassen, da in dem DP-Lager eine jüdische Bevölkerung von 400 Menschen und 19 Neugeborenen lebte. Sie räumte aber ein, dass die neue Unterkunft schlechter sei als die Wohnungen, die die DPs in Lübeck bewohnt hatten,[33] und äußerte grundsätzlich Verständnis für die Haltung der jüdischen Überlebenden:

> Obwohl wir ihnen rieten, nach Neustadt zu kommen, kann man schon verstehen, dass diese Menschen keinen Umzug mehr wünschen, es sei denn, sie würden Deutschland ganz verlassen. Sie haben genug davon, während des Krieges immer wieder deportiert worden zu sein und sehen den Ort ihrer Befreiung in gewisser Weise als ihr Zuhause an solange sie in Deutschland bleiben müssen und haben ihr Leben entsprechend eingerichtet.[34]

Der Wunsch der jüdischen DPs, in Lübeck zu bleiben, war ohne die Unterstützung der Machthabenden nicht zu verwirklichen. Doch weder die britische noch die deutsche Seite waren dazu bereit. Der Städtische Verwaltungsrat Haken gab den zuständigen Behörden – offensichtlich nach Absprache mit der Lübecker Militärregierung – die Weisung, keinem der jüdischen Überlebenden den Zuzug in die Stadt zu genehmigen.[35] Der Stadtverwaltung war bekannt, dass der passive Widerstand gegen

---

31 Vgl. ebd. und in derselben Akte: Schreiben von Rev. Alexander Carlebach, JRU Area Rep. Hamburg/Bremen, an Leonard Cohen, 20.12.1946.

32 Vgl. Undzer Schtime, 25.01.1947; PRO FO 945/743, Telegramm Steinreg Kiel an Control Office, 20. 01.1947. Der Bericht des Direktors des UNRRA-Teams 111, Carnell, bestätigt, dass sich einige der Baracken in Neustadt in reparaturbedürftigem Zustand befanden. Vgl. PRO FO 945/743, Schreiben von Carnell, Director UNRRA Team 111 an UNRRA Field Supervisor Lübeck, 21.01.1947.

33 Vgl. WLL, LRHC, Box 6, Jews in Germany B. Camps, Schreiben von Pearl Rosenblum an Lady R. Henriques, J. C. R. A., London, 16.01.1947.

34 Vgl. WLL, LRHC, Box 6, Jews in Germany B. Camps, 102 Jewish Relief Unit, Report No. 7 (December 1946), Detailed Report on activities of Pearl Rosenblum.

35 Vgl. StHL, Hauptamt 866, Aktenvermerk Haken betr.: Unterbringung der 60–90 Juden polnischer Nationalität, 18.12.1946.

eine Verlegung im DP-Lager Belsen zum Erfolg geführt hatte,[36] und es wurden weitere Möglichkeiten des Verhaltens gegenüber den jüdischen DPs erörtert. In einem Aktenvermerk für Oberstadtdirektor Helms legte Martin Gilbert dar:

> Kehren die polnischen Juden nicht in das DP-Lager Neustadt zurück, wodurch sie ihren DP-Status verlieren, so können wir, um die Leute in Lübeck loszuwerden, bestenfalls dafür sorgen, dass sie in das INFLUX-Lager Pöppendorf eingewiesen werden, und von dort aus gleichmäßig über das ganze Land Schleswig-Holstein verteilt werden.[37]

Die Militärregierung ließ den jüdischen DPs ihrerseits offiziell mitteilen, dass es keine Unterbringung für nicht arbeitende DPs in Lübeck gebe, dass sie nicht in Privatunterkünften in Lübeck leben und gleichzeitig ihren DP-Status und die damit verbundenen Privilegien behalten könnten und dass Unterkunft und Verpflegung in Neustadt für sie bereit gestellt seien.[38] Der für Neustadt zuständige Direktor des UNRRA Teams 111, Carnell, stellte den jüdischen DPs schließlich ein Ultimatum: Bis zum 21. Dezember sollten sie sich in Neustadt einfinden und registrieren lassen.[39]

Daraufhin schickte Mosche Silbernick im Namen des Belsener Zentralkomitees ein Schreiben an Dr. Noah Barou vom World Jewish Congress in London, in dem es sogar hieß, dass die Briten damit gedroht hätten, die Synagoge gewaltsam zu räumen.

Laut Silbernick bedeutete die Unterbringung in der Synagoge ebenso wie die geplante Unterbringung in Neustadt eine ernsthafte Gefährdung der Gesundheit der Betroffenen. Ferner behauptete er fälschlicherweise, dass die Unterkünfte der DPs nun Deutschen zugewiesen worden seien.[40] Die dramatische Schilderung Silbernicks verfehlte ihre Wirkung nicht: In kürzester Zeit waren die höchsten Ebenen der britisch-jüdischen Hilfsorganisationen und der britischen Politik mit der Situation der Juden in Lübeck befasst. Der Ratgeber für jüdische Angelegenheiten, Col. Solomon, der von Barou informiert worden war, setzte sich mit dem stellvertretenden Leiter der Kriegsgefangenen- und Diplaced Persons-Abteilung für die britische Zone, Col. Todd, in Verbindung.

Todd sah es als vernünftig an, die Juden in Lübeck nicht zu verlegen. Offenbar konnte er sich damit aber gegenüber den vor Ort mit der Angelegenheit befassten britischen Autoritäten nicht durchsetzen.[41] Am 23. Dezember 1946 bat Dr. Noah Barou dann den britischen Deutschlandminister und Leiter des Control Office für

---

36 Vgl. StHL, Hauptamt 866, Vermerk des Städtischen Verwaltungsrates Haken, 20.12.1946.

37 Vgl. StHL, Hauptamt 866, Aktenvermerk Gilbert, 19.12.1946.

38 Vgl. PRO FO 945/743, Schreiben von Sir James Acheson, PW & DP Branch Kiel, an die PW & DP Division Lemgo, 10.01.1947.

39 Vgl. WLL, LRHC, Box 6, Jews in Germany B. Camps, Schreiben von Pearl Rosenblum an Lady R. Henriques, J.C.R.A., London, 16.01.1947.

40 Vgl. PRO FO 945/743, Schreiben von Mosche Silbernick, Zentralkomitee der befreiten Juden in der britischen Zone betr. „Urgent Lübeck Matters for Immediate Attention", an Dr. Noah Barou, World Jewish Congress, London, 20.12.1946.

41 Vgl. PRO FO 945/743, Schreiben von S. Sidney Silverman an C. R. Attlee, M. P., Prime Minister of England, 24.12.1946.

Deutschland und Österreich, John B. Hynd, schriftlich um eine Stellungnahme. Am gleichen Tag sandte der Parlamentsabgeordnete Maurice Orbach eine zweite, ähnliche Anfrage an das Ministerium. Barou und Orbach beriefen sich auf das Schreiben von Mosche Silbernick, das sie ihren Briefen in Kopie beigefügt hatten.[42] Sidney Silverman, ebenfalls Parlamentsabgeordneter, wandte sich in dieser Angelegenheit am 24. Dezember sogar an den britischen Premierminister Clement Attlee mit der Bitte, sich jetzt zur Weihnachtszeit dieser Handvoll Menschen anzunehmen. Attlee versicherte Silverman, sich der Angelegenheit persönlich zu widmen.[43] Über Weihnachten und Neujahr war allerdings nicht mit einer Entscheidung der britischen Behörden zu rechnen.

Der Deutschlandminister formulierte am 7. Februar ein beschwichtigendes Antwortschreiben an Dr. Barou, in dem Hynd unter anderem betonte, dass von einer drohenden gewaltsamen Räumung der Synagoge nicht die Rede gewesen sei und dass die neuen Bewohner der Unterkünfte nicht Deutsche, sondern baltische DPs seien. Barou reagierte mit weiteren Nachfragen.[44] Seine jüngsten Informationen lauteten, dass viele dieser Balten während des Krieges mit den Deutschen kollaboriert hätten und einige von ihnen sogar bei der SS gewesen seien.[45]

Hynd erwiderte auf die Anfrage Dr. Barous, dass alle baltischen DPs diesbezüglich überprüft worden seien und keiner von ihnen bei der SS gewesen sei oder freiwillig mit den Deutschen kollaboriert habe.[46]

Anfang Februar hatte die Nachricht von den Widerstand leistenden jüdischen DPs in der Lübecker Synagoge auch in der britischen Öffentlichkeit Kreise gezogen. Der *Sunday Express* hatte am 2. Februar eine Meldung der Nachrichtenagentur Reuter abgedruckt, die den Schwarzmarktvorwurf einzig gegenüber den jüdischen DPs kolportierte und damit das Vorgehen der Briten als gerechtfertigt erscheinen ließ. Unter der Überschrift „Sitzstreik in Synagoge" war dort von einer großen Gruppe von Juden die Rede, die unter dem Verdacht stünden, in beträchtlichem Umfang Schwarzmarkt von einem DP-Lager in Lübeck aus zu betreiben.[47]

---

42 Vgl. PRO FO 945/743, Schreiben von Maurice Orbach, M.P. an Mr. Barell, Principal Private Secretary, Chancellor of the Duchy of Lancaster, Norfolk House, 23. 12. 1946. Vgl. WLL, LRHC, Box 6, Jews in Germany B. Camps, Schreiben von J. Hynd, Control Office of Germany and Austria, Norfolk House, London, an Dr. Noah Barou, World Jewish Congress, London, 07.02.1947.

43 Vgl. WLL, LHRC, Box 6 Jews in Germany B. Camps, Schreiben von Sydney Silverman, House of Commons, London, an C.R. Attlee, M.P. Prime Minister of England, 24.12.1946.

44 Vgl. PRO FO 945/743, Schreiben von J. B. Hynd an Dr. Barou, 07.02.1947. Und in derselben Akte: Antwortschreiben von Barou, 17.02.1947. Auch Norbert Wollheim reagierte im März auf Hynds Darstellung der Ereignisse mit einer Gegendarstellung. Vgl. WLL, LRHC, Box 6, Jews in Germany B. Camps, Schreiben von Norbert Wollheim an Dr. Barou, 06.03.1947.

45 Vgl. PRO FO 945/743, Schreiben von Dr. Noah Barou, World Jewish Congress London, an J.B. Hynd, 17.02.1947.

46 Vgl. PRO FO 945/743, Schreiben von J. B. Hynd an Dr. N. Barou, World Jewish Congress London, 13.03.1947.

47 Vgl. Sunday Express, 02.02.1947.

In der Zwischenzeit hatten das Belsener Zentralkomitee beziehungsweise der ‚Joint' (‚American Jewish Joint Distribution Committee') die Versorgung der jüdischen DPs übernommen, die auf diese Weise offensichtlich bis zur Rückkehr Norbert Wollheims in der Synagoge ausharren wollten.[48] Nur zwei jüdische DPs waren am 16. Dezember nach Neustadt umgezogen.[49] Die Wohnverhältnisse in der Synagoge waren nach wie vor völlig unzureichend. Hinzu kam, dass einige der schwangeren Frauen ihre Kinder geboren hatten[50] und die Kältewelle in den folgenden Wochen unvermindert anhielt.[51] Die jüdischen DPs appellierten an die alteingesessenen Juden, die in dem Haus der Gemeinde neben der Synagoge wohnten, einen kleinen Teil der Menschen aufzunehmen. Zwar halfen die Lübecker Juden angesichts der Notlage,[52] grundsätzlich waren sie aber gegen ein Verbleiben der DPs in der Stadt, was auf Seiten der Betroffenen Verbitterung hervorrief.[53] Die Gründe für das Verhalten der Alteingesessenen sind nicht überliefert.

Anfang Januar 1947 schickte die Lübecker Militärregierung dann einen Vertreter mit einer Namensliste zur Synagoge, um die genaue Zahl der Anwesenden festzustellen.[54] Zwar geben die Quellen keine Auskunft über die Reaktion der jüdischen Überlebenden – überhaupt ist keine einzige Stellungnahme der Betroffenen selbst überliefert –, aber es ist anzunehmen, dass sie sich vor dem Hintergrund ihrer traumatischen Erfahrung durch ein solches Verhalten der Briten bedroht fühlten. Nach Auffassung von Col. Solomon litten die DPs in Lübeck unter dem Gefühl der Verfolgung.[55] Möglicherweise stand das Telegramm, das Josef Rosensaft vom Belsener Zentralkomitee einige Tage, nachdem die Zahl der Anwesenden festgestellt worden war, an Dr. Noah Barou schickte, in diesem Zusammenhang. Darin hieß es, dass die Juden in Lübeck in großer Gefahr seien und sofort Hilfe erbeten werde. Das Zentralkomitee könne außerdem die Versorgung mit Nahrungsmitteln nicht mehr gewährleisten. Das Hauptquartier der JRU sandte umgehend Lebensmittel nach Lübeck, und die Mitarbeiter bemühten sich ebenso wie der verständigte Ratgeber für jüdische Angelegenheiten, Col. Solomon, eine Unterkunft für die DPs in Lübeck zu finden.[56]

---

48 Auch die JRU unterstützte die jüdischen Überlebenden in der Lübecker Synagoge ab Anfang Januar mit Nahrungsmitteln. Vgl. WLL, LRHC, Box 6, Jews in Germany B. Camps, Schreiben von Pearl Rosenblum an Lady R. Henriques, J. C. R. A., London, 16.01.1947; PRO FO 945/743, Telephone Messages, 07.01.1947.

49 Vgl. WLL, LRHC, Box 6, Jews in Germany B. Camps, Schreiben von Pearl Rosenblum an Lady R. Henriques, J. C. R. A., London, 16.01.1947.

50 Vgl. Vgl. StHL, Hauptamt 866, Aktenvermerk, 03.01.1947.

51 Vgl. YV, JA, 070/63, Bericht von Norbert Wollheim, 11.03.1947.

52 Vgl. Undzer Schtime, 25.01.1947.

53 Vgl. WLL, LRHC, Box 6, Jews in Germany B. Camps, Schreiben von Rev. A. Carlebach JRU Area Rep. Hamburg-Bremen, an Leonard Cohen, 20.12.1946.

54 Vgl. StHL, Hauptamt 866, Aktenvermerk vom 03.01.1947.

55 Vgl. PRO FO 945/743, Vermerk von Lt. Col. V. M. Hammer für Mr. Ivimy, 10.03.1947.

56 Vgl. ebenda, telephone messages, 07.01.1947.

Da sich die britischen Behörden in Lübeck nicht befugt fühlten, ihr Einverständnis dazu zu geben, dass die DPs ihren Status freiwillig aufgaben und sich in der Stadt niederließen, wandte sich der stellvertretende Leiter der JRU, Dudley Osborne, an die übergeordnete für DPs zuständige Instanz in Lemgo.[57] Brigadier A. G. Kenchington legte in seinem Antwortschreiben dar, dass die jüdischen DPs nicht daran gehindert werden könnten, ihren Status aufzugeben, wies aber nachdrücklich darauf hin, dass sie dann nicht mehr unter dem Schutz der britischen Regierung stünden. Sie hätten dann den Status deutscher Flüchtlinge, seien von den zuständigen deutschen Behörden abhängig und müssten jede ihnen angebotene Unterkunft akzeptieren.[58] Die Betroffenen erörterten ihre Lage mit Vertretern der JRU und mit dem Ratgeber für jüdische Angelegenheiten, Col. Solomon, die alle persönlich nach Lübeck gekommen waren.[59] Anschließend entschieden sie sich, die Rückkehr Norbert Wollheims Anfang Februar abzuwarten. Sie hofften, dass er in der Lage sein würde, den Lübecker Bürgermeister dazu zu bewegen, den jüdischen DPs ein Haus in der Stadt zur Verfügung zu stellen.[60]

Norbert Wollheim, der bereits in den USA von den Geschehnissen in Lübeck in Kenntnis gesetzt worden war, machte auf seiner Rückreise nach Deutschland in London Anfang Februar Station, um die Situation mit Col. Solomon und Dr. Noah Barou zu besprechen. Neben den zwei bereits bekannten Alternativen wurde als dritte Möglichkeit zur Lösung des Problems erwogen, die jüdischen DPs in Lübeck in die Verteilung der Einwanderungszertifikate nach Palästina einzubeziehen. Bisher waren in der britischen Zone nur Einwohner des DP-Lagers Belsen berücksichtigt worden. Sofort nach seinem Eintreffen in Lübeck unterrichtete Wollheim die jüdischen DPs über den Stand der Dinge. Da es ungewiss war, wann die Betroffenen Einwanderungszertifikate nach Palästina erhalten würden und sie trotz nachdrücklicher Empfehlung Wollheims nicht nach Neustadt umziehen wollten, fiel der einstimmige Beschluss, den DP-Status aufzugeben und bis zur endgültigen Auswanderung zivile Quartiere in Lübeck zu suchen. Wiederum mussten Verhandlungen mit den lokalen Besatzungsbehörden, der UNRRA und dem Bürgermeister geführt werden. Norbert Wollheim wies bei den Gesprächen auf die Zoneninstruktion Nr. 20

57 Vgl. ebenda, Schreiben von D. Osborne, Deputy Director, JRU, an PW & DP Division Lemgo, 20. 01.1947.

58 Vgl. ebenda, Schreiben von A. G. Kenchington, PW & DP Division, Zonal Executive Offices, CCG Lemgo, an Jewish Committee for Relief Abroad, Jewish Relief Unit Eilshausen, 81 Headquarters, B.A.O.R., 22.01.1947.

59 Col. Solomon besuchte Lübeck im Rahmen seiner Reise durch die britische Zone. Vgl. ebenda, Vermerk von Lt. Col. Hammer für Mr. Ivimy, 10.03.1947. Lady Rose Henriques besuchte die DPs gemeinsam mit anderen JRU-Mitarbeitern auf ihrer Reise nach Deutschland im Januar/ Februar 1947. Vgl. WLL, LRHC, Box 7, Reports Germany Rose Henriques, Report of Visit to Germany 21st January to 5th of February 1947 by Lady Rose Henriques, Chairman Germany Department, o. D.

60 Vgl. Anm. 59, Bericht von Lady Rose Henriques.

hin, deren Zweck unter anderem darin bestand, der deutschen Öffentlichkeit zu demonstrieren, dass den Opfern des Nationalsozialismus angemessene Anerkennung zu Teil würde.[61]

Obwohl zwischen Norbert Wollheim und dem Lübecker Bürgermeister Otto Passarge, der als Sozialdemokrat ebenfalls im Konzentrationslager gewesen war, ein gutes Verhältnis herrschte, war Passarge in diesem Fall nicht bereit zu helfen. Offenbar hegte er die Befürchtung, eine solche Entscheidung ohne britische Weisung gegenüber dem eigenen Beamtenapparat nicht durchsetzen zu können.[62] Der Leiter der Lübecker Militärregierung O'Sullivan wies seinerseits darauf hin, dass die britische Besatzungsmacht seit dem 1. Januar 1947 nicht mehr über die Exekutivgewalt verfüge und den deutschen Behörden lediglich eine Empfehlung für die Bereitstellung privaten Wohnraums geben könne. Grundsätzlich, so betonte der für die Lübecker DPs zuständige Cooke, wünsche die Militärregierung nicht, dass sich DPs auf die geplante Art und Weise in Deutschland niederließen. Von diesem Grundsatz in Lübeck abzuweichen, bedeute eine Diskriminierung anderer DPs. O'Sullivan und Cooke stimmten jedoch mit Wollheim überein, dass eine Entscheidung dringend erforderlich sei. Cooke wandte sich deshalb erneut an das Hauptquartier in Lemgo.[63]

Angesichts der schwierigen Lage entschieden die jüdischen DPs, das anstehende Purimfest, das ausgelassen und fröhlich gefeiert wird, nicht zu begehen. Stattdessen versammelte sich die Gemeinde im Vorraum der Synagoge und hörte verschiedene Vorträge. In einer Begrüßungsrede gab Boris Kusne seiner Hoffnung Ausdruck, dass die Anwesenden das nächste Purimfest in Tel Aviv feiern würden.[64] Tatsächlich traf Anfang März 1947 die Nachricht ein, dass die etwa 60 jüdischen DPs aus Lübeck mit der Zuteilung von zirka 50 Einwanderungszertifikaten nach Palästina rechnen konnten. Dr. Kurt Levin, der Direktor der Jewish Agency für die britische Zone, hatte eine entsprechende Zusage gemacht. All diejenigen, die nach Palästina auswandern wollten, wurden in einem Transport zusammengefasst.[65] Anlässlich der Auswanderung der Gruppe von 51 jüdischen DPs Anfang Mai 1947 nach Palästina

---

61 Vgl. YV, JA, 070/63, Bericht von Norbert Wollheim, 11.03.1947.

62 (Anm. 61); HUJ, OHD, Project 156 File 1, Interview mit Norbert Wollheim; WLL, LRHC, Box 6, Jews in Germany B. Camps, Schreiben von Norbert Wollheim an Dr. Barou, World Jewish Congress, London, 06.03.1947.

63 Vgl. YV, JA, 070/63, Bericht von Norbert Wollheim, 11.03.1947.

64 Vgl. Undzer Schtime, 15.04.1947.

65 Vgl. YV, JA, 070/63, Bericht von Norbert Wollheim, 11.03.1947. Die Angaben über die Zahl der jüdischen DPs in der Synagoge fallen in den Quellen unterschiedlich aus. Ohnehin änderte sich ihre Zahl offenbar ständig, nachdem sie in der Synagoge Zuflucht genommen hatten. Norbert Wollheim gibt für Anfang März die Zahl von 64 Personen an. Vgl. ebenda. Die PW & DP Division in Lemgo gab am 06.03.1947 an, dass noch 62 Menschen im Lübecker Gotteshaus seien. Vgl. PRO FO 945/743 Telegramm Lemgo an Control Office, 06.03.1947.

schrieb Boris Kusne in der jiddischen Zeitung *Undzer Schtime*, dass das Lübecker Jüdische Komitee nach langer Zeit von Leid, Schikanen und dem Kampf um Daseinsberechtigung nun den schönsten Tag seiner bisherigen Existenz erlebe.[66] Am Abend vor der Abreise fand in der Synagoge eine Feier statt, die bis spät in die Nacht dauerte. Am nächsten Morgen wurden die Auswanderer mit einem Autokonvoi, angeführt von einer blau-weißen Fahne, zum Lübecker Bahnhof begleitet und dort verabschiedet.[67] Über den Verbleib der restlichen jüdischen DPs aus Lübeck ist nur bekannt, dass einige später doch noch in das DP-Lager Neustadt übersiedelten, um dort die neue Berufsausbildungseinrichtung der jüdischen Organisation ORT zu besuchen.[68]

Die Zahl der in Schleswig-Holstein insgesamt als Gemeindemitglieder registrierten Juden sank von 295 Mitgliedern im Jahr 1949 rapide auf 70 Mitglieder im Jahr 1952.[69] Auch Nobert Wollheim gehörte zu denjenigen, die das Land verließen, er wanderte im September 1951 in die USA aus. Zurück blieben hauptsächlich alte und kranke Menschen, denen die Kraft fehlte, einen Neuanfang zu wagen. Für die meisten jüdischen Überlebenden blieb Lübeck nach 1945 also eine Transitstation auf dem Weg in ein neues Leben.

---

66 Vgl. Undzer Schtime, 14.09.1947.

67 Vgl. Anm. 66. Der genaue Zeitpunkt der Abreise aus Lübeck ist nicht bekannt. Am 13.05.1947 jedenfalls trafen die Auswanderer im Übergangslager Bocholt ein. Vgl. PRO FO 945/468, Bericht über das Palestine Transit Camp in Bocholt von Sadie Lewis und Trudy Grossmann, 01.06.1947.

68 Vgl. WLL, LRHC, Box 7, Reports Germany, Rose Henriques Reports, Mrs Henriques Report on Visit to Germany 9th to 26th August, 11.09.1947.

69 Vgl. Jochims-Bozic: Lübeck (Anm. 1), S.57.

Thomas Albrich

Flucht durch Österreich
Stationen der illegalen Einwanderung nach Palästina

Vorbemerkung

Rund eine Viertelmillion osteuropäischer Jüdinnen und Juden fassten zwischen 1945 und 1948 den Entschluss, sich auf den Weg nach Westen zu machen, um ins damalige Palästina oder in die USA zu gelangen. Die Fluchtmotive waren vielfältig, die Schwierigkeiten aber weitgehend gleich: Als Folge der Shoah und diverser Grenzverschiebungen zugunsten der UdSSR und der damit verbundenen Bevölkerungstransfers waren viele nach Kriegsende entwurzelt und heimatlos geworden. Die meisten lebten in größter wirtschaftlicher Not und waren mit einem massiven, teils gewalttätigen Antisemitismus konfrontiert. Neben der Angst vor physischen Angriffen waren spätestens ab 1947 die politischen und wirtschaftlichen Verhältnisse sowie die gesellschaftlichen Veränderungen im Zuge der kommunistischen Machtübernahmen für den Entschluss zur Flucht entscheidend. Auswanderung im allgemeinen und nach Eretz Israel/Palästina im besonderen, erschien Zehntausenden als einzige Möglichkeit eines Neuanfangs nach der Katastrophe. Dabei war der Wunsch, den sich formierenden Ostblock zu verlassen, stärker als jener, nach Palästina zu gehen. Bei gegebener Möglichkeit hätte höchstens ein Drittel der Versuchung widerstanden, nach Amerika auszuwandern.[1]

Als Drehscheibe und Transitland bei diesem Exodus aus Osteuropa spielte das vierfach besetzte Österreich eine entscheidende Rolle. Einerseits war es als östlichster Vorposten der Westalliierten ein Knotenpunkt der Fluchtrouten nach Italien und Deutschland, andererseits hatten die Briten – vor dem Hintergrund des Palästinaproblems – in Österreich die erste Chance einer direkten Bekämpfung dieser größten illegal organisierten Fluchtbewegung der Nachkriegszeit.

---

1 Zur Lage in Polen vgl. Israel Gutmann: Juden in Polen nach dem Holocaust 1944-1968. In: Rolf Steininger (Hrsg.): Der Umgang mit dem Holocaust. Europa, USA, Israel. Wien, Köln, Weimar 1994 (Schriften des Instituts für Zeitgeschichte der Universität Innsbruck und des Jüdischen Museums Hohenems 1), S. 265-276; zu Ungarn Nathaniel Katzburg: Between Liberation and Revolution: Hungarian Jewry, 1945-1948. In: Yisrael Gutman, Avital Saf (Hrsg.): She'erit Hapletah [Die letzten Überlebenden] 1944-1948. Rehabilitation and Political Struggle, Jerusalem 1990, S. 117-142; zu Rumänien Jean Ancel: She'erit Hapletah in Romania During the Transition Period to a Communist Regime, August 1944 - December 1947. In: Ebd., S. 143-167; zur Tschechoslowakei Livia Rothkirchen: State-sponsored Anti-Semitism in Communist Czechoslovakia 1948-1989. In: Ebd., S. 279-295.

Aus österreichischer Sicht stellte sich das Problem der jüdischen Überlebenden folgendermaßen dar: Zum einen wurden in Österreich rund 20.000 Jüdinnen und Juden aus dem KZ-Lagerkomplex Mauthausen befreit, die zum Teil bald nach Kriegsende in ihre Heimatländer zurückkehrten, zum anderen lassen sich bis Mai 1948 drei Fluchtwellen in umgekehrter Richtung aus Osteuropa unterscheiden: Die erste nahm schon im Sommer 1945 ihren Ausgang in Polen, wobei sich in erster Linie junge Zionisten auf den Weg nach Westen machten. Der Pogrom von Kielce Anfang Juli 1946, bei dem 42 Menschen brutal ermordet wurden, löste dann die zweite Fluchtwelle von fast 100.000 polnischen Jüdinnen und Juden aus. 1947 folgte die ‚Hungerflucht' von rund 20.000 rumänischen Jüdinnen und Juden durch Ungarn nach Westen. Für die große Mehrheit endete vor 1948 die Flucht in den westlichen Besatzungszonen Österreichs bzw. in den nächsten Etappenzielen Deutschland oder Italien. Hier mussten sie als so genannte ‚Displaced Persons' (DPs), auf eine weitere Auswanderungschance warten.[2] Aus Mangel an Alternativen wurden zwei Drittel der in Österreich und Westdeutschland ankommenden Flüchtlinge zu „Zionisten wider Willen" und fanden in Palästina bzw. später Israel eine neue Heimat.[3]

Unterstützt und kanalisiert wurde diese Migration von der geheimen jüdischen Fluchthilfeorganisation ‚Bricha'. Das hebräische Wort ‚Bricha' – Flucht – steht dabei sowohl für die ‚Fluchtbewegung' als auch für die Organisation, deren Aufgabe es war, jüdische Flüchtlinge kostenlos aus Osteuropa über alle Grenzen nach Palästina zu schleusen. Von den Überlebenden selbst Ende 1944 in Polen geschaffen, war die Bricha ursprünglich eine nicht-hierarchische Organisation, auf Konsens statt auf militärische Disziplin aufgebaut. Ab Herbst 1945 bestand dann eine gute Zusammenarbeit zwischen den lokalen Gründern der Bricha, die die Autorität der Hagana und des Mossad anerkannten, und den Emissären aus Palästina, die nun das Kommando übernahmen. Alle Führungskräfte blieben völlig unbekannt, die US-Armee konnte weder Struktur noch Führung der Bricha identifizieren, die den Massenexodus aus Polen nach Österreich und Deutschland organisierte.[4]

Die Massenemigration wäre allerdings ohne sowjetische Zustimmung oder wenigstens Duldung niemals möglich gewesen, da die Rote Armee – außer in der ČSR – zu jeder Zeit alle Fluchtrouten nach Österreich und Deutschland unter Kontrolle hatte. In der Zeit vor dem Mai 1948 deckten bzw. ergänzten sich die Interessen der

---

2 Zum jüdischen DP-Problem in Österreich vor der Staatsgründung Israels vgl. Thomas Albrich: Exodus durch Österreich. Die jüdischen Flüchtlinge 1945-1948. Innsbruck 1987 (Innsbrucker Forschungen zur Zeitgeschichte 1); weiters ders. (Hrsg.): Flucht nach Eretz Israel. Die Bricha und der jüdische Exodus durch Österreich nach 1945. Innsbruck 1998 (Österreich-Israel-Studien 1); Susanne Rolinek: Jüdische Lebenswelten 1945-1955. Flüchtlinge in der amerikanischen Zone Österreichs. Innsbruck, Wien, Bozen 2007(Österreich-Israel-Studien 4); Sabine Aschauer-Smolik, Mario Steidl (Hrsg.): Tamid Kadima – Immer Vorwärts. Der jüdische Exodus aus Europa 1945-1948. Innsbruck, Wien, Bozen 2010.

3 Bernard Wasserstein: Vanishing Diaspora. The Jews in Europe since 1945. Cambridge/Mass. 1996, S. 21f.

4 Yehuda Bauer: Out of the Ashes. The Impact of American Jews on Post-Holocaust European Jewry, Oxford 1989, S. 91.

osteuropäischen Regierungen mit jenen der Zionisten. Während das Schicksal der steigenden Zahl jüdischer Flüchtlinge in den DP-Lagern in Österreich, Deutschland und Italien der zionistischen Forderung nach einem jüdischen Staat Gewicht verlieh, war für die UdSSR und ihre Satelliten die Massenmigration aus ihrem Machtbereich sowohl eine politische Waffe im Kalten Krieg, als auch der Export eines politischen und sozialen Problems.

Die Anfänge der ‚Bricha'

Auf österreichischem Territorium hatten westalliierte Truppen jüdische Überlebende in erster Linie aus dem KZ Mauthausen und seinen oberösterreichischen Nebenlagern Ebensee, Gusen und Gunskirchen befreit. Von den rund 1,6 Millionen DPs, mit denen die Alliierten im Mai 1945 in Österreich konfrontiert wurden, waren nach ersten Schätzungen rund 20.000 ehemalige jüdische KZ-Häftlinge. Schon unmittelbar nach Kriegsende trafen einige Tausend Überlebende aus Dachau, Buchenwald und dem Ghetto Theresienstadt in Österreich ein. In Wien bestand nach der Befreiung ein ungarisches Komitee, das im Mai und Juni gut 5.000 meist ehemals beim Bau des Südostwalls eingesetzte jüdische Frauen und Männer aus Ungarn betreute. Im August 1945 wurde dann das legendäre ‚Internationale Komitee' gegründet, das bis in die 1950er Jahre im Wiener Rothschildspital die erste Aufnahmestation für Flüchtlinge aus Osteuropa betrieb.[5]

Im Chaos der ersten Nachkriegswochen führten die Nord-Süd Fluchtrouten durch Österreich: Von Bayern und Salzburg durch das bis Juli noch amerikanisch besetzte Tirol Richtung Mittelmeer und von Oberösterreich durch die britische Besatzungszone in Kärnten ebenfalls nach Italien. An der italienischen Grenze bei Tarvis war zwischen Mai und Juli 1945 zufällig die ‚Jewish Brigade' für die Grenzkontrolle verantwortlich, deren Soldaten den ersten spontanen Strom jüdischer Flüchtlinge nach Italien leiteten. Angeblich erreichten in diesem Zeitraum 8.000 jüdische DPs aus Österreich und Deutschland mit Hilfe der Brigade Italien.[6]

Während die Mehrzahl der in Österreich befreiten ungarischen Jüdinnen und Juden bis Anfang Juli 1945 nach Hause zurückkehrte, blieben noch etwa 16.000 meist polnische in den amerikanischen und britischen Zonen Österreichs zurück, die eine Repatriierung ablehnten. Sie begannen sich notdürftig zu organisieren und beteiligten sich Ende Juli in St. Ottilien in Bayern an einer mittlerweile legendären Konferenz von Vertretern aller Lager mit Abgesandten jüdischer Organisationen aus Palästina und den USA. Bei dieser Gelegenheit brachte ein Vertreter der jüdischen DPs in Salzburg seine Enttäuschung zum Ausdruck, dass die derzeitige Situation nicht dem entspreche, was die Überlebenden erhofft hätten. Das Klima werde aufgrund der Haltung der US-Besatzungsmacht täglich repressiver, und die Jüdinnen und Juden wollten nicht mehr länger in Österreich bleiben. Die Österreicher hingegen sei-

5 Zur Lage im Sommer 1945 vgl. Albrich: Exodus (Anm. 2), S. 18-36.
6 Bernard M. Casper: With the Jewish Brigade. London 1947, S. 62 und 83.

en freundlich und versuchten zu helfen.[7] Diese Berichte fanden bald ihren Weg in die amerikanischen Medien.

Zwar machten sich auch viele Jüdinnen und Juden aus Polen nach Österreich auf den Weg nach Hause, um nach Familienangehörigen zu suchen, es erging ihnen jedoch wie den ab Jahresende 1945 aus der UdSSR nach Polen zurückkehrenden Jüdinnen und Juden: sie trafen auf große Feindseligkeit in der polnischen Bevölkerung. Zwar verhinderte die Ansiedlung der jüdischen Heimkehrer in Niederschlesien den Ausbruch eines offenen Konfliktes, trotzdem wurde Polen meist nur als zeitweilige Zwischenstation auf dem Weg nach Palästina gesehen.[8]

Abgesandte der seit Anfang 1945 bestehenden polnischen Bricha stellten auf ihrer Suche nach sicheren Fluchtwegen aus Osteuropa im Juni 1945 in Österreich und über der Grenze in Italien Kontakt mit Soldaten der ‚Jewish Brigade' und über sie mit Palästina her. Bis zum Spätherbst 1945 übernahmen dann überall entlang der Routen von Osteuropa bis nach Italien Emissäre des ‚Mossad le-Aliya Bet', der von der ‚Hagana', der jüdischen Armee in Palästina, aufgebauten Geheimorganisation für die illegale Einwanderung, das Kommando über die Operationen der Bricha. Organisatorisch war die Bricha überall entlang des Weges mit offiziellen Hilfsorganisationen – wie der ‚United Nations Relief and Rehabilitation Administration' (UNRRA) oder dem ‚American Jewish Joint Distribution Committee' (Joint) – verbunden. Diese Organisationen boten einerseits eine legale Fassade für die Aktivisten der Bricha, andererseits ermöglichten erst ihre Geldmittel und Hilfsgüter die Betreuung der Flüchtlinge unterwegs. In allen Transitländern, auch in Österreich, übernahm der Joint die Rolle eines legalen Arms des jüdischen Untergrundes, eines offiziellen Sprachrohrs der Bricha und Vermittlers zwischen den Besatzungsbehörden und den Organisatoren des Exodus. Zudem finanzierte der Joint die Bricha zentral über das Bricha-Büro in Genf. Als Anlaufstellen der Flüchtlinge dienten strategisch günstig gelegene jüdische DP-Lager, die seit Spätherbst 1945 überall unter Kontrolle der Bricha standen und in denen eine ausgeprägte personelle Verflechtung zwischen legalen Funktionen in Lagerkomitees und illegalen Funktionen im Rahmen der Bricha herrschte. Codewort für die Flüchtlingstransporte der Bricha war ‚Tamid Kadima' (‚immer vorwärts').[9]

---

7 Minutes of the business session of the Conference of the Liberated Jews in Germany, St. Ottilien, 25.7.1945. American Jewish Archives (AJA), Cincinnati, World Jewish Congress Papers (WJCP), A 75/2.

8 Jewish Telegraphic Agency (JTA), 27. Juni 1945. Wiener Library, London; Andreas R. Hofmann: Die polnischen Holocaust-Überlebenden. Zwischen Assimilation und Emigration. In: Fritz Bauer Institut (Hrsg.): Überlebt und unterwegs: jüdische Displaced Persons im Nachkriegsdeutschland, Frankfurt am Main, New York 1997 (Jahrbuch zur Geschichte und Wirkung des Holocaust), S. 51-57.

9 Susanne Rolinek: Jüdische Fluchthilfe im Raum Salzburg. Das Netzwerk von Bricha und Betar 1945 bis 1948. In: Albrich (Hrsg.): Flucht nach Eretz Israel (Anm. 2), S. 93-118; Thomas Albrich: Brichah – Fluchtwege durch Österreich. In: Fritz Bauer Institut (Hrsg.): Überlebt und unterwegs, S. 207-227.

Seit der Ankunft des Wieners Arthur Pier (Asher Ben-Nathan) aus Palästina im November 1945 stand die Bricha in Österreich unter einheitlichem Kommando. Ben-Nathan leitete und koordinierte die Operationen bis zum Sommer 1947. Zum Kommandanten in Salzburg wurde Aba Gefen (Weinstein) gewählt, ein ehemaliger Partisan aus Litauen, der Salzburg im Oktober 1945 unter abenteuerlichsten Umständen erreicht hatte.[10]

In Österreich arbeiteten bis Ende 1948 etwa 150 Leute in 25 ‚Punkten' (‚Nekuda'), den kleinsten operativen Einheiten der Bricha. Sie besetzten Schlüsselpositionen in den jüdischen DP-Lagern, waren Verbindungsoffiziere zu den Behörden, arbeiteten als Fahrer und Transportbegleiter, beschafften echte, manipulierte oder gefälschte Dokumente für die Flüchtlinge und fanden immer neue Methoden des illegalen Grenzübertritts, die sie immer wieder flexibel den Gegenmaßnahmen der jeweiligen staatlichen Behörden oder der Besatzungsmächte anpassten.[11]

Bis zum Frühsommer 1946 baute die Bricha ihr Fluchthilfenetzwerk zwischen Osteuropa und den Häfen am Mittelmeer immer besser aus. Die Hauptroute aus Polen führte 1945/46 durch die Tschechoslowakische Republik (ČSR) zum zentralen Sammelplatz Pressburg und weiter nach Wien, oder anfangs über Budapest, von wo aus die Flüchtlinge über die burgenländische Grenze und durch die britische Zone in Österreich direkt nach Italien geschleust wurden. Durch den dauernden Zustrom von jüdischen Flüchtlingen nach Österreich nahm ihr Anteil an der Gesamtzahl der DPs sowohl prozentual als auch absolut ständig zu, sie stellten allerdings nie mehr als zehn Prozent aller DPs und Flüchtlinge in Österreich.[12]

Die erste Fluchtwelle: Herbst 1945 bis Frühsommer 1946

Am 21. August 1945 war in Wien als Zusammenschluss verschiedener nationaler Hilfskomitees und unter offizieller Beteiligung der Stadt Wien das ‚Internationale Komitee für durchreisende jüdische KZ-ler und Flüchtlinge' mit provisorischem Sitz im 9. Bezirk in der Strudelhofgasse 10 gegründet worden. Schon zu diesem Zeitpunkt war den Beteiligten klar, dass Wien nicht nur für die Repatriierungen nach Osten sondern auch für die wachsende Migration nach Westen die zentrale Kreuzung werden würde.[13] Dieses Komitee wurde zur legalen Fassade der Bricha am Knotenpunkt Wien. Von hier hatten die jüdischen Flüchtlinge im Sommer und Herbst

---

10 Asher Ben-Nathan: Kommandant der 5. Besatzungsarmee in Österreich. In: Albrich (Hrsg.): Flucht nach Eretz Israel (Anm. 2), S. 161-176; Ders.: Die Bricha – aus dem Terror nach Eretz Israel. Ein Fluchthelfer erinnert sich. Düsseldorf 2005; Aba Gefen: Zwei Jahre als Bricha-Kommandant in Salzburg. In: Albrich (Hrsg.): Flucht nach Eretz Israel (Anm. 2), S. 177-186.

11 Zur Bricha Yehuda Bauer: Flight and Rescue – Brichah. New York 1970; Ephraim Dekel: B'riha. Flight to the Homeland. New York 1973; Aba Gefen: Unholy Alliance. Jerusalem 1973.

12 Zur ersten Fluchtwelle bis zum Frühsommer 1946 Albrich: Exodus (Anm. 2), S. 37-97.

13 Minutes of a meeting to set up a Central Committee for transient Jewish Ex-internees and refugees on 21 August 1945 at Vienna 10/8 Strudelhofgasse. American Jewish Archives (AJA), Cincinnati, World Jewish Congress Papers (WJCP), H 42/Austria 1945.

1945 zwei Möglichkeiten: entweder in die US-Zone nach Linz und weiter nach Bayern oder in die britische Zone nach Graz und weiter über Kärnten nach Italien.[14] Anfang November 1945 wurde der Vertreter des Joint in Österreich, James P. Rice, von General Foster Tate, General Mark Clarks Deputy Chief of Staff, zu einer Konferenz über den illegalen Transit nach Wien beordert. Tate erklärte, dass es notwendig werden könnte, jüdische Flüchtlinge, die illegal die Zonengrenze überschritten, einzusperren. Die US-Armee sei nicht in der Lage, die bereits überbelegten neuen Lager noch weiter zu vergrößern. Am 25. November 1945 wurde dann tatsächlich drei Eisenbahnzügen mit insgesamt 450 jüdischen Flüchtlingen die Einreise in die US-Zone verweigert.[15] Daraufhin organisierte die Bricha Demonstrationen und Unruhen in der US-Zone. Bricha-Kommandant Asher Ben-Nathan forderte von den US-Besatzungsbehörden in Wien freie Einreise für jüdische Flüchtlinge in die US-Zone, ansonsten müsse die US-Armee auf jüdische Flüchtlinge schießen, was undenkbar war.[16] Dem europäischen Direktor des Joint, Joseph Schwartz, gelang es, die Militärs von den Fluchtgründen zu überzeugen. Die Reaktion der US-Armee war überraschend: General Tate legte in einem weiteren Gespräch den Vertretern des Joint die neue inoffizielle Politik der US-Armee dar. Die US-Armee stellte Transitlager in Wien, Linz und Salzburg mit minimaler aber ausreichender Verpflegung zur Verfügung. Der Joint konnte, wenn gewünscht, diese Rationen aufbessern. Im Gegenzug erwartete die US-Armee, dass die Transitflüchtlinge nicht in die neuerrichteten permanenten Lager einsickerten und dass der Transit regelmäßig erfolgte um eine Überbelegung der Transitlager und mögliche Schwierigkeiten und schlechte Presse für die Armee zu vermeiden. Nach Gesprächen mit den Führern der Bricha in Wien akzeptierte Schwartz diese Regelung.[17]

In den Augen der westlichen Besatzungsbehörden in Österreich entwickelten sich die jüdischen DPs zunehmend zu Störfaktoren eines geregelten Verwaltungsablaufs, da sie sich nicht in das Schema einpassen wollten, das vom Militär für die Lösung des DP-Problems vorgesehen war. Sie beschwerten sich laufend, waren aus Sicht der Armee undiszipliniert und bestanden darauf, als eigene Nationalität anerkannt und in separaten Lagern mit einer besonderen Betreuung untergebracht zu werden. Dagegen wehrten sich vor allem die Briten, die vor dem Hintergrund ihres Mandats in Palästina zu Recht befürchteten, dass der Anerkennung einer jüdischen Nationalität unweigerlich die Forderung nach einem eigenen Staat folgen würde. Für sie blieben polnische Jüdinnen und Juden Polen und wurden daher mit den anderen polnischen DPs in so genannten Nationalitätenlagern untergebracht, während die Amerikaner zunehmend öffentlichem Druck seitens amerikanisch-jüdischer Organisationen ausgesetzt waren. Als Präsident Truman nach Interventionen und negativen Medien-

---

14 Bricha, Geheimer Lagebericht, o. D. [Frühjahr 1946]. Public Record Office, Kew, London (PRO), Foreign Office (FO) 945/732/17 B.

15 Dekel: B‘riha (Anm. 11), S. 137.

16 Zu diesen Verhandlungen Bauer: Out of the Ashes (Anm. 4), S. 102.

17 James P. Rice: The Brichat (sic) or Aliyah Bet (confidential), 1.3.1946. American Jewish Joint Distribution Committee (JDC), New York, AR 4564/197.

berichten Earl Harrison im Sommer 1945 mit einer Inspektionstour durch die US-Zonen in Deutschland und Österreich beauftragte, hatte dies weitreichende Folgen. Sein Bericht, der *Harrison-Report*, übte öffentlich scharfe Kritik am Umgang der US-Armee mit den Überlebenden der Shoah. General Eisenhower ordnete daraufhin die Schaffung jüdischer DP-Lager und eine drastische Erhöhung der Rationen an. Zudem wurden jüdische Hilfsorganisationen wie der Joint zur Arbeit in diesen Lagern zugelassen. Ab Herbst 1945 erfuhren die jüdischen DPs eine spezielle, ihrer Lage angepasste Betreuung durch jüdische Sozialarbeiterinnen und Sozialarbeiter; sie erhielten zudem Extrarationen aus Hilfslieferungen des Joint, und die Lager entwickelten sich zu selbstverwalteten Kommunen, die dem Zugriff der österreichischen Behörden entzogen waren. Die jüdischen DPs, auch alle später in der US-Zone eintreffenden jüdischen Neuflüchtlinge aus Osteuropa, hatten nun einen privilegierten Status. Die US-Armee stellte gegen Jahresende sogar ihre Versuche ein, den Transit jüdischer Flüchtlinge durch ihre Zone in Oberösterreich und Salzburg zu behindern.

Auch die Briten mussten im Herbst 1945 den neuen Realitäten in der US-Zone Tribut zollen und errichteten wenigstens inoffiziell ebenfalls spezielle Lager für jüdische DPs. Ihr Motiv war jedoch ein sicherheitspolitisches zur besseren Kontrolle der DPs. Seit September trafen nämlich in wachsender Zahl jüdische Flüchtlinge aus Osteuropa in Österreich ein, die auf illegalem Weg durch die britische Zone in der Steiermark und in Kärnten nach Italien und weiter nach Palästina gelangen wollten. Schon im Oktober 1945 stand für den britischen Geheimdienst fest, dass es sich dabei um eine ‚zionistische Verschwörung' handelte, um ein engmaschig organisiertes Netz von Fluchthelfern mit Stützpunkten von Polen bis zum Mittelmeer. Damit begann für die Briten ein aussichtsloser Kampf gegen die Bricha, der sich bis zur Staatsgründung Israels im Mai 1948 hinzog und das Verhältnis zwischen den jüdischen DPs und den Briten nachhaltig vergiftete. Die Briten versuchten mit allen Mitteln, den immer massiver einsetzenden Exodus aus Osteuropa durch Österreich Richtung Palästina zu unterbinden, während die jüdischen DPs und Flüchtlinge sowie die Aktivisten der Bricha ebenso rücksichtslos versuchten, die Hindernisse zu überwinden, die sich ihnen in den Weg stellten.[18]

Ende September 1945 war das DP-Lagersystem in Österreich bereits gut entwickelt und organisiert. Die meisten jüdischen Lager befanden sich im vierfach besetzten Wien, in der amerikanischen Zone in Oberösterreich und im Land Salzburg in und um Linz und in der Stadt Salzburg. In der britischen Zone existierten die größten Lager in der Steiermark, und zwar in Graz, Trofaiach und Judenburg und in der französischen Zone in Tirol in Gnadenwald und in Vorarlberg in Bregenz und Hohenems. Ende November 1945 betrug die offizielle Zahl jüdischer DPs in Österreich 12.500 (davon 6.000 in der US-Zone, 3.500 in der britischen, 500 in der französischen und 2.500 in Wien). Zudem trafen wöchentlich bis zu 1.000 jüdische Flücht-

18 Thomas Albrich: Fremd und jüdisch. Die osteuropäischen Überlebenden des Holocaust – erste Projektionsziele des Nachkriegsantisemitismus. In: Heinz P. Wassermann (Hrsg.): Antisemitismus in Österreich nach 1945. Ergebnisse, Positionen und Perspektiven der Forschung. Innsbruck, Wien, München, Bozen 2002 (Schriften des Centrums für jüdische Studien 3), S. 66-95, hier S. 71-74.

linge aus Osteuropa in Österreich ein. In der US-Zone wurden zwei neue winterfeste jüdische DP-Lager eröffnet: die Siedlung Bindermichl in Linz für 2.200 und Hotels in Bad Gastein für 1.250 DPs.[19]

Die britische Besatzungsmacht betrachtete die jüdischen DPs zunehmend negativ. Die jüdischen DP-Lager in Judenburg und Trofaiach entwickelten sich aus ihrer Sicht zu Zentren krimineller Aktivitäten. Als Hauptdelikte wurden Schwarzhandel und bewaffnete Raubüberfälle angeführt. Das Bild der jüdischen DPs war von antibritischen Demonstrationen, von Auseinandersetzungen der DPs mit der Bevölkerung und von der dauernden illegalen Abwanderung geprägt. In den Augen der Briten waren alle Jüdinnen und Juden in der britischen Zone generell sehr antibritisch, ungehorsam, verweigerten jegliche Arbeit, die den Österreichern zugute kommen könnte und legten eine derart obstruktive und renitente Haltung an den Tag, dass die Aufrechterhaltung von Ruhe und Disziplin unmöglich war. Diese Kritik war subjektiv sicher berechtigt, aus der Sicht der jüdischen DPs waren jedoch die Briten für das schlechte Verhältnis verantwortlich. Sie erachteten es als ihr legitimes Recht, nach Palästina zu gehen, und wer sie daran hinderte, musste mit ihrer Gegnerschaft rechnen. Während in der US-Zone – auch mit Rücksicht auf jüdische Wählerstimmen in den USA – vom Präsidenten angeordnet und vom Oberkommandierenden exekutiert, der strukturelle Interessengegensatz zwischen US-Armee und Flüchtlingen zugunsten der Flüchtlinge entschieden wurde, bestanden die Briten unbeeindruckt von allen Protesten auf der Einhaltung aller geltenden Gesetze und Verordnungen in ihrer Zone und ihrem Recht auf Bekämpfung des illegalen jüdischen Exodus. Daraus folgte, dass jede Maßnahme der Briten von den DPs als antisemitische Schikane betrachtet, jede Aufmüpfigkeit oder Ungesetzlichkeit der DPs von den Briten als Rechtfertigung für die eigenen Vorurteile gesehen wurde.[20]

Das Wiener Rothschildspital, schon seit Sommer ein Transitlager für jüdische Flüchtlinge aus Osteuropa, wurde ab November 1945 ein offizielles DP-Lager der US-Armee und die Amerikaner richteten in Oberösterreich und Salzburg neue Transitlager ein. General Tate stimmte sogar zu, den Transitflüchtlingen von Wien über Linz nach Salzburg offizielle Armeepässe auszustellen. Nun musste die Bricha praktisch im Auftrag der US-Armee für den illegalen Weitertransport der wöchentlich etwa 500 bis 600 Neuankömmlinge sorgen. Der Joint unterstützte die Bricha ‚unofficially' bei der Beschaffung von Papieren und bei anderen technischen Problemen. In erster Linie war diese Unterstützung in Salzburg, dem Ende der Reise durch Österreich, notwendig. Von hier gingen die illegalen Transporte entweder Richtung Deutschland oder durch die französische Zone in Tirol über den Brenner oder Reschen nach Italien. Trotz aller Schwierigkeiten, so James Rice vom Joint, „our work

19 Robert Pilpel, American Jewish Joint Distribution Committee (AJDC), Memorandum an Hyman, Sobel, Leavitt, 10.12.1945. AJDC, AR 4564/161; Melvin Goldstein, AJDC Paris, an AJDC New York, 22.2.1946. Ebd; zu den Lagern in Oberösterreich Michael John, Zwischenstation Oberösterreich. Die Auffanglager und Wohnsiedlungen für jüdische DPs und Transitflüchtlinge. In: Albrich (Hrsg.): Flucht nach Eretz Israel (Anm. 2), S. 67-92.

20 Thomas Albrich: Fremd und jüdisch. In: Wassermann (Anm. 18), S. 74.

as unofficial liaison for the Armee with Brichat (sic) has been a vital factor in aiding this historic movement".[21]

Durch Bestechung sowjetischer Grenzsoldaten gelang es der Bricha sehr rasch, ein effizientes System des illegalen Grenzübertritts nach Österreich zu entwickeln, und bis Jahresende 1945 konnten zwischen 15.000 und 20.000 polnische Jüdinnen und Juden durch die ČSR nach Österreich und Bayern fliehen. Die ČSR-Behörden halfen zwar den Transitflüchtlingen, achteten jedoch darauf, dass sie nicht im Lande blieben.[22] Auch jüdische Flüchtlinge aus der ČSR und Ungarn benutzten die Route über Pressburg nach Wien. Bis Jahresende 1945 kehrten über 21.000 ungarische Jüdinnen und Juden, die ursprünglich repatriiert worden waren, wieder in die westlichen Besatzungszonen Österreichs und Deutschlands zurück.[23]

In Österreich lenkte die Bricha ab Jahresende 1945 den wachsenden Flüchtlingsstrom aus Osteuropa über Pressburg nach Wien und von dort in die US-Besatzungszone nach Oberösterreich und Salzburg. Bis Mai 1946 konnte die Bricha nur noch ein Fünftel der in Salzburg eintreffenden Flüchtlinge, das waren rund 2.300, durch die französische Zone nach Italien schmuggeln, der Rest ging nach Bayern.[24]

Mitte Februar 1946 ergab die Befragung durch das ‚Anglo-American Committee of Inquiry' in Oberösterreich, dass von 3.117 Befragten 3.104 Palästina als erste Wahl für die Auswanderung anführten. Allerdings gaben nur 21 als Grund an, in Palästina einen unabhängigen Staat aufbauen zu wollen. Zu diesem Zeitpunkt bestanden dort vier permanente jüdische DP-Lager: Bindermichl, Bad Ischl, Münicholz und Braunau.

Die Abwicklung der Durchschleusungsaktion der Bricha durch Österreich verlief bis zum Juni 1946 relativ klaglos. Die Aufenthaltsdauer für die Flüchtlinge in der US-Zone Österreichs war mit 72 Stunden recht kurz, obwohl monatlich zwischen 2.000 und 3.000 Personen durchgeschleust werden mussten. Aus Wien wurden immer so viele jüdische Flüchtlinge mit ‚halbgefälschten' Transportpapieren mit der Eisenbahn durch die Sowjetzone in die US-Zone nach Enns und meist schon am nächsten Tag mit Lastwagen nach Salzburg transportiert, wie gleichzeitig von dort mit Hilfe der Bricha illegal nach Deutschland oder Italien weitergereist waren. Der Informationsstand der US-Armee: „Jews leaving Division Area are in transit to Germany. Destination beyond there is unknown."[25]

---

21 James P. Rice, The Brichat (sic) or Aliyah Bet (confidential), 1.3.1946. JDC, AR 4564/197.

22 Foreign Office Research Department (FORD), Position of Jewish Communities in Eastern Europe, 24.1.1946. PRO, FO 371/57686/WR 327.

23 Zorach Wahrhaftig: Uprooted. Jewish Refugees and Displaced Persons After Liberation. New York 1946 (From War to Peace 5), S. 60f.

24 Vgl. Bauer: Out of the Ashes (Anm. 4), S. 103.

25 Major Otis P. Gray an Commanding General, United States Forces in Austria, Report on Jewish Situation in Upper Austria, 14.2.1946. JDC, AR 4564/161; Brichah, Geheimer Lagebericht, o. D. [Frühjahr 1946]. PRO, FO 945/73217 B.

In Österreich konnten im Juni 1946 die über 6.500 Neuankömmlinge letztmals von Wien in die US-Zone nach Linz und Salzburg transferiert werden, danach brach das Durchschleusungssystem der Bricha zusammen.[26]

Die Panikflucht: Der ‚polnische Exodus' 1946

Für die im Juli 1946 beginnende Massenflucht aus Polen waren nicht nur die bisher angeführten Gründe verantwortlich. Die antijüdische Stimmung in Polen, verstärkt durch die große Zahl der Rückwanderer aus der Sowjetunion, bestärkte viele in ihrem Entschluss, das Land zu verlassen. Die ersten polnischen Jüdinnen und Juden, die den Krieg in der UdSSR überlebt hatten, waren im Januar 1946 aus Sibirien kommend in Warschau eingetroffen, bis Mitte 1946 waren etwa 136.000 nach Polen zurückgekehrt.[27] Polen war im Sommer 1946 nur eine Durchgangsstation auf dem Weg nach Westen. Die Massenflucht aus Polen wurde durch den Pogrom von Kielce am 4. Juli 1946 ausgelöst, in dem 42 der etwa 200 Überlebenden der Shoah der einst blühenden jüdischen Gemeinde ermordet wurden. Den Vorwand für diesen Pogrom bildete eine der ältesten antijüdischen Anschuldigungen, die des Ritualmordes an einem Christenkind.[28]

Die Reaktion der polnischen Regierung und der katholischen Kirche auf das Massaker war stark vom faktisch herrschenden Bürgerkrieg im Lande zwischen den Kommunisten und ihren Gegnern gefärbt. Während sich Regierung und Opposition gegenseitig die Verantwortung zuschoben, machten westliche Beobachter vier Faktoren für das Ausmaß des Pogroms verantwortlich: Den in ganz Polen äußerst starken Antisemitismus, das unerwartete Auftauchen und die Teilnahme polnischer Soldaten an den Morden, die Ineffizienz der Geheimpolizei und die Gleichgültigkeit der lokalen Kirchenvertreter.[29]

Bis zum Pogrom von Kielce war die katholische Kirche in Polen nicht bereit gewesen, gegen den Antisemitismus einzuschreiten. Der polnische Primas, August Kardinal Hlond, weigerte sich, den antijüdischen Terror in einem Hirtenbrief zu verurteilen. Erst nach Kielce, als die polnische Regierung die Kirche beschuldigte, im Kampf gegen diesen Terror versagt zu haben, und der US-Botschafter den Primas dazu aufforderte, veröffentlichte Kardinal Hlond eine Presseerklärung, in der er den Pogrom als ein schmerzliches Ereignis bezeichnete, dem eher politische als rassistische Ursachen zugrunde lägen. Die Tatsache, dass sich das Verhältnis zwischen Polen und Juden verschlechtert habe, sei in einem hohen Maß die Schuld der Juden in führenden Positionen der polnischen Regierung, die versuchten, ein Regierungssystem einzuführen, das die Mehrheit der Polen nicht wünsche. Der Kardinal bedauerte, dass in

---

26 Military government, Austria: report of the United States High Commissioner 8 (Juni 1946), Wien, S. 196.

27 Joseph B. Schechtman: Postwar Population Transfer in Europe 1945 to 1955. Philadelphia 1962, S. 173.

28 Martin Gilbert: Exile and Return. The Emergence of Jewish Statehood. London 1978, S. 286.

29 British Embassy, Warsaw, an Bevin, 27.7.1946. PRO, FO 371/56444/N 9871.

diesen politischen Kämpfen einige Juden ums Leben gekommen seien, doch hätte bereits eine proportional viel höhere Zahl von Polen aus denselben Gründen den Tod gefunden. Als einziger Bischof verurteilte Bischof Teodor Kubina von Tschenstochau den Pogrom. Wegen der Teilnahme am Pogrom wurden 100 Personen verhaftet, neun Mörder zum Tode verurteilt und hingerichtet.[30]

Die kommunistische polnische Regierung nützte die Gelegenheit, alle unzufriedenen ‚reaktionären' Elemente, so die katholische Kirche und andere oppositionelle Gruppen im In- und Ausland zu diskreditieren.[31] Die offizielle kommunistische Version erklärte den Pogrom in Kielce als „umfangreiche antijüdische Provokation einer organisierten reaktionären Gruppierung."[32]

Die US-Botschaft in Warschau erwartete nun die Auswanderung aller polnischen Juden Richtung US-Zone in Deutschland, denn die Emigration schien nun Bedingung des weiteren Überlebens zu sein.[33] Allerdings war der Pogrom von Kielce lediglich ein weiterer Beweis der physischen Bedrohung, der sich Jüdinnen und Juden im Nachkriegs-Osteuropa ausgesetzt sahen: In den ersten 18 Monaten nach Kriegsende wurden in Polen, der Tschechoslowakei und Ungarn mehr Juden ermordet als in den zehn Jahren vor dem Zweiten Weltkrieg.[34]

Kielce hatte zweifellos eine Signalwirkung. Schon im Laufe der nächsten 24 Stunden versuchten über 5.000 jüdische Flüchtlinge durch die ČSR nach Österreich zu gelangen.[35] Was folgte, war die größte jüdische Fluchtbewegung aus Osteuropa, die bis nach Österreich von der Bricha koordiniert, vom Joint finanziert und von der polnischen und tschechoslowakischen Regierung geduldet wurde. Die Flüchtlinge wurden entlang des gesamten Weges von den jeweils zuständigen Behörden unterstützt: Polnische Grenzorgane ermöglichten den Grenzübertritt, die ČSR-Behörden transportierten sie an die österreichische Grenze, die sowjetischen Besatzungsbehörden unterstützten sogar den Weitertransport durch ihre Zone nach Wien, von wo die Flüchtlinge mit Erlaubnis und Hilfe der Amerikaner in die US-Zone Österreichs und meist weiter in die US-Zone in Deutschland gelangten.[36]

Hatten vor dem 4. Juli 1946, dem Tag des Pogroms, etwa 700 Jüdinnen und Juden pro Woche Polen illegal verlassen,[37] so flüchteten in den nächsten Wochen im Schnitt 700 pro Tag in Richtung ČSR. Der Grenzübertritt erfolgte meist bei Nacht

---

30 Bernhard D. Weinryb: Poland. In: Bernard D. Weinryb, Peter Meyer u.a.: The Jews in the Soviet Satellites. Syracuse 1953, S. 250 und 263.

31 Lane, US-Botschafter in Warschau, Telegramm an Byrnes, Secretary of State, 15.7.1946, United States Department of State, Foreign Relations of the United States (FRUS), Washington, D.C.: U.S. Government Printing Office, 1946, vol. VI., S. 478-480; <http://digital.library.wisc.edu/1711.dl/FRUS.FRUS1946v06>, eingesehen 13.3.2017

32 Wasserstein: Vanishing Diaspora (Anm. 3), S. 24f.

33 Lane, US-Botschafter in Warschau, Telegramm an Byrnes (Anm. 31); Hofmann: Die polnischen Holocaust-Überlebenden (Anm. 8), S. 54.

34 Wahrhaftig: Uprooted (Anm. 23), S. 40.

35 Gilbert: Exile and Return (Anm. 28), S. 287.

36 Wasserstein: Vanishing Diaspora (Anm. 3), S. 26.

37 Lane, US-Botschafter in Warschau, Telegramm an Byrnes, Secretary of State, 15.7.1946. FRUS, 1946, vol. V, S. 174.

in der Gegend von Nachod und Braunau bei Mährisch Ostrau.[38] Ein Teil überquerte die Grenze auf eigene Faust, andere ließen sich von Schleppern für viel Geld über die Grenze bringen. Die Schmuggler und Schieber zwangen die Bricha, neue sichere Wege aus Polen zu finden. Auch Grenzsoldaten begannen, den Flüchtlingen viel Geld und auch die letzten Habseligkeiten abzunehmen.[39]

Die ČSR nahm trotz der Masse der meist illegal eingereisten jüdischen Flüchtlinge eine äußerst wohlwollende Haltung ein und unternahm in Zusammenarbeit mit westlichen jüdischen Hilfsorganisationen alles, die Lage dieser Transitflüchtlinge zu verbessern und die Weiterreise zu erleichtern.[40] Den Flüchtlingen aus Polen wurden trotz britischer Proteste entgegen internationaler Praxis Transitvisa ausgestellt, obwohl alle illegal in die ČSR eingereist waren und keinerlei Reisepapiere besaßen. Statt die Flüchtlinge nach Polen abzuschieben, ließ man sie über die Grenze in ein Drittland – nach Österreich – ausreisen.[41] Die Eisenbahnfahrt von der polnisch-tschechischen Grenze nach Pressburg dauerte zwischen 14 und 36 Stunden, mit einem kurzen nächtlichen Aufenthalt zur Verpflegung am Bahnhof in Brünn. Die Route durch die ČSR war fest in Hand der Bricha, wobei sich im Hauptstützpunkt Pressburg die Bahntransporte aus Nachod und aus Ungarn mit den durch die Slowakei ankommenden Gruppen trafen. Insgesamt kamen zwischen Juli und November 90.000 jüdische Flüchtlinge aus Polen auf ihrem Weg nach Österreich durch Pressburg. Im Laufe des Jahres 1946 diente die Stadt auch etwa 15.000 jüdischen Flüchtlingen aus Ungarn als Sprungbrett nach Wien.[42] Den Weg von Pressburg nach Wien konnten die Flüchtlinge nicht ohne Einverständnis der Sowjets machen, die über die Tätigkeit der Bricha informiert waren.[43] Die Flüchtlinge trafen teilweise in schockierender körperlicher Verfassung in Wien ein und benötigten medizinische Betreuung.

Entsprechend der offiziellen Politik des State Departments, die Grenzen der US-Zone in Österreich für Verfolgte offen zu halten, hinderten die Amerikaner die Flüchtlinge nicht an der Einreise in ihren Sektor in Wien. Die US-Armee hielt den Aufenthalt der Flüchtlinge dort jedoch äußerst kurz. Die rund 15.000 Neuankömmlinge vom Juli wurden meist innerhalb von drei Tagen nach ihrer Ankunft von der US-Armee in die US-Zone nach Oberösterreich und Salzburg transportiert.[44] Im

38 Zionist Review, 23.8.1946.

39 Bricha, Geheimer Lagebericht, Frühjahr 1946. PRO, FO 945/732/17 B.

40 Steinhardt, US-Botschaft Prag, Secretary of State, 29.8.1946. National Archives (NA), Washington, RG 319, E 57, Ass. Chief of Staff, G-2 (Intell.), Incoming and Outgoing Messages 1946, Czechoslovakia, Box 32.

41 FORD, The Attitude of the Soviet Union and the Satellite Governments towards Israel, Secret, 16.5.1949. PRO, FO 371/75200/E 6282.

42 Zur Bricha in der ČSR vgl. Bauer: Out of the Ashes (Anm. 4), S. 105-111 und 137.

43 Ernest Landau: Von Salzburg nach Jerusalem. Das Wirken der Brichah. In: Mendel Karin-Karger (Hrsg.): Salzburgs wiederaufgebaute Synagoge. Festschrift zur Einweihung. Tel Aviv 1968, S. 49-60, hier S. 56.

44 Report of the US High Commissioner 9 (Juli 1946), Wien, S. 225.

August transferierten die Amerikaner die insgesamt 31.000 eingetroffenen jüdischen Flüchtlinge innerhalb von nur 36 Stunden aus Wien in die US-Zone.[45]

Wegen der beschränkten Aufnahmekapazität in den US-Zonen Österreichs und Deutschlands wurden am 12. August 1946 die US-Botschafter in Warschau und Prag vom State Department aufgefordert, Kontakte mit den beiden Regierungen aufzunehmen. Ziel war eine kontrollierte und zahlenmäßig limitierte Aus- und Durchreise jüdischer Flüchtlinge, die nur noch nach gegenseitiger Absprache in die US-Zonen geführt werden sollten. In Prag konnte man nicht wissen, dass die amerikanischen Oberbefehlshaber in Österreich und Deutschland auf ausdrücklichen Befehl ihrer Regierung die Zonen für jüdische Flüchtlinge offen halten mussten. Daher kamen die Amerikaner rasch zu einer Einigung über einen geregelten Transit der jüdischen Flüchtlinge aus Polen durch die ČSR Richtung Österreich. Die ČSR erklärte sich bereit, täglich 600 über Pressburg nach Wien und 300 direkt über Pilsen nach Deutschland einreisen zu lassen. Die Suche nach Aufnahmeländern für die jüdischen Flüchtlinge gestaltete sich hingegen nicht so erfolgreich. Nur die US-Zone in Deutschland übernahm knapp 45.000 jüdische DPs aus Österreich, während Italien unter britischem Druck ablehnte.

Zur Verhinderung der illegalen Einreise in Palästina setzten auch die Briten zu einer diplomatischen Offensive in Osteuropa an. Das Foreign Office bat Ungarn, Jugoslawien und vor allem die ČSR um Zusammenarbeit bei der Unterbindung der illegalen Migration osteuropäischer Jüdinnen und Juden nach Österreich. Die amerikanische Haltung, die Übernahme von täglich 600 Flüchtlingen nach Österreich zu garantieren, lieferte den Tschechen eine nicht zu entkräftende Antwort auf alle britischen Proteste. Der US-Oberbefehlshaber in Österreich, General Mark Clark, hatte sogar angeboten, eine weitere Route aus der ČSR direkt nach Linz zu eröffnen, sollte die Zahl der Flüchtlinge höher als 600 täglich sein.[46]

Die US-Armee in Österreich ging nun dazu über, die Einreise zu organisieren und zu kontrollieren und den Überschuss an jüdischen Flüchtlingen nach Deutschland zu transferieren. Ein Fahrplan für die Transporte aus Österreich wurde erstellt, die Flüchtlinge aus den Lagern in Linz und Salzburg in geschlossene Güterwaggons verladen und seit dem 14. August 1946 mit insgesamt 36 Eisenbahntransporten in die US-Zone nach Deutschland transferiert.[47] Die *Salzburger Nachrichten* berichteten Ende August 1946 von täglich rund 1.000 jüdischen Flüchtlingen, die in die US-Besatzungszone Deutschlands transferiert wurden; die Notizen über die ‚tägliche Völkerwanderung' zwischen Juli und September 1946 ließen in der Öffentlichkeit den durchaus wahrheitsgetreuen Eindruck eines ‚Flüchtlingsumschlagplatzes' entste-

45 Report of the US High Commissioner 10 (August 1946), Wien, S. 213; zu Wien vgl. Christine Oertl: Wien. Tor zur Freiheit? Die Bricha und das Rothschildspital. In: Albrich (Hrsg.): Flucht nach Eretz Israel (Anm. 2), S. 49-66.

46 Zu den Interventionen der Amerikaner vgl. Albrich: Exodus (Anm. 2), S. 113ff.; zu den Briten ebd.: S. 122ff.

47 Leo W. Schwarz, U.S. Zone Director: Summary Analysis of AJDC Program in the U.S. Zone of Occupation, Germany, 13.1.1947. Central Zionist Archives (CZA), Jerusalem, C7/277.

hen.[48] Insgesamt transferierte die US-Armee bis November 1946 über 44.000 jüdische Flüchtlinge aus Österreich nach Deutschland. Wie viele der 22.000, die im selben Zeitraum die US-Zone Österreichs illegal verließen, ebenfalls nach Deutschland gingen, bleibt ungeklärt.[49]

Offenbar als reine Machtdemonstration bremsten ab 20. September 1946 die Sowjets kurzzeitig den Exodus, indem sie Eisenbahnzügen mit jüdischen DPs die Einreise aus der ČSR nach Österreich verweigerten.[50] Gegen Monatsende forderten die Sowjets die Schließung der polnisch-tschechischen Grenze, was auch geschah, und sperrten selbst die ungarisch-österreichische Grenze für jüdische Flüchtlinge.[51] Erst in der zweiten Oktoberhälfte trafen wieder etwa 250 jüdische Flüchtlinge täglich in Wien ein, was auf eine stillschweigende Lockerung der sowjetischen Grenzsperre hindeutete, obgleich zu diesem Zeitpunkt die polnisch-tschechische Grenze offiziell noch immer unpassierbar war. Im Oktober 1946 trafen nur noch 3.600 jüdische Flüchtlinge in Wien ein.[52] Aufgrund der kalten Witterung im November und Dezember 1946 machten sich nur noch wenige auf den Weg nach Österreich, die Massenflucht aus Polen war beendet. Nachdem im Februar 1947 die polnische Regierung auf Drängen der Briten die Schließung der Grenze angeordnet hatte,[53] war der ‚polnische Exodus' offiziell beendet. Bis Jahresende 1947 konnte die Bricha aber noch weitere 9.300 Personen, etwa zehn Prozent der verbliebenen jüdischen Bevölkerung Polens, in den Westen schleusen.

Von den offiziell rund 95.000 jüdischen Flüchtlingen aus Polen und den 14.000 aus Ungarn, die im Laufe des Jahres 1946 nach Österreich gekommen waren, gelangten 75.000 legal und illegal nach Deutschland und nur 5.500 konnte die Bricha aus Österreich direkt nach Italien schleusen.[54] Anfang 1947 betrug die jüdische Flüchtlingsbevölkerung in Europa rund 300.000 Personen, davon 175.000 in Deutschland, 60.000 in Frankreich, 30.000 in Österreich und 22.000 in Italien.[55]

Die Hungerflucht: Der ‚rumänische Exodus' 1947

Im April 1947 zeichnete sich bereits eine neue Massenflucht ab, die der rumänischen Jüdinnen und Juden. Bei dieser dritten und letzten großen illegalen Fluchtbewegung Richtung Österreich vor der Staatsgründung Israels trafen verschiedene Ursachen zusammen. Hauptmotiv war aber eindeutig die trostlose wirtschaftliche

48 Salzburger Nachrichten, 29.8.1946 und 14.9.1946.
49 Albrich: Exodus (Anm. 2), S. 203.
50 Allied Commission Austria (ACA), British Element (BE), Telegramm an CONFOLK, 25.9.1946. PRO, FO 371/57696/WR 2670.
51 JTA, 30.9.1946.
52 Ebd., 22.10.1946; vgl. auch Report of the US High Commissioner 12 (Oktober 1946), Wien, S. 42.
53 Hofmann: Die polnischen Holocaust-Überlebenden (Anm. 8), S. 59.
54 Bauer: Out of the Ashes (Anm. 4), S. 131 und 160.
55 Leo W. Schwarz, U.S. Zone Director, Summary Analysis of AJDC Program in the U.S. Zone of Occupation, Germany, 13.1.1947. CZA, C7/277.

Lage in Rumänien.[56] Durch die schrittweise Verstaatlichung der Industrie, die Beseitigung der Privatwirtschaft und die Einengung des freien Marktes wurden vor allem die jüdischen Kleinhändler und Handwerker, denen die Rückkehr in ihre alten Berufe gelungen war, wirtschaftlich ruiniert.[57] Die antisemitische Agitation der früheren faschistischen Organisationen, wie beispielsweise der faschistischen „Eisernen Garde",[58] drängte in erster Linie die Ärmsten in eine Flucht nach Ungarn und Österreich. Diese Fluchtbewegung hatte weder die Genehmigung der rumänischen Regierung noch die Unterstützung durch zionistische Organisationen. Die Bricha hatte mit dieser Flucht ebenfalls nichts zu tun und versuchte sogar kurze Zeit, die Flucht zu stoppen. Diese Menschen konnten aber nicht gestoppt werden. Sie versuchten durch Ungarn nach Pressburg und von dort nach Österreich und Deutschland zu gelangen.[59] Die Fluchtrichtung aus Rumänien signalisierte auch die Motive: Zionisten versuchten von den Schwarzmeerhäfen aus Palästina zu erreichen, die ‚Wirtschaftsflüchtlinge' wählten den Weg über Ungarn nach Österreich. Aufgrund dieser Einschätzung hatte sich die Bricha ursprünglich auch geweigert, die Flucht nach Österreich zu unterstützen. Die jüdischen Flüchtlinge aus Rumänien waren in den Augen des zionistischen Untergrundes kein ‚geeignetes Material' für Palästina.[60]

Die Leute tauchten in Lumpen in Budapest auf, hungrig und verängstigt, und die Bricha hatte keine Wahl und musste sich um sie kümmern. Die Bricha sorgte für Unterkünfte in Budapest, der Joint lieferte – illegal – Lebensmittel. Ungarn legalisierte zwar den Transit nicht, unternahm aber auch nichts gegen die Einreise und den Weitertransport durch die Bricha nach Wien. Später erlaubten die Ungarn den Flüchtlingen einen Aufenthalt von zehn Tagen, nach denen sie entweder weiterzureisen hatten oder zwangsweise nach Rumänien repatriiert würden. Im Mai 1947 schafften die Behörden tatsächlich 1.000 Flüchtlinge nach Rumänien zurück. Zudem wurde den rumänischen Juden auf ihrem Weg nach Österreich in Ungarn von der Polizei, den Grenzposten und Schleppern alles abgenommen, was sie mit sich trugen.[61]

Auch bei der Einreise nach Österreich wurden den Flüchtlingen, die in Gruppen von 30 bis zu 200 Personen an der Grenze eintrafen, Hindernisse in den Weg gelegt. Im Mai 1947 kam es wiederholt zu schweren Zwischenfällen. So weigerten sich beispielsweise am 13. Mai die ungarischen Grenzbeamten, eine Gruppe von 116 jüdischen Flüchtlingen, die an der österreichischen Grenze abgewiesen worden waren, wieder einreisen zu lassen. Die Gestrandeten mussten vier Tage ohne Lebensmittel

---

56 Preparatory Commission of the International Refugee Organization (PCIRO), Report on Situation in Vienna, 6.8.1947. PRO, FO 371/66668/WR 2896.

57 Nicolas Sylvain: Rumania. In: Weinryb, Meyer: The Jews (Anm. 30), S. 519ff.

58 ACA (BE), Government Branch Intelligence Summary, 31.5.1947. FO 371/64663/C 8368.

59 Bauer: Out of the Ashes (Anm. 4), S. 151f.; Sylvain: Rumania. In: Weinryb, Meyer: The Jews (Anm. 30), S. 530f.

60 Zu den Hintergründen und Motiven siehe AJDC Executive Committee Meeting, 22.4 1948. AJDC, AR 4564/3902; von der Befreiung bis 1947 vgl. Bauer: Out of the Ashes (Anm. 4), S. 148-152.

61 Bauer: Out of the Ashes (Anm. 4), S. 140 und 233f.

auf der Eisenbahnbrücke bei Loipersdorf verbringen.[62] Einen ähnlichen Zwischenfall gab es auch in Heiligenkreuz. Dort trieben die Ungarn 123 rumänische Jüdinnen und Juden über die Grenze, die dann auf russischen Befehl unter österreichischer Bewachung sechs Tage auf einer Wiese lagern mussten.[63]

Die Hoffnungen der schließlich nach einem meist sechswöchigen entbehrungsreichen Fußmarsch durch Ungarn halbverhungert in Wien eintreffenden Flüchtlinge auf ein besseres Leben wurden insgesamt bitter enttäuscht. Mit Stichtag 21. April 1947 hatte die US-Armee ihre bisherige Asylpolitik gegenüber jüdischen Flüchtlingen aufgegeben und die Wiener Transitlager geschlossen. Zudem stellte Ende Juni 1947 auch noch die UNRRA ihre Tätigkeit in Österreich und Deutschland ein, obgleich die neue UN-Flüchtlingsorganisation (International Refugees Organisation; IRO) ihre Aktivitäten noch nicht aufgenommen hatte. Nachdem mittlerweile bereits 3.000 jüdische Flüchtlinge aus Rumänien in Wien eingetroffen waren und täglich weitere Gruppen die ungarische Grenze überquerten, wurde die Lage bedenklich.[64] Die Amerikaner weigerten sich auch, Flüchtlinge in ihre Zone zu transferieren und die Sowjets akzeptierten plötzlich die Interzonenpässe von DPs nicht mehr.[65] Damit saßen die jüdischen DPs in Wien fest. Auch die Bricha unternahm nichts, obwohl im Juli im Schnitt täglich etwa 100 rumänisch-jüdische Flüchtlinge in Wien eintrafen. Bei Monatsende musste der Joint bereits knapp 7.000 Flüchtlinge in Wien betreuen.[66] Aufgrund der Weigerung der Bricha, illegale Transporte aus Wien in die amerikanische Zone zu organisieren, mussten sich die Flüchtlinge in Wien für den gefahrvollen Transit durch die sowjetische Zone nach Oberösterreich professionellen Schleppern anvertrauen.[67]

Im August 1947 waren die Verhältnisse in Wien schon katastrophal und wurden durch die Ankunft von weiteren 4.200 Flüchtlingen im Laufe des Monats noch schlimmer. Der Joint versuchte immer wieder, die US-Armee zur Übernahme der Versorgung dieser Flüchtlinge zu bewegen. Die amerikanischen Behörden erklärten jedoch, dass diese Neuankömmlinge in die Kompetenz der österreichischen Regierung fielen und alle weiteren Hilfegesuche an diese Stelle zu richten wären.[68] Mitte August konnte der Joint dann die österreichische Regierung zur Bereitstellung von Unterkünften und zur Übernahme der Verpflegung bewegen.[69] In den Flüchtlingsunterkünften herrschten wegen der totalen Überfüllung die schlechtes-

62 JTA, 19.5.1947.
63 Ebd., 22.5.1947.
64 Ebd., 27.6.1947.
65 Elias, Jewish Committee for Relief Abroad (JCRA) Admont, Field Worker's Report, 31.8.1947. Wiener Library, London, Henriques Collection.
66 Report of the US High Commissioner 21 (Juli 1947), Wien, S. 60.
67 Vgl. dazu Michael John: Zwischenstation Oberösterreich. Die Auffanglager und Wohnsiedlungen für jüdische DPs und Transitflüchtlinge. In: Albrich (Hrsg.): Flucht nach Eretz Israel (Anm. 2), S. 67-92.
68 Report of the US High Commissioner 22 (August 1947), Wien, S. 52.
69 Zur Lage in Österreich vgl. Albrich: Exodus (Anm. 2), S. 146-172.

ten sanitären Bedingungen. Im Wiener Rothschildspital lebten bei einem normalen Fassungsvermögen von 1.000 Personen über 3.500 in furchtbarsten Verhältnissen.[70]

Die Lage in Wien entspannte sich, nachdem sich die Bricha Ende August entschloss, zur Linderung der Not der Flüchtlinge Transporte nach Oberösterreich zu organisieren. Am 29. August gelangte der erste illegale Transport der Bricha mit 500 Flüchtlingen in die US-Zone.[71] Binnen einer Woche sank ihre Zahl in Wien von etwa 10.000 auf 7.000.[72] Die Amerikaner stellten für diese Leute in ihrer Zone jedoch keine zusätzlichen Rationen zur Verfügung und überließen die Ernährung dem Joint, der täglich 2.000 Kalorien pro Person lieferte. Die Bricha und die einzelnen Lagerkomitees fanden trotzdem Wege, amerikanische Rationen zu bekommen. Da in der Praxis die Zahl der Abgänge aus den Lagern der US-Zone in Richtung Deutschland und Italien etwa gleich hoch war wie die Neuzugänge aus Wien,[73] konnten die rumänischen Flüchtlinge praktisch von den Rationen der schon weiter gewanderten polnischen Flüchtlinge leben.[74]

Für die meisten Jüdinnen und Juden in der US-Zone stellte 1947 der direkte Weg aus Österreich nach Italien keine sehr realistische Option dar. Im Frühjahr 1947 konnte die Bricha zwar noch einige Aufsehen erregende Transporte nach Südtirol bringen, danach ergriff die französische Besatzungsmacht drastische Gegenmaßnahmen und machte den Transit jüdischer Flüchtlinge via Nordtirol nach Südtirol nahezu unmöglich. Diese Situation zwang die Bricha im Sommer 1947 auf eine echte Notroute auszuweichen: den über 2.600 m hohen Alpenübergang direkt aus der US-Zone über die Krimmler-Tauern ins Südtiroler Ahrntal. Bis zum Herbst wurden immer wieder Gruppen von 300 bis 400 Flüchtlingen vom Lager Saalfelden über die Berge nach Südtirol geschickt. Im Ahrntal warteten bereits Lastwagen zum sofortigen Weitertransport der Flüchtlinge in ein Mailänder Transitlager. Auf diese Weise gelangten etwa 5.000 Flüchtlinge zu den Schiffen am Mittelmeer.[75] Während des ganzen Jahres 1947 erreichten jedoch insgesamt weniger als 15.000 jüdische Flüchtlinge Italien.[76]

Im Herbst 1947 wusste der US-Geheimdienst, das ‚Counter Intelligence Corps' (CIC) in Deutschland, dass die Bricha hauptsächlich durch Spenden aus den USA finanziert wurde, dass der Joint die Bricha und den Exodus mit allen Mitteln unterstützte und dass Wien der zentrale Stützpunkt des illegalen Exodus war. Die Hauptroute aus Wien führe, so der CIC, über Salzburg, Rosenheim, München,

70 Mack, British Diplomatic Representative in Austria, Telegramm an FO, 9.8.1947. PRO, FO 371/66668/WR 2929.

71 Dekel: B'riha (Anm. 11), S. 145.

72 JTA, 1.9.1947.

73 Report of the US High Commissioner 22 (August 1947), Wien, S. 52; Dekel: B'riha (Anm. 11), S. 145.

74 Interview mit Simon Wiesenthal, Wien, 30.6.1981. Transkript im Besitz des Verfassers.

75 Albrich: Exodus (Anm. 2), S. 165-168.

76 Bauer: Out of the Ashes (Anm. 4), S. 247.

Straßburg, Bordeaux und/oder Marseille, dem Terminal für die Schiffspassage, nach Palästina.[77]

Für die meisten jüdischen Flüchtlinge war die Bilanz zu Jahresende 1947 trostlos.[78] Der einzige Lichtblick in ihrem tristen Dasein und Grund für eine einwöchige Feier war für sie im November 1947 der UNO-Beschluss zur Teilung Palästinas, die Voraussetzung für die Gründung eines jüdischen Staates.[79] Jetzt ging die Flucht bzw. ‚illegale Auswanderung' aus Rumänien nicht mehr Richtung Österreich, sondern nach Verhandlungen des Joint und der Jewish Agency mit der rumänischen Regierung aus rumänischen und bulgarischen Häfen direkt per Schiff nach Palästina.[80]

Die rumänischen Behörden begannen nun eine systematische Jagd auf jüdische Flüchtlinge, die beim Versuch, illegal die Grenze nach Ungarn zu überschreiten, verhaftet oder auch erschossen wurden. Trotzdem trafen von September bis Jahresende 1947 noch einmal rund 8.400 rumänische Jüdinnen und Juden in Wien ein.[81] Ab Dezember 1947 begannen auch die ungarischen Behörden, jüdische Emigranten nach Rumänien zurückzustellen, wo diese verhaftet und eingesperrt wurden. Um Weihnachten 1947 hörte die Infiltration von Flüchtlingen aus Rumänien vorübergehend auf, da nun auch die österreichisch-ungarische Grenze schärfstens überwacht wurde.

Die Bilanz des Jahres 1947: Zwischen April und November 1947 überquerten rund 19.000 Flüchtlinge auf ihrem Weg nach Österreich die rumänisch-ungarische Grenze. Die Behörden registrierten allerdings in Wien 26.000 Neuflüchtlinge und weitere in der britischen Zone Österreichs. Daher müssen sich auch mindestens 7.000 jüdische Flüchtlinge aus Ungarn dem rumänischen Exodus angeschlossen haben.[82] Das nächste Etappenziel der meisten der rund 35.000 im Lauf des Jahres 1947 illegal aus Österreich abgewanderten jüdischen Flüchtlinge war aber meist wieder ein DP-Lager in der US-Zone in Deutschland.

---

77 Herman H. Kroh, Special Agent Counter Intelligence Corps (CIC), Headquarters CIC Region I, 970th CIC Detachment European Command, an Director of Military Government, Land Wuerttemberg/Baden (secret), 24.9.1947. National Archives, Washington, RG 260, U.S. Occupation HQs, Office of Military Government Headquarters (OMGUS HQs), Adjutant General's Office, Security Classified Intelligence Reports 1945-1949, box 732.

78 CBF, The Task Continued. Annual Report 1947 of the Central British Fund for Jewish Relief and Rehabilitation (CBF), London 1948, S. 9.

79 CBF News. The Bulletin of the CBF, Februar 1948.

80 British Legation, Bucharest, an Bevin, confidential, 3.11.1947. PRO, FO 371/61831; Ze'ev Venia Hadari: Second Exodus. The Full Story of Jewish Illegal Immigration to Palestine, 1945-1948. London 1991, S. 115-123.

81 Report of the US High Commissioner 23 (September 1947), Wien, S. 48; Report of the US High Commissioner 24 (Oktober 1947), Wien, S. 12; Report of the US High Commissioner 26 (Dezember 1947), Wien, S. 50.

82 Report of the US High Commissioner 32 (Juni 1948), Wien, S. 81.

Die Staatsgründung Israels und das Ende des jüdischen Flüchtlingsproblems

Für die Bereitschaft der jüdischen Bevölkerung zur illegalen Flucht aus Osteuropa Richtung Westen stellte die Unterstützung des UNO-Teilungsbeschlusses für Palästina durch die UdSSR und ihre osteuropäischen Satelliten am 29. November 1947 eine entscheidende Zäsur dar. Die Hoffnungen, in naher Zukunft legal auswandern zu dürfen, führte in den ersten Monaten des Jahres 1948 zum vorübergehenden Ende der Massenemigration aus Osteuropa. Bis Ende Mai 1948 registrierten die US-Behörden in Österreich insgesamt weniger als 2.500 jüdische Neuflüchtlinge. Zu diesem Zeitpunkt lebten noch immer 24.000 jüdische Flüchtlinge in Österreich. Auch für diese bestand nun die berechtigte Hoffnung, in absehbarer Zeit nach Israel auswandern zu können.[83]

Mit der Staatsgründung Israels im Mai 1948 mussten die Organisationsstrukturen der Bricha modifiziert werden. In Salzburg wurde das zentrale israelische Einwanderungsbüro für Österreich errichtet, das sowohl bei der legalen Einwanderung nach Israel als auch bei der illegalen Emigration behilflich war.[84]

Eine zahlenmäßige Gesamtbilanz des jüdischen Exodus durch Österreich lässt sich aufgrund der besonderen Schwierigkeiten bei der statistischen Erfassung der Flüchtlinge nur sehr schwer ziehen. Nach amerikanischen Angaben wurden von September 1945 bis April 1950 allein in der US-Zone Österreichs 193.500 jüdische Flüchtlinge registriert.[85] Die als realistisch zu bezeichnenden Gesamtzahlen für Österreich bewegen sich ohne die im Mai 1945 Befreiten zwischen 220.000 und 250.000. Wesentlich höhere Zahlen gaben die Israelis im Sommer 1950 bekannt: Demnach waren seit Kriegsende insgesamt 300.000 Jüdinnen und Juden aus Ost- und Südosteuropa – oder ungefähr ein Drittel der jüdischen Bevölkerung dieser Länder – auf ihrem Weg nach Palästina und später Israel durch Österreich gekommen.[86]

---

83 Albrich: Exodus (Anm. 2), S. 197f. u. 203.

84 Thomas Albrich: Die zionistische Option. Israel und die Überlebenden des Holocaust in Österreich. In: Albrich (Hrsg.): Flucht nach Eretz Israel (Anm. 2), S. 254-288.

85 Vienna an Foreign Office, 20.5.1950. PRO, FO 371/87397/WR 681.

86 Austrian Information, Published by Information Department of the Austrian Consulate General, vol. III, Nr. 11, 5.9.1950, S. 2. AJA, World Jewish Congress (WJC), B 73/XCIX.

II.
Nach dem Exil

Miriam Bistrovic

Wo weiterleben? Das Ende des jüdischen Exils in Shanghai

Shanghai – ‚Exil der kleinen Leute'

Dem Exil in Shanghai haftet die Vorstellung der exotischen Fremde an, doch schon früh wandten sich die nach Shanghai Geflüchteten gegen die Verklärung ihrer Lebensumstände im ostasiatischen Zufluchtsort. Lothar Brieger, ein Autor der *Gelben Post*, schrieb am 1. Juli 1939 im Hinblick auf seine Situation als Flüchtling in China:

> Ich bin Refugee, Kunsthistoriker und Schriftsteller und lebe gegenwärtig in Shanghai. Sie werden sagen, so etwas muss ungemein interessant sein, aber ich versichere Ihnen, es ist ungemein schwer.[1]

Bis heute gilt Shanghai als ‚Exil der kleinen Leute'.[2] Daran konnten weder die Anzahl an Akademikern,[3] die dem kulturellen Leben ihren ‚Stempel aufdrückten',[4] noch die rege Wirtschaftstätigkeit deutschsprachiger Juden im kulturellen Sektor, in Form eines eigenen Zeitungswesens, eigens gegründeten Theaterbetrieben und Bildungseinrichtungen, etwas ändern. Im Gegensatz zu den Vereinigten Staaten oder Großbritannien entschieden sich nur wenige prominente Persönlichkeiten für eine Ausreise in die Stadt am Huangpu. Der Metropole eilte der Ruf eines gefährlichen und kriminellen ‚Sündenbabels' voraus,[5] aber über die realen Gegebenheiten vor Ort war kaum etwas bekannt:

1 Lothar Brieger: Der Kindersarg. In: Gelbe Post, Jg. 1, Heft 5 (1939), S. 109f, hier: S. 109.

2 Georg Armbrüster, Steve Hochstadt: Shanghai-Flüchtlinge. Exil der kleinen Leute, Jüdische Allgemeine 16. August 2007.

3 Fritz Friedländer verweist in seinen Memoiren auf einen durch Erhebungen belegten Akademiker-Anteil von knapp 9% (Fritz Friedländer: Verbannte in der goethefernen Stadt (Shanghai), S. 208f., ME 760, Leo Baeck Institute New York, Berlin), während Christiane Hoss in ihrer Zusammenstellung einen Gesamtanteil von 6,7% erfasst, jedoch fehlen in dieser Aufzählung einige der von Friedländer aufgeführten Berufszweige wie z. B. Chemiker und Architekten (Christiane Hoss: Abenteurer. Wer waren die Shanghai-Flüchtlinge aus Mitteleuropa? In: Georg Armbrüster, Michael Kohlstruck, Sonja Mühlberger (Hrsg.): Exil Shanghai 1938-1947. Jüdisches Leben in der Emigration, Berlin 2000, S. 103-132, hier: S. 126).

4 Kurt Rudolf Fischer: Emigration nach Shanghai. In: Friedrich Stadler (Hrsg.): Vertriebene Vernunft I. Emigration und Exil österreichischer Wissenschaft 1930-1940. Münster[2] 2004, S. 487-498, hier: S. 489.

5 Astrid Freyeisen: Shanghai und die Politik des Dritten Reiches. Würzburg 2000, S. 22.

> Tatsächlich schien niemand viel, wenn überhaupt irgendetwas, über den Ort zu wissen, nicht einmal dessen genaue Lage. Beim Blick in den durchschnittlichen (Schul-) Atlas sieht es so aus, als läge er an der Küste. Also kauften wir Badeanzüge für die ganze Familie in Erwartung glorreicher Tage an den Stränden, die nicht existierten, ganz abgesehen davon, dass Shanghai recht weit vom Ozean entfernt ist. Die guten Menschen vom Hilfsverein versuchten hilfreich zu sein. Gefragt nach unserem zukünftigen Zielort und was sie uns über den Ort sagen könnten, war ihre Antwort äußerst bestimmt: ‚Es ist kälter im Winter und wärmer im Sommer', damit erschöpften sich ihre Kenntnisse.[6]

Ohne weitergehende Informationen oder persönliche Kontakte konnten sich die vor nationalsozialistischer Verfolgung Fliehenden kaum auf die lokalen Lebensumstände vorbereiten. Fast alle Zeitzeugen berichten von ihrem Entsetzen, als sie nach langer Irrfahrt aus Europa endlich in Shanghai die Schiffe verließen und zum ersten Mal die Stadt betraten: die Menschenmassen, die Gerüche, das feuchte Klima, in dem Lederschuhe und Pelzmäntel moderten,[7] die offensichtliche Armut, das Sprachenwirrwarr und die hygienischen Bedingungen waren für sie ein Schock, von dem sie sich nur schwer erholten.[8]

Wie aussichtslos die Situation sein musste, um trotz all der Widrigkeiten ein Exil in Shanghai überhaupt in Erwägung zu ziehen, verdeutlicht der relativ hohe Anteil an ehemaligen Häftlingen aus Konzentrationslagern unter den Emigranten. Mindestens ein Dutzend Personen sind nachweisbar, jedoch wird in Quellen von bis zu mehreren hundert Personen gesprochen.[9] Zu dieser Gruppe gehörten auch Hans Schubert (ehem. Hans Morgenstern, Pseudonym Hans Wiener) und Mark Siegelberg. Ihre autobiographisch motivierten, gegenwartsbezogenen Theaterstücke *Die Masken fallen* und *Fremde Erde* setzten sich eindringlich mit der Entrechtung und Verfolgung von Jüdinnen und Juden in Deutschland und Österreich bis hin zur Inhaftierung in Konzentrationslagern (*Die Masken fallen*) sowie dem Statusverlust und sozialem Abstieg im Exil (*Fremde Erde*) auseinander. Die Premieren verzeichneten einen großen Besucherandrang und wurden von der Presse euphorisch rezensiert, während die angesprochenen Themen (‚Mischehe', Suizid, Prostitution) innerhalb der Flüchtlingsgemeinschaft hochkontrovers diskutiert wurden. Nach nur einer bzw.

---

6 Horst Peter Eisfelder: Chinese Exile. My years in Shanghai & Nanking, S. 7, ME 999, Leo Baeck Institute New York, Berlin.

7 Ernest G. Heppner: Fluchtort Shanghai. Erinnerungen 1938-1948. Bonn 1998, S. 162; Gertrude Kracauer: Memories and Images of my Shanghai Years 1933-1948, S. 34, ME 1047, Leo Baeck Institute New York, Berlin.

8 Vgl. W. Michael Blumenthal: Mit 13 Jahren nach Schanghai. In: Stiftung Jüdisches Museum Berlin, Stiftung Haus der Geschichte der Bundesrepublik Deutschland (Hrsg.): Heimat und Exil. Emigration der deutschen Juden nach 1933. Frankfurt a. M. 2006, S. 127-130, hier: S. 127; Helmuth F. Braun: Man hat nicht so das Fremde gesucht… - Emigrantenkultur in Shanghai. In: ebenda, S. 134-136, hier: S. 134; Vivian Jeanette Kaplan: Von Wien nach Shanghai. Die Flucht einer jüdischen Familie. München 2006, S. 116.

9 Michael Philipp: Identität und Selbstbehauptung. Das kulturelle Leben im Shanghaier Exil 1939-1947. In: Georg Armbrüster, Michael Kohlstruck, Sonja Mühlberger (Hrsg.): Exil Shanghai 1938-1947. Jüdisches Leben in der Emigration, Berlin 2000, S. 147-164, hier: S. 147; Freyeisen: Shanghai (Anm. 5), S. 397.

zwei Aufführungen wurden die Stücke auf Grund politischen Drucks abgesetzt. Vor allem die rasche Absetzung gilt als Beleg für den ‚langen Arm der Gestapo' dessen Einfluss bis nach Shanghai reichte und vor dessen Bedrohung die jüdischen Autoren sich in Sicherheit gewähnt hatten.[10]

Einige der Flüchtlinge in Shanghai waren erst durch Vorweisen eines Ausreisetickets aus den Konzentrationslagern entlassen worden. Andere hatten die Auflage erhalten, binnen kürzester Frist (zwischen vier Wochen und sechs Monaten) das Land verlassen zu müssen, um einer erneuten Inhaftierung zu entgehen. Angesichts der schier endlosen Wartelisten der Konsulate erschien diese Frist kaum einhaltbar. Nach Auskunft von Journalisten befanden sich 1939 alleine auf den Listen der amerikanischen Konsulate mehr als 248.000 Namen, ungefähr die Hälfte der damaligen jüdischen Bevölkerung Deutschlands.[11] In ihrer Verzweiflung griffen die Betroffenen nach jedem Strohhalm und entschieden sich für Shanghai, wo im Gegensatz zu anderen Zielen der Emigration keine Einreisequote existierte.

Wer US-Dollar oder britische Pfund besaß, konnte in den ersten Jahren ein relativ komfortables Leben in Shanghai verbringen. Die Lebenshaltungskosten waren in den 1930er Jahren niedrig, so dass sich zahlreiche Flüchtlinge im internationalen Teil der Stadt ansiedelten. Die Ärmsten gelangten jedoch sofort in die Obhut der Hilfsorganisationen und wurden in sogenannten ‚Heimen', Massenunterkünften ohne jegliche Privatsphäre, untergebracht. Der Kontrast zwischen den komfortablen Schiffen und den Heimen hätte kaum größer sein können. Um überhaupt noch einen Platz an Bord der ausgebuchten Schiffe zu erhalten, hatten einige Flüchtlinge mit ihren letzten finanziellen Reserven Passagen erster Klasse gebucht. Personen, die noch am Vorabend von einem Kabinensteward bedient worden waren, reihten sich nun nach Ankunft in den Heimen mit Blechnäpfen in die Schlange zur Essensausgabe ein.[12]

Zwischen diesen beiden extremen Polen befanden sich jene, die wenigstens bescheidene finanzielle Mittel vorweisen konnten oder diese innerhalb kürzerer Zeit entweder durch den Verkauf ihrer geretteten Habseligkeiten oder die Aufnahme einer Tätigkeit erwarben. Schon geringe Summen ermöglichten die Anmietung einer eigenen Wohnung oder zumindest eines Zimmers im sozial schwachen und von früheren Kämpfen zerstörten Stadtteil Hongkou, wo eine Unterkunft bereits für eine Monatsmiete von 1,50 Dollar zu bekommen war.[13] Die Wohnverhältnisse im vorrangig von Chinesen bewohnten Bezirk waren beengt und entsprachen nicht den europäischen Standards, weshalb die Neuankömmlinge ihre neue Behausung als

---

10 Ausführlicher nachzulesen bei Philipp: Identität (Anm. 9), hier: S. 156-158; Elisabeth Buxbaum: Transit Shanghai. Ein Leben im Exil. Wien 2008, S. 152-157; Irene Eber: Wartime Shanghai and the Jewish refugees from Central Europe. Survival, Co-Existence, and Identity in a Multi-Ethnic City. Berlin, Boston 2012, S. 131f; Braun: Man hat (Anm.8), S. 135; Freyeisen: Shanghai (Anm. 5), S. 419.

11 Eber: Wartime Shanghai (Anm. 10), S. 82.

12 Buxbaum: Transit Shanghai (Anm. 10), S. 44; Eber: Wartime Shanghai (Anm. 10), S. 75, 83.

13 Buxbaum: Transit Shanghai (Anm. 10), S. 72.

äußerst primitiv beschrieben und vor allem sanitäre Einrichtungen sowie sauberes Trinkwasser vermissten.[14]

Dennoch gehörten sie zum Zeitpunkt der Proklamation der ‚Designated Area' am 18. Februar 1943 zu den Glücklichen, denn sie konnten in ihrer Wohnung verbleiben. Alle anderen nach 1937 eingereisten staatenlosen Flüchtlinge wurden durch die japanische Besatzung gezwungen, ihre Geschäfte und Wohnstätten im International Settlement aufzugeben, um ins knapp 40 Häuserblocks umfassende sogenannte Ghetto nach Hongkou zu ziehen, wo sie mit den Quartieren Vorlieb nehmen mussten, die zu dem Zeitpunkt noch verfügbar waren.[15] Die daraus resultierenden unerträglichen Umstände drangen auch dem ‚Director General of the Stateless Refugees Bureau', Tsutomu Kubota, zu Ohren, der im Mai 1944 anlässlich des Jubiläums der *Shanghai Jewish Chronicle* nochmals auf die anderthalb Jahre zuvor errichteten Designated Area zu sprechen kam:

> Es ist ueberfluessig, die wahre Bedeutung dieser Proklamation zu erklaeren, da ich glaube, dass die meisten Leute sie jetzt voll erkannt haben [...] jedoch ist es bedauerlich, dass eine kleine Zahl von Menschen sich immer noch weigert, sie zu verstehen und sich verschlagener Methoden bedient, wodurch sie der Erfuellung ihrer Pflichten gemaess der Proklamation zu entgehen sucht. [...] Ich bin mir der grossen Armut der hier lebenden juedischen Fluechtlinge voellig bewusst, aber sie sind nicht die Einzigen, die sich in einer solchen Lage befinden. Alle Voelker leiden heutzutage in gleicher Weise, und ich moechte daher feststellen, dass es aeusserst angebracht waere, vollste Mitarbeit an den Tag zu legen, indem sie geduldig den Bestimmungen der Proklamation Folge leisten [...]. Diejeningen, die sich nicht um eine Zusammenarbeit bemuehen, haben kein Anrecht, zu den Voelkern der Grossostasiatischen Wohlstandssphaere zu gehoeren, oder auch nur das Recht zum Leben zu fordern. In diesem Zusammenhang anlaesslich des fuenfjaehrigen Jubilaeums druecke ich die Hoffnung aus, dass die Shanghai Jewish Chronicle in Zukunft ihre Bemuehungen verdoppeln wird, um ihre Leser in der Erfuellung ihrer Pflichten und Aufgaben anzuleiten und zu unterstuetzen.[16]

Inklusive der verzeichneten Todesfälle geht die Forschung von 18.000 bis 20.000 Personen aus, deren Flucht vorläufig in Shanghai endete.[17] Das ‚Committee of the Council for the Far East' vermeldete in seinem Bericht vom 28. Mai 1946 noch 16.300 Flüchtlinge in Shanghai, darunter 7.380 ehemalige Deutsche, 4.298 frühere Österreicher und 1.340 Staatenlose, zu denen auch deutsche oder österreichi-

14 David Kranzler: Japanese, Nazis & Jews – the Jewish Refugee Community of Shanghai, 1938-1945. Hoboken³ 1988, S. 118-120.

15 Eisfelder: Chinese Exile (Anm. 6), S. 54; Heppner: Fluchtort Shanghai (Anm. 7), S. 195.

16 Tsutomu Kubota: Die Stellung der staatenlosen Fluechtlinge, Shanghai Jewish Chronicle, 7. Mai 1944, S. 5.

17 Die Zahl der nach Shanghai Geflüchteten schwankt je nach Quelle zwischen 15.000 und 30.000 Personen. Während die letztgenannte Zahl zumeist in politisch motivierten Pressetexten zu finden ist und recht hoch erscheint (vgl. Astrid Freyeisen: Der Fluchtpunkt Shanghai und seine Rezeption. In: Thomas Pekar (Hrsg.): Flucht und Rettung. Exil im japanischen Herrschaftsgebiet, Berlin 2011, S. 38-53, hier: S. 51), ist die erste Schätzung bereits mit Blick auf die von verschiedenen Hilfsorganisationen veröffentlichten Zählungen als zu niedrig einzuschätzen (vgl. Anm. 18).

sche ‚Displaced Persons' (DPs) aus Tientsin, Peking und der Mandschurei zählten.[18] Dank einer von Sonja Mühlberger (geborene Krips) geführten Datenbank, die als Basis für das Denkmal am ‚Shanghai Jewish Refugee Museum' in Shanghai diente, sind 13.732 Emigranten namentlich bekannt.[19]

Kriegsende

Das Kriegsende wurde in Shanghai gefeiert und die Mitteilung vom Sieg der Alliierten verbreitete sich wie ein Lauffeuer in den Straßen. Mit dem Eintreffen der amerikanischen Streitkräfte besserte sich die Situation der in Hongkou lebenden Juden schlagartig. Post wurde wieder regelmäßig zugestellt und Hilfsorganisationen unterstützten die in Shanghai Überlebenden fortan sowohl finanziell mit Tagessätzen zu 23 US-Cent[20] als auch materiell in Form von Nahrungsmittelrationen. Während des Krieges waren zahlreiche Flüchtlinge auf Grund der verheerenden hygienischen Bedingungen, fehlender Medikamente oder durch Nahrungsmangel schwer erkrankt oder verstorben. Berichte über Würmer oder Todesfälle durch Ruhr, die schon der Verzehr von ungewaschenem Obst oder Gemüse mit sich bringen konnte, sind in fast allen Memoiren zu finden.[21] Ebenso wiesen Mitarbeiter des Joint (‚American Jewish Joint Distribution Committee') schon früh auf die Lebensmittelknappheit und Mangelernährung der jüdischen Flüchtlinge in Shanghai hin, gegen die die tägliche Essensausgabe in den Heimen nur wenig ausrichten konnte.[22] Mit Zunahme der Flüchtlingszahlen musste die Ausgabe von zwei täglichen Mahlzeiten auf eine reduziert werden, wodurch sich die Lage zusehends verschärfte.[23]

Angesichts dieser Erfahrungen war der plötzliche Zugang zu Nahrungsmitteln nach Ende des Zweiten Weltkrieges überwältigend. Vivian Kaplans Mutter fühlte sich „nach der Not und Entbehrung der letzten sechs Jahre […] förmlich erdrückt von der Flut der Gaben." Es gab „Schokoladenriegel, Geflügelfleisch in Dosen, Butter, Zwieback, Räucherschinken, Pulverkaffee, Dosenmilch, Kakao und Obst".[24] Werner Michael Blumenthal erinnert sich, dass er am Tag der Ankunft der ameri-

18 Georg Armbrüster: Das Ende des Exils in Shanghai. Rück- und Weiterwanderung nach 1945 (Anm. 3), S. 184.

19 Die Datenbank wird kontinuierlich weitergeführt und umfasst inzwischen über 14.000 Personen; Gespräch mit Sonja Mühlberger am 19. Januar 2017.

20 Buxbaum: Transit Shanghai (Anm. 10), S. 177.

21 Sonja Mühlberger: Geboren in Shanghai als Kind von Emigranten. Leben und Überleben im Ghetto von Hongkew (1939-1947). Berlin^2 2016, S. 36; Hans Jacoby: Fluechtling in Shanghai. 1940-1945, ME 774, Leo Baeck Institute New York|Berlin, S. 186f; Kranzler: Japanese (Anm. 14), S. 298f.

22 Laura L. Margolis: Race Against Time in Shanghai. In: Survey Graphic Vol. 23, No. 3 (1944), S. 168-171, 190f, hier: 170f.

23 Wiebke Lohfeld, Steve Hochstadt: Die Emigration jüdischer Deutscher und Österreicher nach Shanghai als Verfolgte im Nationalsozialismus, S. 18; <www.exil-archiv.de/grafik/themen/exilstationen/shanghai.pdf>, eingesehen: 7.2.2017.

24 Kaplan: Von Wien (Anm. 8), S. 248.

kanischen Flotte mit seinen Schulkameraden einen Kahn mietete und den Truppen entgegenfuhr. Die Soldaten sahen die jungen Männer und riefen sie an Bord:

> Diesen Tag werde ich nie vergessen. Ich habe mir den Bauch vollgeschlagen und bin schrecklich krank geworden. Auf dem Schiff gab es weißes Brot, gutes weißes Brot, und Töpfe mit Marmelade. Marmelade – ich weiß gar nicht, wieviel ich davon gegessen habe.[25]

Für die Flüchtlinge endete somit eine entbehrungsreiche Zeit. Viele von ihnen fanden eine lukrative Anstellung bei den zivilen Behörden der Alliierten oder den militärischen Streitkräften. Vor dem Hintergrund der rasch voranschreitenden Inflation sicherte ihnen der Lohn in US-Dollar sogar einen gewissen Wohlstand: Im Januar 1947 stand der Kurs vom US-Dollar zum China-Dollar noch 1:7.000, im März des gleichen Jahres bereits bei 1:13.000, einen Monat später bei 1:18.000 und in der Mitte des darauffolgenden Jahres bei 1:1.000.000.[26] Doch die Frage nach dem „Wohin?" blieb, während sich die politische Lage durch die Gefechte zwischen der Roten Armee und den Kuomintang zuspitzte.

Shanghai war nie als dauerhaftes Ziel geplant gewesen. Vielmehr sahen es die Flüchtenden als Zwischenstation an, als sprichwörtlichen Wartesaal für die Weiterreise nach Nord- oder Südamerika, Australien oder in das Britische Mandat Palästina.

Nun, nachdem der Krieg zu Ende war, überlegte ein kleiner Teil zu bleiben. Sie waren entweder zu alt oder zu gebrechlich, um nochmals einen Neuanfang zu wagen oder hatten sich seit ihrer Ankunft vor mehreren Jahren eine bescheidene Existenz aufgebaut, die sie nicht gewillt waren aufzugeben, um in der Fremde erneut bei Null anzufangen.[27] Von einem ‚heimisch' werden konnte dennoch keine Rede sein.[28] Nur wenige hatten sich trotz der räumlichen Nähe zu Chinesen in Hongkou bemüht, die Sprache ihrer Umgebung zu lernen oder engere Beziehungen zu der einheimischen Bevölkerung einzugehen. Das *Shanghai Echo* vom 28. Dezember 1947 zählte lediglich zwölf Ehen mit „ostasiatischen Partnerinnen", von denen nur vier mit Kindern „gesegnet waren".[29]

Trotz der Auflösung der ‚Designated Area' sollte es dauern, bis die ersten Flüchtlinge Shanghai verlassen konnten. Hans Jacoby, ein Dresdner Maler, der nach seiner Internierung im Jahr 1940 mit seiner Frau Emma, einer Ärztin, nach Shanghai gelangt war, führte Tagebuch über die Zeit im Exil. Die Situation, mit der sich die Hilfsorganisationen nach Kriegsende konfrontiert sahen, beschreibt er folgendermaßen:

---

25 Blumenthal: Mit 13 Jahren (Anm. 8), S. 130.

26 Eisfelder: Chinese Exile (Anm. 6), S. 96.

27 Jüdisches Museum Berlin (Hrsg.): Cilly Kugelmann im Gespräch mit W. Michael Blumenthal und Horst Eisfelder. Auszüge aus dem Gespräch als Audio-Mitschnitt von 2006, <https://www.jmberlin.de/exil-in-schanghai>, eingesehen 7.2.2017.

28 Kaplan: Von Wien (Anm. 8), S. 276.

29 E. C.: Statistisches ueber die Shanghaier Emigration, Shanghai Echo 28.12.1947, S. 5.

Die Leute drängten, sie wollten weg, lieber gestern als morgen, da waren Fragen des Transports zu lösen, der Finanzierung und das Allerwichtigste, die Frage nach Visen, es dauerte ungefähr ein Jahr bis das amerikanische Konsulat anfing Visen auszugeben, nach Australien ging es schneller und nach Europa ging es am schnellsten.[30]

Dennoch fiel es den in Shanghai Verbliebenen nicht leicht, zwischen diesen Möglichkeiten zu wählen. Der Joint fasste die Problematik in seiner Mitteilung vom November 1946 äußerst knapp und nüchtern zusammen:

[Es] stehen alle vor einer Entscheidung, die die Grundlagen ihrer Existenz ergreift und die einmal getroffen, den in [sic!] allermeisten Faellen unwiderruflich sein wird. Eine dritte Emigration kommt wohl nur fuer die Juengsten in Betracht.[31]

Doch selbst für jene, die das Glück hatten, dass ihre Quotennummer aufgerufen wurde, war das Bangen nicht zu Ende. Transportmöglichkeiten waren rar und Streitkräfte der Alliierten erhielten bei der Vergabe der Schiffsplätze den Vorzug.[32] Neben diesem logistischen Problem standen den Ausreisewilligen aber auch zahlreiche bürokratische Hürden im Weg, die es zu bewältigen galt. Bereits das Vorlegen von Dokumenten und das Beantworten von Fragen zu Fürsprechern, Verwandten und Bekannten im Zielland wurde durch die mitunter nur unvollständig geretteten Papiere und die lediglich unregelmäßig aufrechtzuerhaltende Kommunikation zwischen den Kontinenten erschwert.

Die größte Herausforderung stellten für viele die erforderlichen ärztlichen Unbedenklichkeitsbescheinigungen dar. Die Zeit in Shanghai war an den Emigranten nicht spurlos vorüber gegangen und die Entscheidung über Verweigerung oder Erteilung des Attests hing oftmals von der Willkür des Arztes ab. Gertrude Kracauer hielt diesen Moment in ihren Memoiren fest:

Großer Schock und Überraschung. Meine Röntgenaufnahmen zeigten Tuberkulose-Narben. Sie waren 20 Jahre alt, aber der Arzt musste sicher sein. Ich sollte in 3 oder 4 Monaten wiederkommen, er musste sich sicher sein, dass keine Infektion vorlag. Welch bittere Enttäuschung.[33]

Zwar verlief die spätere Untersuchung zufriedenstellend, aber als die Familie ausreisen wollte, streikten die amerikanischen Transportschiffe. Die Aussicht darauf, dass die mühsam errungenen Ausreisepapiere ablaufen und die Erneuerung an der ärztlichen Begutachtung scheitern könnte, denn ein anderer Arzt hätte die Befunde anders interpretieren können, ließ Familien verzweifeln. In ihrer Not wandte sich die Familie Kracauer an Verwandte, Freunde und den Joint, mit deren Hilfe sie Flugtickets erwerben und auswandern konnten.[34] Dass dies kein Einzelfall war, belegen

30 Jacoby: Fluechtling (Anm. 21), S. 432.

31 Abwanderung – nuechtern gesehen, Mitteilungen des The American Jewish Joint Distribution Committee, Inc. Far Eastern Office, November 1946, S. 1f, hier: S. 1.

32 Irma Friedländer: Sieben Jahre Shanghai, 1939-1946, S. 56, ME 836, Leo Baeck Institute New York, Berlin.

33 Kracauer: Memories (Anm. 7), S. 76.

34 Kracauer: Memories (Anm. 7), S. 76f.

die Memoiren von Ernest Heppner. Er arbeitete inzwischen bei den amerikanischen Streitkräften in Nanjing als seine Quotennummer aufgerufen wurde. Zur abschließenden Befragung und ärztlichen Untersuchung flog er zurück zum Konsulat in Shanghai. Die Abwicklung der Formalitäten verlief problemlos, doch bei der Untersuchung durch den Arzt war sein Puls zu hoch. Die Unbedenklichkeitsbescheinigung wurde ihm verweigert, stattdessen sollte er nochmals wiederkommen. Weder der Hinweis auf seine Aufregung noch die Arbeitsstelle in Nanjing konnten den Arzt von dieser Entscheidung abbringen. Kaum zurück in Nanjing wurde Heppner durch einen Arzt der Army untersucht, der seinen Puls für normal befand und das ärztliche Attest an das Konsulat schicken ließ. Das Konsulat bestand weiterhin auf der erneuten Untersuchung vor Ort:

> Aufgebracht bat das Air Corps den Arzt der Botschaft in Nanjing, einen ganzen Tag meine Temperatur und meinen Puls zu messen. Wieder waren alle Untersuchungen zufriedenstellend. [...] Trotzdem wollte das Konsulat in Shanghai das ärztliche Attest der Botschaft nicht anerkennen. Schließlich blieb mir nichts anderes übrig, als noch einmal nach Shanghai zu fliegen, um mir den Puls messen zu lassen. [...] Endlich erhielt ich das Attest, mit dem mir offiziell bescheinigt wurde, dass von ärztlicher Seite keine Bedenken gegen meine Einreise in die Vereinigten Staaten bestünden.[35]

Inmitten dieser zermürbenden Erfahrungen erhielt die jüdische Bevölkerung Shanghais am 3. Dezember 1947 Kenntnis von der anstehenden Staatsgründung Israels. Somit hatte sich ein weiteres nunmehr unabhängiges Zielland offenbart, in dem sie ihre zukünftige Heimat finden konnten, und dessen Entstehung mit großen Feierlichkeiten in Hongkou und Sonderausgaben in den Zeitungen gewürdigt wurde.[36]

Neben der Auswanderung nach Amerika, Australien oder Eretz Israel gab es aber noch eine weitere Option: die Rückkehr nach Deutschland oder Österreich.

Am 23. Dezember 1945 verkündete ein Sprecher des chinesischen Auswärtigen Amtes gegenüber der internationalen Presse, dass die chinesische Regierung entschieden hätte, alle Deutschen in China zu repatriieren. Die Bezeichnung ‚Deutsche' umfasse auch Österreicher und deutsche Juden, die wie alle anderen Personen deutscher Staatsangehörigkeit nunmehr ‚feindliche Ausländer' wären. Er gab zu, dass Deutsche ohne Visa und Pässe geringere Aussichten auf Aufenthaltsgenehmigungen hätten, was vor allem die in Shanghai verbliebenen Juden betraf. Doch seien die „Bedingungen, die Juden ursprünglich aus Deutschland zu fliehen zwangen", nicht mehr existent, weshalb er nicht einsehe, warum „sie sich der Rückkehr wiedersetzen". Bei den Repatriierungsbestrebungen würde die Regierung jedoch „gute Gründe, die für eine Ausnahmeregelung sprechen", berücksichtigen.[37]

35 Heppner: Fluchtort Shanghai (Anm. 7), S. 246f.

36 Vgl. Shanghai Echo, Erez Israel-Sondernummer vom 14. Dezember 1947.

37 Die Lage der juedischen Refugees, The Jewish Voice of the Far East. Juedisches Nachrichtenblatt, 25.12.1945, S. 1.

Auch der Joint führte in seinen Mitteilungen an die verbliebenen jüdischen Flüchtlinge in Shanghai neben den anderen Ausreisezielen die Option der Repatriierung auf und merkte an: „Ob von dieser Möglichkeit Gebrauch gemacht wird, muss jeder für sich selbst entscheiden. Geraten kann hier niemand werden."[38]

Einen Eindruck von dem daraus resultierenden Gewissenskonflikt der Verbliebenen bietet der autobiografische Text des Schriftstellers und Journalisten Fritz Friedländer, in dem er seine Erlebnisse in Shanghai aus Sicht seines Alter Ego[39] schildert:

> Er war Zionist geworden, aber er […] fühlte sich nicht fähig, aus dieser inneren Entschliessung die Konsequenz zu ziehen. […] Wie sollte er in einem Lande wie dem juedischen, das junge und unverbrauchte Kraefte erfordert, seinen Lebensunterhalt erwerben? Wie konnte er, der nicht einmal Englisch richtig erlernt hatte, hoffen, das weit schwerere Iwrith zu erlernen? Und wenn nicht Erez Israel, was dann? Etwa USA? Er hatte keine Beziehungen zu diesem Lande, mit dem er die beaengstigende Vorstellung eines erbarmungslosen Existenzkampfes verband. Mancher aus seiner Umgebung sprach jetzt, wo der Friede wiederhergestellt war, von ‚Repatriierung'. Und pendelte nicht auch seine Seele zwischen Potsdam und Zion einher? Rechtzeitig fiel ihm der ergreifend wahre Satz aus Jakob Wassermanns Selbstbiographie ein: ‚Es ist vergeblich, das Gift zu entgiften. Sie brauen frisches.' Nach Deutschland zurückkehren? Nein, die Kluft, die das Vorgefallene aufgerissen hatte, erschien ihm unueberbrueckbar. In Shanghai bleiben? Der Gedanke war unertraeglich oder mindestens schwer ertraeglich.[40]

Dank der Schwester seiner Frau erhielt das Ehepaar Friedländer ein Permit nach Australien.[41] Sie blieben bis an ihr Lebensende in Melbourne, wo Fritz Friedländer 1980 starb. Seine Frau Irma Friedländer überlebte ihn noch fünf Jahre.

Rückkehr in die ‚Heimat'?

Ungeachtet vorhandener Zweifel und Vorbehalte zeichnete sich vor allem das jüdische Exil in Shanghai durch eine hohe Anzahl der Rückkehrer nach Deutschland und Österreich aus.[42] Um diese Gruppe kümmerte sich die UNRRA (‚United Nations Relief and Rehabilitation Administration'). Sie übernahm die Kosten für die Flüchtlinge und erledigte notwendige Formalitäten für die Antragsteller, beispielsweise die Ausstellung von Ausweisen, Beschaffung von Visa und die Buchung von

---

38 Abwanderung – nuechtern (Anm. 31), S. 2.

39 Im Schreibmaschinenmanuskript findet sich noch der Name „Ulrich Sander", der jedoch von Fritz Friedländer handschriftlich in „Erich Sander" korrigiert wurde, ebenso enthalten einzelne Passagen Korrekturen zur Umschreibung in die Ich-Perspektive; Fritz Friedländer: Zwischen Potsdam und Zion. Zeitgenössische Geschichte eines unzeitgemässen Menschen, S. 1, ME 760, Leo Baeck Institute New York|Berlin.

40 Friedländer: Verbannte (Anm. 3), S. 333.

41 Landing Permit vom 21. November 1945, Fritz Friedlaender Collection, AR 7201, box 1, folder 4, Leo Baeck Institute New York|Berlin.

42 Martin Kaneko: Die Judenpolitik der japanischen Kriegsregierung, 1. Aufl. Berlin 2008, S. 123.

Schiffspassagen. 1947 zählte die UNRRA 16.300 registrierte Flüchtlinge in Shanghai von denen 1.217 Personen als Ausreiseziel eine Repatriierung angaben. Im Vorjahr hatten noch doppelt so viele ihren Rückkehrwunsch geäußert.[43]

Die Ursachen für eine solche Entscheidung waren höchst individuell und reichten von emotionalen Beweggründen, über idealistische Motive bis hin zu pragmatischen Erwägungen und purer Verzweiflung.

Trotz der eigenen Leidenserfahrungen hatte viele die Sehnsucht nach der ehemaligen Heimat nie verlassen. Als die ersten Zeitungsartikel über das Ausmaß der Vernichtung nach Shanghai vordrangen, konnten und wollten nur die wenigsten der Berichterstattung glauben, zu ungeheuerlich war das Geschilderte.[44] Außerdem hatten Jahre der Propaganda und Pressezensur sie geprägt, wodurch Briefe von Bekannten und Zusicherungen ehemaliger Kollegen bei den Erwägungen zur Rückkehr als verlässlichere Quellen galten, als Berichte in der Tagespresse.[45]

Einige sahen in der Rückkehr die einmalige Chance, beim Neuaufbau eines demokratischen Deutschlands zu helfen und diesen Staat nach humanistischen und sozialen Idealen zu formen.

Die Eltern von Sonja Mühlberger (geborene Krips) entschieden sich zurückzukehren, um aktiv am Aufbau Deutschlands mitzuwirken – ein Entschluss, der in Shanghai nicht nur auf Wohlwollen stieß. So erinnert sich ihre Tochter daran, dass sie nach Bekanntwerden der anstehenden Pläne „in das Land zurückzukehren, wo nicht nur ihre Würde mit Füßen getreten wurde", von anderen Emigranten beschimpft und sogar bespuckt wurde.[46]

Die Anfeindung durch andere Flüchtlinge musste vor allem für jene besonders schwer zu ertragen gewesen sein, die nur schweren Herzens zurückkehrten. Ein großer Teil nahm die Rückkehr in ihr altes Heimatland nur deshalb in Kauf, um einen Ausreiseantrag zu stellen, da sie hofften, dass diesem vor Ort eher stattgegeben würde als in Shanghai. In einem Schreiben vom 7. April 1947 an die UNRRA in Paris wurde geschätzt, dass von den über 1.200 betreuten Rückreisewilligen mindestens 40% planten, in die USA oder nach Australien weiterzureisen.[47] Hinzu kam die Gruppe der Alten und Gebrechlichen, die sich einen Neuanfang in der Fremde mit dem damit einhergehenden Spracherwerb nicht vorstellen konnten.

Das Schicksal Adolf Josef Storfers dürfte vielen als mahnendes Beispiel gedient haben. Adolf Storfer (Jahrgang 1888) war ein ehemaliges Mitglied der Wiener Psychoanalytischen Vereinigung und Herausgeber der *Gelben Post* gewesen. Nachdem sich

43 Armbrüster: Das Ende (Anm. 18), S. 188.

44 Stefan Schomann: Letzte Zuflucht Schanghai. München 2008, S. 163f.

45 Armbrüster: Das Ende (Anm. 18), S. 185; Steve Hochstadt: Shanghai-Geschichten. Die jüdische Flucht nach China. Berlin 2007, S. 186f.

46 Mühlberger: Geboren in Shanghai (Anm. 21), S. 50; Claudia Leonhard: Das Unaussprechliche in Worte fassen. Eine vergleichende Analyse schriftlicher und mündlicher Selbstzeugnisse von weiblichen Überlebenden des Holocaust. Kassel 2013, S. 77, 82.

47 Armbrüster: Das Ende (Anm. 18), S. 189.

sein Gesundheitszustand im Shanghaier Klima verschlechterte, gelang ihm 1941 die Flucht über Manila nach Australien. Er verstarb bereits 1944 in Melbourne. Die letzten Monate seines Lebens hatte der Gelehrte als Drechsler gearbeitet.[48]

Doch auch für Rückreisewillige war die Ausreise nach Deutschland nicht ohne weiteres möglich. Mehrere Voraussetzungen mussten erfüllt sein: der einstige Besitz der deutschen Staatsangehörigkeit war gefordert, zudem sollten sie vor dem 1. September 1939 an dem Ort gewohnt haben, an den sie nun zurückzukehren gedachten und sie benötigten die Zuzugsgenehmigung einer deutschen Behörde. Martin Beutler schildert eindrücklich die Situation seines Vaters:

> Viel entscheidender war für meinen Vater, dass er wusste, dass die politische Herrschaft seiner Peiniger, seiner Verfolger beendet war, und dass jetzt andere Kräfte, die auch ihm früher nahegestanden haben, jetzt in Deutschland das sagen [sic] haben werden. Er muss also Kontakt aufgenommen haben zu seinen ehemaligen Freunden und Kameraden, Genossen und das hat ja auch funktioniert. Ein Dokument aus Leuna vom Bürgermeister bestätigt, dass Gustav Beutler Wohnung und Arbeit finden wird und dort erwartet wird.[49]

Über die realen Zustände und den tatsächlichen Empfang vor Ort in ihrer alten Heimat vermochte aber weder der schriftliche Zuspruch von staatlicher Seite noch die offizielle Aufforderung zur Rückkehr Auskunft zu geben.

Wesentlich deutlicher waren die Aussagen von angeschriebenen Bekannten, wie der Briefwechsel zwischen dem Theaterautoren Hans Schubert (bzw. Morgenstern) und Hans Weigel vor Augen führt. Am 18. April 1946 schrieb Hans Weigel aus Wien:

> Ich kann Ihnen nur raten, herzukommen. […] Wer kommt, hat damit allerdings noch keine Garantie. Er hat nur ‚a fair Chance', sich in freier Konkurrenz durchzusetzen. […] Dass überall noch Nazis sitzen ist eine tendenziöse Übertreibung. […] Ich kann Ihnen gegenüber nur auf mein Schicksal hinweisen. Ich bin im Juli aus der Schweiz nach Österreich gekommen, mit nichts als meinem Namen und ein paar Manuskriptseiten. Ich habe hier in der Zwischenzeit grössten Erfolg.[50]

Im darauffolgenden Jahr, als sich die Ausreise von Hans Schubert bereits abzeichnete, äußerte sich Hans Weigel wesentlich verhaltener über die Lage in Wien. In seinem Brief vom 16. Januar 1947 ermahnt er Hans Schubert eindringlich:

---

48 Hans Albert Walter: Deutsche Exilliteratur 1933-1950, Band 3: Internierung, Flucht und Lebensbedingungen im Zweiten Weltkrieg. Stuttgart 1988, S. 509; Joahannes Reichmayr: „Anschluß" und Ausschluß. Die Vertreibung der Psychoanalytiker aus Wien. In: Friedrich Stadler (Hrsg.): Vertriebene Vernunft I. Emigration und Exil österreichischer Wissenschaft 1930-1940. Münster^2 2004, S. 123-181, hier: S. 171f.

49 Hochstadt: Shanghai-Geschichten (Anm. 45), S. 180.

50 Zitiert nach: Buxbaum: Transit Shanghai (Anm. 10), S. 188.

> Ich hoffe, Sie machen sich die richtigen Vorstellungen von dem, was Sie hier erwartet. […] Es wird voraussichtlich für Sie schriftstellerische Arbeit geben, Bearbeitungen, Übersetzungen, Kabarett, Film, eigene Stücke. Aber Sie dürfen nicht glauben, dass auf Sie gewartet wird. […] Natürlich würde ein moralisches Recht bestehen, dass es Emigranten besser haben. Aber dieses moralische Recht besteht auch bei den Heimkehrern, Kriegsverletzten und vielen anderen, und die Umstände sind einfach noch nicht so weit, dass etwas in diesem Sinne geschieht.[51]

Abwicklung der Ausreise

Strenge Quoten bei der Einreise und geringe Platzkontingente auf den Transportschiffen erschwerten die Ausreise aus Shanghai und stellten für die Hilfsorganisationen große Herausforderungen dar. Die meisten Repatriierten gelangten mit dem Schiff nach Europa und wurden danach per Zug, beispielsweise aus Neapel, an ihr Ziel gebracht.[52] Die Fahrt erfolgte in ungeheizten Güterzügen.[53] Auf den Hinweis, dass Güterwagen „für jüdische Menschen mit einem ganz speziellen Konnotat verbunden seien", reagierte das österreichische Innenministerium mit Verweis auf die alliierte Besatzung, auf Grund derer man nicht über die notwendigen Verkehrsmittel verfügen könne.[54]

Im November 1948 befanden sich noch immer über 5.000 Flüchtlinge in Shanghai, darunter ca. 2.500 Staatenlose aus Deutschland und 2.000 ehemalige Österreicher, die nicht repatriiert werden wollten. Um sie zumindest aus Shanghai hinaus zu bringen, wurden Transite über die USA nach Europa durchgeführt. Anfang Dezember 1948 brachen zwei Schiffe mit insgesamt 1.722 Flüchtlingen nach Israel auf und bis März 1949 folgten fünf weitere Transporte durch die IRO (‚International Refugee Organization'), die als Nachfolgeorganisation der UNRRA agierte.[55]

Im März 1949 lebten schätzungsweise noch 4.500 Juden in Shanghai, davon 2.000 aus Mitteleuropa. Angesichts der politischen Entwicklungen in China, wo die Truppen Chiang Kai-Sheks und die Rote Armee unter Mao Zedong unerbittlich um die Vorherrschaft im Land kämpften, wuchs die Sorge um die Sicherheit der Flüchtlinge bei längerem Verbleib in Shanghai.[56] Irma Friedländer beobachtete bereits unmittelbar nach Kriegsende eine zunehmende Ausländerfeindlichkeit in der Stadt, die zu Übergriffen führte:

---

51 Buxbaum: Transit Shanghai (Anm. 10), S. 189.

52 Mit Bezug auf die Erinnerungen Franziska Tausigs wird vereinzelt auch Genua als Ziel genannt; Ebd., S. 185.

53 Mühlberger: Geboren in Shanghai (Anm. 21), S. 7.

54 Buxbaum: Transit Shanghai (Anm. 10), S. 185.

55 Armbrüster: Das Ende (Anm. 17) S. 191f.

56 Bernd Martin: Shanghai als Zufluchtsort für Juden 1938-1947. In: Vierteljahreshefte für Zeitgeschichte 4 (2016), S. 567-596, hier: S. 596.

> Sie, die ihren Sieg doch zum Teil der finanziellen und materiellen Unterstützung der Amerikaner zu verdanken hatten, begannen gleich nach Friedensschluß fremdenfeindlich zu werden. ‚Asien für Asiaten' wurde ihr Schlagwort. Alle Fremden sollen China verlassen. Die kleinen Chinesenjungen begannen mit Steinen auf Ausländer zu werfen.[57]

Unter diesen Voraussetzungen entschieden die IRO und der Joint, Flugzeuge zu chartern, um die verbliebenen Shanghaier Flüchtlinge in die USA und Kanada auszufliegen. Jedoch erhielten die derart Ausreisenden lediglich Transitvisa statt der erhofften Einreiseerlaubnis. Mit der Ankunft in Amerika endete ihre Odyssee nicht, vielmehr mussten sie weiter nach Deutschland reisen, wo sie zusammen mit anderen Displaced Persons in Lager kamen, um von dort erneut Ausreiseanträge zu stellen. Zwar hatten sich mehrere Unterstützer in den USA zugunsten der Flüchtlinge ausgesprochen und die Behörden sicherten ihnen eine beschleunigte Bearbeitung zu, aber in der Realität änderte das für die Betroffenen wenig. Ernest Heppner schildert in seinen Memoiren die Irrfahrt der 106 Passagiere der ‚General Gordon', die am 23. Mai 1950 in San Francisco eintraf. Sie hatten in Shanghai auf ihre Quotennummer oder das zugesicherte Visum für die USA gewartet, als die politische Situation in China ihre unmittelbare Evakuierung erforderlich machte. Doch ohne gültige Einreisepapiere verweigerten ihnen die Vereinigten Staaten die Aufnahme. In einem verplombten Zug wurden sie durch die USA nach Staten Island gebracht, um ausgerechnet nach Deutschland verschifft zu werden, wo sie ‚ordnungsgemäß' beim Konsulat Einreiseanträge stellen sollten.[58] Eindringlich beschreibt Robert Reuven Sokal die Verzweiflung der Leidtragenden:

> Doch die Behörden kannten kein Erbarmen. In einem plombierten Zug wurden die Flüchtlinge via Chicago nach New York verfrachtet, von wo sie in ihre deutsche ‚Heimat' abgeschoben werden sollten. Nur von dort aus, so die staatliche Logik, durften sie ihre Einwanderungsgesuche stellen. Ihnen wurde lediglich gestattet, in New York Besuch von ihren Angehörigen zu empfangen. Da fanden sich dann Familien zusammen, die einander zehn Jahre nicht gesehen hatten, und schon wurden sie wieder auseinandergerissen. Auch die Eltern meines Freundes Harry Methner gehörten zu dieser Gruppe. Er erreichte sogar, dass er in ihrem Beisein auf Ellis Island heiraten durfte, dann aber wurden sie wie alle anderen nach Europa abgeschoben. Die meisten kamen in ein Auffanglager in Bremerhaven, wo sie dann bis zu zwei Jahre lebten. So lange dauerte es, bis die Letzten ihre Einreiseerlaubnis erhielten, sofern sie nicht längst aufgegeben hatten.[59]

Die Rote Armee eroberte am 27. Mai 1949 Shanghai. Am 1. Oktober 1949 rief Mao Zedong in Peking die ‚Volksrepublik China' aus. 1950 galt das jüdische Exil in Shanghai offiziell als beendet. Der Joint und die IRO hatten ihre Programme abgeschlossen. In einem letzten Kraftakt gelang es ihnen noch 700 kranke und körperlich behinderte Juden aus Tientsin, Harbin und Shanghai mit einem Lazarettschiff nach Israel zu evakuieren.[60]

---

57 Friedländer: Sieben Jahre (Anm. 32), S. 55.
58 Heppner: Fluchtort Shanghai (Anm. 7), S. 266f.
59 Schomann: Letzte Zuflucht (Anm. 44), S. 220f.
60 Armbrüster: Das Ende (Anm. 18), S. 195.

1954 lebten noch 800 Juden in Shanghai, die meisten von ihnen waren invalide und hochbetagt. Vier Jahre später zählte die Jüdische Gemeinde noch 109 Mitglieder.[61]

Von den ehemals 18.000-20.000 jüdischen Flüchtlingen in Shanghai waren nach Kriegsende über die Hälfte in die USA ausgewandert. Anderen hatte die großzügige Erteilung von Permits den Weg nach Australien ermöglicht und die letzte große Gruppe wählte nach der Staatsgründung das Land Israel als ihren zukünftigen Lebensmittelpunkt. Unter den restlichen Personen hatten sich 10 % für eine Repatriierung nach Deutschland oder Österreich entschieden.[62]

Von dem einstmals reichen jüdischen Leben in Shanghai und der großen Gemeinde deutschsprachiger Flüchtlinge ist wenig erhalten geblieben. Das letzte Gemeindemitglied starb vor Jahrzehnten[63] und der Großteil des ehemaligen Ghettos ist inzwischen neuen Bauvorhaben gewichen.

Lediglich einige Häuser, darunter die ‚Ohel Moishe Synagoge', in der heute das *Shanghai Jewish Refugees Museum* untergebracht ist, stehen seit 2006 unter Denkmalschutz. Die noch bis vor kurzem an den Häuserwänden angebrachten deutschsprachigen Schilder wurden teilweise in einem aufwändigen Verfahren ausgegossen, abmontiert und somit für die Nachwelt gerettet.[64]

61 Buxbaum: Transit Shanghai (Anm. 10), S. 185.

62 Armbrüster: Das Ende (Anm. 18), S. 196.

63 Leiwi Imas gehörte zu den Wenigen, die vor Ort Beziehungen zu Einheimischen eingingen und deren Ehe mit Kindern „gesegnet waren" (Anm. 29). Er starb 1962, wie Sonja Mühlberger von seiner Tochter Sara Imas erfuhr, die als „erste jüdische Immigrantin aus China" nach Israel Bekanntheit erlangte (Marc O'Neill: Israel's first Chinese Jew takes long road to promised land. South China Morning Post, 7.10.2005). In mehreren Zeitungsberichten ist außerdem der Hinweis auf ein 1982 verstorbenes, namentlich nicht genanntes Gemeindemitglied zu finden (u.a. Urs Schoettli: Wie Tausende Juden Rettung vor dem Holocaust fanden. Fernöstliches Refugium. Neue Zürcher Zeitung, 2.11.2005), bei dem es sich wohl um Max Leibovich handelte, der laut Pressemeldung der Jewish Telegraphic Agency (JTA) vom 14. 01.1982 zum Jahresanfang verstorben war (vgl. Max Leibovich dead at 75, JTA daily news bulletin, Vol. LX, No. 10, 15. Januar 1982, S. 2; Heppner: Fluchtort Shanghai (Anm. 7), S. 270).

64 Freyeisen: Der Fluchtpunkt (Anm. 16), S. 53; Astrid Freyeisen, Frank Hollmann: Unser chinesischer Traum. Geschichten aus einem Land der Extreme. Norderstedt 2014, S. 111.

Juliane Wetzel

Jüdische Emigration aus Nachkriegsdeutschland in die USA

Yehuda Bauer, der als einer der ersten Historiker mit *Out of the Ashes* ein grundlegendes Werk über die Situation der überlebenden Juden unmittelbar nach dem Krieg verfasst hat,[1] vertritt die These, dass die meisten jüdischen ‚Displaced Persons' (DPs) in die USA emigriert wären, wenn das Land die Einreisebestimmungen vor der Staatsgründung Israels 1948 gelockert hätte.[2] Trotz der zionistischen Ausrichtung und dem Ziel, eine neue Heimat in Eretz Israel zu finden, das die führenden Persönlichkeiten aus den Reihen der jüdischen DPs aufgrund ihrer Erfahrungen verfolgten, haben viele von ihnen am Ende schließlich doch die USA als Auswanderungsland gewählt.

Auch die führenden Persönlichkeiten der jüdischen DP-Gesellschaft wanderten nach Palästina/Israel aus. Einige jedoch zogen die USA vor. Samuel Gringauz, 1900 in Tilsit in Ostpreußen geboren, Wirtschaftswissenschaftler, Jurist und Philosoph, spielte eine wichtige Rolle in der zionistischen Untergrundbewegung im KZ Kaufering,[3] wo er u. a. Vorträge über die zionistischen Visionen eines Lebens nach der Verfolgung hielt. Nach der Befreiung gehörte Gringauz zu den geistigen Mentoren des zionistisch ausgerichteten Lebens in den DP-Lagern, das er als Präsident der Selbstverwaltung des DP-Lagers Landsberg/Lech prägte. Als Herausgeber und Chefredakteur der *Landsberger Lager-Cajtung* (später: *Jidisze Cajtung*), einer der wichtigsten Zeitungen der jüdischen DPs,[4] nutzte er das Medium, um Fragen der Zukunft der Überlebenden zu diskutieren. 1947 verließ Gringauz Deutschland in Richtung USA. Dort war er zunächst beim ‚YIVO Institute for Jewish Research' in New York beschäftigt, zuständig für die Katalogisierung der Dokumente zum Ghetto Litzmannstadt (Lodz).[5] Später arbeitete er beim ‚American Jewish Committee' in einer Abteilung, die die nicht-jüdischen DPs, die in die USA einreisen wollten, nach ihrer Vergangenheit prüfte, etwa, ob sie am Massenmord beteiligt oder NS-Kollaborateure waren.[6] Dr. Zalman Grinberg, 1912 in Shaki/Litauen geboren, hatte in der Schweiz Medizin studiert und kehrte anschließend nach Litauen zurück. Als das Land von

1 Yehuda Bauer: Out of the Ashes: The Impact of American Jews on Post-holocaust European Jewry. Oxford 1989.

2 Angelika Königseder, Juliane Wetzel: Lebensmut im Wartesaal. Die jüdischen DPs (Displaced Persons) im Nachkriegsdeutschland. Frankfurt am Main 2004, S. 70.

3 Siehe dazu auch Ze'ev Mankowitz: The Affirmation of Life in She'erith Hapleita. In: Holocaust and Genocide Studies 5 (1990), S. 18f.

4 Königseder, Wetzel: Lebensmut (Anm. 2), S. 127.

5 Interview Samuel Gringauz, S. 30, Center for Jewish History – Digital Collections <http://digital.cjh.org/dtl_publish/5/1327078.html>, eingesehen 27.2.2017.

6 Ebenda, S. 31.

den Deutschen besetzt wurde, leitete Grinberg, der sich einer zionistischen Studentenorganisation angeschlossen hatte, das radiologische Institut der Universitätsklinik Kaunas. Im Sommer 1944 wurde er nach Dachau deportiert und von dort in das Außenlager Kaufering gebracht. Nach der Befreiung wurde er zum Präsidenten der DP-Selbstverwaltung, dem Zentralkomitee der befreiten Juden in der US-Zone, gewählt. Während eines Besuches in Palästina entschied sich Grinberg dort zu bleiben und ließ sich in Petah Tikwa nieder, 1955 allerdings wanderte auch er weiter in die USA und wurde dort Psychiater am ‚Nassau County Medical Center' in East Meadow, L.I.[7]

Für seine Studie über die Erinnerung an individuelle Erlebnisse während der NS-Diktatur interviewte der amerikanische Professor für Psychologie, David P. Boder, 1946 Überlebende in Städten und DP-Lagern in Europa. Einer seiner Interviewpartner war der aus Bernkastel an der Mosel stammende Jörn Gastfreund (Pseudonym von Jürgen Bassfreund/Jorn Bass), der Auschwitz überlebt hatte und in Mühldorf befreit wurde. Boder sprach mit ihm im DP-Lager Funkkaserne in München am 20. September 1946.[8] Während des Interviews erzählte Gastfreund über seine Kontakte zur deutschen Nachkriegsumwelt:

> Wenn du den Menschen erzählst, daß du geradewegs aus einem Konzentrationslager kommst, antworten sie: ‚Nun ja, meine Angehörigen wurden durch Bomben getötet und das ist genauso schlimm'. Andere wiederum behaupten, sie hätten nicht gewußt, was in den Konzentrationslagern passierte und selbst, wenn sie es gewußt hätten, hätten sie auf keinen Fall etwas darüber erzählt, weil sie Angst hatten, daraufhin selbst in ein Konzentrationslager eingewiesen zu werden. – Es sind einfach zwei verschiedene Standpunkte.

Sein Verhältnis zu Deutschland wird deutlich an der Aussage:

> Die Deutschen können nicht verstehen, daß Deutschland uns nichts mehr bedeutet, außer vielleicht der Umstand, daß wir dort geboren wurden. Es ist klar, daß man für ein Land, das einem alles genommen hat – vor allem die Eltern, ein Verlust, der natürlich nicht mehr wiedergutzumachen ist – keinerlei Gefühle mehr hegen kann.

Gastfreund berichtet, es gebe wohl ein paar wenige deutsche Juden, die sich wieder in Deutschland einrichteten, aber er betonte, es sei nur vorübergehend. Sie täten dies nur, um sich den Lebensunterhalt zu verdienen. Sie würden immer betonen, sie wollten Deutschland so schnell als möglich verlassen.[9] Obwohl deutscher Herkunft wartete Gastfreund im Transitlager Funkkaserne in München auf seine Auswanderung in die USA, wo er ein neues Leben beginnen wollte.

---

7 Ebenda, S. 29f.

8 <http://voices.iit.edu/interview?doc=bassfreundJ&display=bassfreundJ_de>, eingesehen 27.2.2017.

9 David P. Boder: I Did not Interview the Dead. Urbana 1949, S. 56f.

Die Hürden der Einwanderung

Noch im August 1946 kämpften alle jüdischen Gruppierungen in den USA dafür, 100.000 jüdische DPs nach Palästina zu bringen, dem erklärten Ziel aller Überlebenden. Als aber deutlich wurde, dass dieses Ziel nur schwer umzusetzen war, weil die britische Mandatsmacht nur begrenzt Menschen ins Land ließ, entschlossen sich die zionistischen und die nicht-zionistischen jüdischen Organisationen in den USA dazu, ihre bis dahin einheitliche Politik einer ausschließlichen Ausrichtung der Emigration nach Palästina zu hinterfragen und schließlich getrennte Wege zu gehen. Für die nicht-zionistischen Organisationen kam nun auch die Einwanderung in die USA in Frage. Der amerikanische Präsident Harry S. Truman unterstütze sie darin.[10]

Die restriktiven Einwanderungsbestimmungen, die bereits vor Eintritt der USA in den Krieg für die Mehrzahl der jüdischen Flüchtlinge aus NS-Deutschland und den besetzten bzw. annektierten Gebieten eine Einreise in das Land unmöglich machten, hatten zunächst auch nach Ende des Krieges Bestand. Präsident Harry S. Truman wollte dies ändern und vor allem für DPs bessere Bedingungen schaffen. Der US-Kongress hingegen zeigte keine Initiative in diese Richtung, deshalb entschied sich der Präsident am 22. Dezember 1945, eine Direktive (‚Truman-Directive') herauszugeben, die mehr DPs aus Deutschland und Österreich innerhalb der festgelegten Quoten zuließ. Eine besondere Berücksichtigung erfuhren Waisenkinder. Darüber hinaus enthielt die Direktive eine Neuerung, die jenseits der ‚individuellen Affidavits' (der eidesstattlichen Erklärung eines US-Bürgers, für den Neueinwanderer zu bürgen) ‚Gemeinschafts-Affidavits' zuließ. Dies hieß allerdings, dass die Hilfsorganisationen die Gruppe in den USA solange unterstützen mussten, bis sie der Allgemeinheit nicht mehr zur Last fallen konnten.[11] Trotz der teilweisen Lockerung der Einreisebestimmungen verhinderte die auch weiterhin bindende Quotenregelung den Zuzug einer größeren Anzahl von DPs. Die Quoten richteten sich nach Geburtsland und nicht nach Aufenthaltsort, insofern mussten sich etwa jüdische DPs aus Polen, die in den DP-Lagern Deutschlands und Österreichs die Mehrheit bildeten, weiterhin gedulden. Die jährliche Quote für polnischstämmige Zuwanderer in die USA betrug nur 6.524 Personen; für Ungarn standen 869 und für Litauer – eine weitere starke Gruppe unter den DPs – 386 Plätze zur Verfügung. Für Deutschstämmige galt eine Quote von 25.856 Personen.[12]

---

10 Leonard Dinnerstein: America and the Survivors of the Holocaust. New York 1982, S. 117.

11 Hannah Levinsky-Koevary: Auf der Suche nach einem Zuhause. Nachkriegsauswanderung von jüdischen ‚Displaced Persons' in die USA. In: Karin Schulz (Hrsg.): Hoffnung Amerika. Europäische Auswanderung in die Neue Welt. Bremerhaven 1994, S. 200.

12 Levinsky-Koevary: Auf der Suche (Anm. 11), S. 200 und 202.

Die Truman-Direktive ermöglichte 35.000 bis 40.000 DPs zwischen Dezember 1945 und 1. Juli 1948 eine Einreise in die USA; zwei Drittel von ihnen waren Juden. 14.000 Personen waren in Bremerhaven – der US-Enklave in der britischen Besatzungszone – an Bord gegangen, die Übrigen stachen von anderen europäischen Häfen, etwa Genua, in See oder kamen aus Shanghai.[13]

Das ‚American Jewish Committee' und der ‚American Council for Judaism', beides nicht-zionistische Hilfsorganisationen, begannen damit, die Einreise von 100.000 DPs in die USA vorzubereiten und gründeten zu diesem Zweck das ‚Citizens Committee on Displaced Persons' (CCDP).[14] Trotz dieser Initiativen konnten zunächst nur wenige DPs in die Staaten gelangen. Obgleich Truman eine lockerere Handhabung der Einreisebestimmungen für DPs befürwortete, änderte dies nichts an der Tatsache, dass nach der Quotenregelung etwa nur 6.500 Personen polnischer Herkunft sowie zwischen 200 und 400 DPs, die aus den baltischen Ländern kamen, einwandern durften.[15] Aus beiden Regionen stammten die meisten Überlebenden, die in den DP-Lagern in Deutschland, Österreich und Italien untergebracht waren.

Die Situation hatte sich noch zusätzlich verschärft, als nach den Nachkriegspogromen u.a. in Polen ab Sommer 1946 ein Massenexodus in Richtung Westen einsetzte und die DP-Lager hoffnungslos überfüllt waren. Weder die alliierten Armeen noch die Hilfsorganisation der UNO, die ‚United Nations Relief and Rehabilitation Administration' (UNRRA) waren dem Ansturm gewachsen.

Ein Bewusstsein für die Auswirkungen der Flüchtlingskrise in den Besatzungszonen und die Notwendigkeit, die Überlebenden schnellstmöglich aus den überfüllten Lagern in eine nur annähernd normale Atmosphäre zu überführen, war der amerikanischen Bevölkerung nur schwer zu vermitteln. Die Befürchtungen der US-Amerikaner waren groß, dass mit der Zuwanderung eine Wohnungsnot und Kämpfe um Arbeitsplätze entstehen könnten. Zudem kursierten in der Bevölkerung antisemitische Vorurteile (bei etwa 50% der US-amerikanischen Bevölkerung, wobei etwa fünf bis zehn Prozent extrem antisemitisch waren)[16], aber auch eine Panik, dass mit den jüdischen DPs Kommunisten ins Land kämen.

All dies waren Gründe, die die Zuwanderung von Juden zum Problem werden ließen. Dies galt für DPs generell, weil US-Amerikaner DPs mit Juden gleichsetzten und trotz mehrfacher offizieller Beteuerung nicht wahrhaben wollten, dass 80% der DPs, die ins Land kamen, keine Juden waren.[17] Bis Ende Juni 1947 waren etwa 23.000 DPs aus Deutschland in die USA eingewandert, darunter 15.478 jüdische DPs.[18]

---

13 United States Policy Toward Jewish Refugees, 1941–1952, United States Holocaust Memorial website, <https://www.ushmm.org/wlc/en/article.php?ModuleId=10007094>, eingesehen 22.2.2017.

14 Dinnerstein: America (Anm. 10), S. 117.

15 Ebenda, S. 119.

16 Ebenda, S. 167.

17 Ebenda, S. 133.

18 Ebenda, S. 163.

Die schließlich 1948 mit der ‚DP-Act' erfolgte Lockerung der Einwanderungsbestimmungen verhalf auch weiterhin nur wenigen jüdischen DPs zu den notwendigen Einreisepapieren in die USA. Das neue DP-Gesetz vom Juli 1948 gestattete nun 202.000 DPs und 3.000 Waisenkindern die Einreise in die USA, allerdings fielen vorwiegend Balten und ‚Volksdeutsche' unter die zugelassene Personengruppe und Juden blieben auch weiterhin weitgehend ausgeschlossen. Dies vor allem deshalb, weil das Gesetz noch weitere Bestimmungen enthielt, die es jüdischen DPs unmöglich machten, ein Visum zu bekommen: Um aufgenommen zu werden, musste man vor dem 22. Dezember 1945 in den westlichen Besatzungszonen Deutschlands, Österreichs oder in Italien als Flüchtling anerkannt worden sein. Dies war bei der großen Mehrheit der jüdischen DPs, die 1946 aus Osteuropa vor Pogromen geflohen waren, nicht der Fall. Außerdem galten strenge Gesundheitsvorschriften, die wiederum eine größere Gruppe Juden ausschloss, weil sie an Tuberkulose erkrankt war. Für diese Gruppe bot sich auch nicht die Übersiedelung nach Palästina/Israel an, weil sie das dortige Klima nicht vertrugen. Zudem waren 50 % der Quote Landarbeitern vorbehalten, wiederum eine de facto gegen die jüdischen DPs gerichtete Regelung. Eine Untersuchung des ‚American Jewish Joint Distribution Committee' (AJDC/‚Joint') in Deutschland von 1948 hatte ergeben, dass nur 3,7 % der Juden in der amerikanischen Zone und 6,1 % jener in der britischen Zone für die Kategorie ‚Landarbeiter' in Frage kamen.[19] Darüber hinaus galten auch weiterhin die bisherigen Voraussetzungen wie etwa eine garantierte Arbeitsstelle und eine gesicherte Unterkunft. Es war nur allzu offensichtlich, dass DPs und insbesondere Juden als Einwanderer verhindert werden sollten.

Welche Vorbehalte gegenüber DPs in den USA herrschten, machen die Aussagen des Senators von Wisconsin, Alexander Wiley,[20] deutlich. Er riet, „vorsichtig damit zu sein, DPs ins Land zu lassen", denn er wolle „‚gutes Blut' haben, das hierherkommt": „wir wollen keine Ratten. Wir haben schon genug davon."[21]

Dass trotz weiter bestehender Einreisebeschränkungen schließlich doch mehr DPs einreisen konnten, war Präsident Harry S. Truman zu verdanken, der die zuständigen Einwanderungsbehörden mit Kommissaren besetzte, die den DPs wohlwollend gegenüberstanden.

Es konnten zwei Schlupflöcher des Gesetzes ausgenutzt werden: Zum einen wurde ‚Deutschland', in dem der Aufenthalt vor dem 22. Dezember 1945 nachgewiesen werden musste, sehr großzügig definiert und auch die ehemaligen deutschen Ostgebiete hinzugerechnet. Zum anderen waren laut Gesetz 40 % der Visa für Bewerber aus den ‚annektierten Gebieten', also aus den baltischen Staaten, Ostpolen, Bessarabien und der Bukowina vorbehalten, was bei vielen jüdischen DPs zutraf. Deshalb muss der DP-Act des Jahres 1948 trotz einiger gegen die jüdischen DPs gerichteten Bestimmungen als ein wichtiger Schritt in der amerikanischen Immig-

19 Ebenda, S. 166.

20 Einer der beiden Initiatoren der Wiley-Revercomb-Bill, der DP-Akte von 1948.

21 Dinnerstein: America (Anm. 10), S. 169; ders.: Uneasy at Home. Antisemitism and the American Jewish Experience. New York 2013, S. 208.

rationspolitik angesehen werden, nicht zuletzt deshalb, weil sich mit der ‚Displaced Persons Commission', die mit ihrer Arbeit Ende August 1948 begann und bis Ende August 1952 tätig war, erstmals ein von der Regierung eingesetztes spezielles amerikanisches Ansiedlungsamt etablierte. Leonard Dinnerstein bezeichnet das DP-Gesetz von 1948 als „Meilenstein [landmark] in der Geschichte der amerikanischen Immigrationspolitik".[22] Zum selben Zeitpunkt kommentierte die *New York Times*:

> Es ist wesentlich schwieriger für DPs in den USA einzuwandern als für Deutsche. […] Wie es aussieht, ist es leichter für einen ehemaligen Nazi die Vereinigten Staaten zu betreten als für eines der unschuldigen Opfer der Nazis.[23]

Und William Haber, der damalige Berater in jüdischen Angelegenheiten der US-Armee, äußerte sich wie folgt: „Es ist das am stärksten antisemitische Gesetz in der Geschichte der Vereinigten Staaten."[24]

Anders als noch 1945/46, als die Truman Direktive zwar begrenzt mehr Einwanderung zuließ, aber nicht entsprechend vorbereitet war – sah sich die amerikanische Regierung nach Einführung des DP-Acts von 1948 in der Verantwortung, Integrationsprogramme aufzulegen. In vielen US-Staaten wurden eigene DP-Ausschüsse eingesetzt. Insbesondere in kleinstädtischen und ländlichen Regionen kümmerten sich nicht nur die örtlichen Wohlfahrtsorganisationen intensiv um die Neuzuwanderer und verhalfen zu den notwendigen Papieren, Sprachkursen etc., sondern auch die ansässige Bevölkerung engagierte sich bei der Beschaffung von Möbeln oder half bei alltäglichen Dingen.[25]

Die Einsicht, dass das Gesetz von 1948 Holocaust-Überlebende benachteiligte, führte dazu, dass 1950 eine Nachbesserung erfolgte (‚DP Act of 1950'). Gegen die Liberalisierung, die sich im überarbeiteten DP-Gesetz 1950 niederschlug, hatte sich heftiger Widerstand geregt, insbesondere in den Kreisen der jüdischen Orthodoxie. Inzwischen waren viele DPs nach Israel ausgewandert und man fürchtete nun erneut, dass die noch verbliebenen Auswanderungswilligen die USA bevorzugen würden.

Als ein wenig vorgeschoben mutet der Grund an, dass sich möglicherweise Nazis unter die DPs mischen und auf diese Weise leicht in die USA gelangen könnten. Ganz unbegründet waren solche Befürchtungen nicht wie etwa der Fall von Iwan (John) Demjanjuk zeigt, der als DP u.a. im Lager Bad Reichenhall und in Feldafing registriert war und 1952 mit seiner Familie über Bremerhaven mit dem Status ‚Displaced Person' in die USA einreiste. Bedenken bestanden aber auch insofern, weil die Erweiterung des Gesetzes von 1948 eine zusätzliche Zahl von 200.000 DPs vorsah, wobei allerdings nur 10.000 Juden Visa erhalten sollten. Jüdische Organisationen sowie führende Persönlichkeiten wie Major Abraham Hyman – 1949 Berater der amerikanischen Armee in Europa in jüdischen Angelegenheiten – oder Feldrabbiner

---

22 Dinnerstein: America (Anm. 10), S. 182.
23 Ebenda, S. 187.
24 Ebenda, S. 176.
25 Levinsky-Koevary: Auf der Suche (Anm. 11), S. 204 und 207.

Louis Barish rieten ab, weil sie nicht zu Unrecht unter den nicht-jüdischen DPs eine größere Zahl von Antisemiten befürchteten. Nur um 10.000 zusätzliche Visa für jüdische Einwanderer zu erhalten, 190.000 Personen mit möglichen antisemitischen Ressentiments in Kauf zu nehmen, schien ihnen überaus problematisch.[26]

Die Neufassung des Gesetzes im Jahr1950 brachte also für die jüdischen DPs nur geringfügige Verbesserungen. Die Zahl der jüdischen Einwanderer erhöhte sich kaum. Die komplizierten Antragsverfahren taten ihr Übriges, um den potenziellen Einwanderern den Zugang in die Staaten zu erschweren. Insbesondere die Voraussetzung eines Affidavits bedeutete für viele potentielle Einwanderer ein unüberwindliches Hindernis. Sie entschieden sich am Ende häufig für ein anderes Einwanderungsland. Tatsächlich waren von 1948 bis 1951 nur 19 % der Einwanderer Juden (1948: 34 %; 1949: 26 %; 1950: 11 %; 1951: 14 %).[27]

Mit der Änderung der Einwanderungsbestimmungen im Jahre 1950, die u.a. den Stichtag vom 22. Dezember 1945 auf den 1. Januar 1949 verschob, war für jüdische DPs eine nahezu gleichberechtigte Immigrationsmöglichkeit in die USA erreicht. Für die meisten jüdischen DPs, die in Deutschland gewartet hatten, kam diese Liberalisierung allerdings zu spät, die Mehrzahl war bereits ausgewandert und das jüdische ‚DP-Problem' weitgehend gelöst.

Hilfsorganisationen

Zur besseren Koordination der Initiativen und Organisationen, die sich um die Einwanderung der DPs in die USA kümmerten, wurde 1949 das ‚Displaced Persons Coordinating Committee' gebildet. Noch immer arbeiteten aber die Einwanderungsabteilungen verschiedener jüdischer Hilfsorganisationen wie die des ‚Joint' und der ‚Hebrew Sheltering and Immigrant Aid Society' (HIAS) jeweils eigenständig, erst 1954 gelang es schließlich, unter Einbeziehung des ‚United Service for New Americans', einer Organisation, die den Neueinwanderern die Integration in den USA erleichterte, die Tätigkeiten zum ‚United HIAS Service' zusammenzuführen. Zu diesem Zeitpunkt war die Einwanderung aus Deutschland allerdings weitgehend abgeschlossen, verblieben waren nur die „hard-core-cases", also jene, die aus gesundheitlichen Gründen immer noch im letzten jüdischen DP-Lager Föhrenwald bei Wolfratshausen, 25 km südlich von München, lebten.[28]

Von der Quotenregelung nicht betroffen waren Rabbiner und rabbinische Studenten. Das führte zu Unstimmigkeiten zwischen der Vertretung der Orthodoxie und liberalen Organisationen wie dem Joint. In seiner Ansprache anlässlich der ersten Konferenz aller Joint-Direktoren Europas nach dem Zweiten Weltkrieg im Februar 1947 in Paris, wies Joseph J. Schwartz daraufhin, dass die Probleme mit den Organisationen der orthodoxen Judenheit in Amerika, die massiven Einfluss auf die in

26 Dinnerstein: America (Anm. 10), S. 223.
27 Levinsky-Koevary: Auf der Suche (Anm. 11), S. 204.
28 Königseder, Wetzel: Lebensmut (Anm. 2), S. 70f.

Deutschland lebenden strenggläubigen Juden nahmen, nicht ohne weiteres dadurch zu lösen wären, dass man etwa das 1939 in Amerika als Unterorganisation der ultraorthodoxen ‚Agudath Israel' gegründete religiöse Rettungskomitee, die ‚Vaad Hatzala', aus dem jüdischen Leben verdränge:

> Die Vaad Hatzala existiert, lassen Sie uns nicht der Versuchung erliegen, diese Tatsache zu verdrängen, weil unabhängig davon, was der Joint sagt und wie offen er darüber spricht, Sie immer eine Menge Menschen in den Vereinigten Staaten treffen werden, die mit der Vaad Hatzala übereinstimmen und eher einem Rabbiner mit Bart als einem Paul Baerwald [AJDC New York] ohne Bart, der die Schabbat-Gesetze nicht befolgt, trauen werden. Dass viele Leute die Arbeiterpartei unterstützen und nicht den JDC [Joint], weil sie Arbeiter sind und wegen irgendeines Kapitalisten im JDC-Board nichts mit dem JDC zu tun haben wollen, hat dieselben Gründe. Es gibt in einem Land wie den Vereinigten Staaten, das nun mal so organisiert ist, wie es ist, spezielle Interessengruppen.[29]

Die Probleme mit der Vaad Hatzala beruhten im Wesentlichen auf der Tatsache, dass sie nur die orthodoxen Überlebenden und deren religiöse Belange förderte, der Joint aber aufgrund seiner, sowohl in politischer wie auch in religiöser Hinsicht, liberalen Grundhaltung alle jüdischen DPs unterstützte. Differenzen ergaben sich vor allem im Hinblick auf die Emigration. Da Rabbiner und rabbinische Studenten gegenüber den anderen DPs bei den Einreiseregularien in die USA bevorzugt wurden, war zu vermuten, dass sich einige nur deshalb in die Obhut der Vaad Hatzala begaben. Der Joint hingegen musste die überwiegende Mehrheit der DP-Auswanderer betreuen und bekam ihren Unmut über die Bevorzugung einiger weniger zu spüren. Da der Besitz eines Visums für die Auswanderung nicht ausreichte, musste der Joint für diese Gruppe der Non-Quota-Emigranten trotzdem die Schiffspassagen bzw. den Transport zum Hafen organisieren.[30]

Die Überfahrt

Waren die Visa erteilt und alle übrigen Formalitäten erledigt, wurden die auswanderungsbereiten DPs in ein Sammellager in Bremen, die Grohn-Kaserne, gebracht. Als Transitcamp war das Lager nur für einen kurzfristigen Aufenthalt vorgesehen, bis das entsprechende Schiff bestiegen werden konnte. Jene DPs, die Im Spätsommer 1946 in das Lager verlegt worden waren, mussten dort unzureichend versorgt den gesamten Herbst über bleiben, weil in New York die Hafenarbeiter streikten und keine Schiffe anlanden konnten.[31]

Im Mai 1946 erreichte das Dampfturbinenschiff ‚S.S. Marine Flasher', ein ehemaliger Truppentransporter, nach einem Zwischenstopp in Le Havre, den Hafen von New York mit den ersten 867 Flüchtlingen und DPs, darunter 650 bis 700 Juden aus den DP-Lagern Deutschlands und Österreichs. An Bord waren auch 75 Kinder

29 Ebenda, S. 77f.
30 Ebenda, S. 78.
31 Levinsky-Koevary: Auf der Suche (Anm. 11), S. 206.

unterschiedlichster Konfessionen. Das Schiff hat Bremerhaven am 10. Mai 1946[32] verlassen und sollte zehn Tage später in New York einlaufen. Die deutsch-jüdische Zeitung *Aufbau* berichtete über die Ankunft des Schiffes am 20. Mai 1946 und veröffentlichte eine Liste mit Namen.[33] „Während der Überfahrt stehen die 867 Immigranten unter der Obhut der HIAS“, schreibt der *Aufbau* auf der Titelseite seiner Ausgabe vom 17. Mai 1946. In der nächsten Ausgabe vom 24. Mai wurde ausführlich über die Ankunft des Schiffes berichtet, abgedruckt waren auch viele Lebensgeschichten der Passagiere. Fotos zeigen Waisenkinder, die besonders betreut werden.[34] Die ‚Marine Flasher‘ bediente die Route New York–Bremerhaven und zurück bis 1949.

DPs auf dem US-Transporter ‚Marine Flasher‘ beim Auslaufen des Schiffs im Mai 1946 in Bremerhaven.[35]

32 Levinsky-Koevary: Auf der Suche (Anm. 11), nennt den 9.5.1946 und im Film über die Fahrt der ‚Marine Flasher‘, <https://www.youtube.com/watch?v=GHX2Jpeo6o0>> (Ed Langer: The S.S. Marine Flasher Brings the Israelers to the U.S.), eingesehen 22.2.2017 wird der 10. Mai als Abfahrtsdatum genannt, die dort u.a. gezeigte Passagierliste ist datiert auf den 11. Mai.

33 Aufbau, 17.5.1946, <http://archive.org/stream/aufbau1219461946germ#page/n369/mode/1up>, eingesehen 21.2.2017.

34 Aufbau, 24.5.1946, <http://archive.org/stream/aufbau1219461946germ#page/n395/mode/1up>, eingesehen 21.2.2017.

35 Picture alliance / dpa / UPI; <http://www.deutschlandradiokultur.de/victor-sebestyen-ueber-das-jahr-1946-schwieriger-neubeginn.1270.de.html?dram:article_id=341232>, eingesehen 23.2.2017.

Raziel Abelson, der Funker der ‚Marine Perch', des Schwesterschiffs der ‚Marine Flasher', die ‚Truman-Archen', wie sie die Presse nannte,[36] berichtete viele Jahre später, inzwischen emeritierter Philosophieprofessor, dass die DPs auf der ‚Marine Flasher' im Laderaum hätten schlafen müssen, während die US-amerikanischen Staatsbürger bequem in Kabinen nächtigten.[37] Die ‚Marine Perch' stach wenige Tage später von Bremerhaven aus in See und kam am 24. Mai 1946 in New York an, dieses Mal nicht ganz so enthusiastisch empfangen, weil die Angehörigen und Freunde, die die Neuankömmlinge in Empfang nehmen wollten, weit weg vom Landepier warten mussten. Von den 600 Passagieren waren 499 Juden, viele von ihnen aus Deutschland stammende Juden, also keine DPs.[38]

Im Juni 1946 wurden mit beiden Schiffen insgesamt 1.615 Passagiere transportiert, davon waren 1.210 DPs, etwas mehr als die Hälfte – 698 – wurden vom Joint finanziert. Die ‚Marine Flasher' stach am 8. Juni und die ‚Marine Perch' am 15. Juni in See. Die Zahl derer, die auf die polnische Quote in die USA emigrierten, betrug für beide Schiffe zusammen 590 Personen, 331 fielen unter die deutsche Quote.[39] An Bord der ‚Marine Flasher' befand sich eine Gruppe ultra-orthodoxer Juden aus Ungarn, die sich weigerten in der Messe zu essen. Es wurde ein extra Raum bereitgestellt, in dem sie koshere Speisen bekamen, die vom ‚National Refugee Service' organisiert wurden.[40]

Am 31. August 1946 brachte die ‚Marine Perch' 950 Einwanderer, darunter 408 Juden, nach New York. Der *Aufbau* berichtete unter dem Titel „‚Gericht' auf dem Immigrantenschiff" über „aufregende Szenen an Bord der ‚Marine Perch'". Junge Passagiere glaubten einige ehemalige jüdische Lagerpolizisten erkannt zu haben, die Häftlinge

> gepeinigt oder gar den Nazis ausgeliefert hätten. Um Lynchversuche zu vermeiden, sahen sich Chaplain Rachman und der Polizist S.L. Schneidermann genötigt, eine Art ‚öffentliche Untersuchung' durchzuführen.

Endgültig geklärt werden konnte der Sachverhalt nicht. Erst nachdem der Kapitän zugesichert hatte, dass die Anklagedokumente den örtlichen Immigrationsbeamten in den USA übergeben würden, beruhigte sich die aufgebrachte Stimmung. Zudem schienen sich unter den Auswanderern auch nicht-jüdische Passagiere zu befinden, die getarnt in DP-Lagern ihre Auswanderung betrieben hatten, obwohl sie

---

36 Aufbau, 31.5.1946, <http://archive.org/stream/aufbau1219461946germ#page/n416/mode/1up>, eingesehen 23.2.2017.

37 <https://quicksilverdance.wordpress.com/tag/marine-flasher/>, eingesehen 22.2.2017.

38 Aufbau, 31.5.1946, <http://archive.org/stream/aufbau1219461946germ#page/n416/mode/1up>, eingesehen 23.2.2017.

39 Records of the National Refugee Service, Series III: Case Files, 1940-1946, SS Marine Perch and Marine Flasher, Miriam Semel Case, Box 2, folder 46, Bericht der Sozialarbeiterin Cecilia Razovsky Davidson, S. 2; <http://findingaids.cjh.org/?pID=365456#serIII>, eingesehen 22.2.2017.

40 Ebenda, S. 3. Im Internet lassen sich eine ganze Reihe von Passagierlisten der diversen Transatlantik-DP-Transporte an unterschiedlichsten Stellen finden. Die Passagierliste der Überfahrt vom 29.11.1947 mit der ‚S.S. Marine Flasher', die am 12.12.1947 in New York ankam, befindet sich hier <http://www.thekesslers.com/family/tibor/ted-passenger-list.jpg>, eingesehen 22.2.2017.

NS-Kollaborateure gewesen waren. Schneidermann bedauerte, so der *Aufbau*, „dass nicht eine strengere Siebung unter jenen DPs vorgenommen worden ist, die unter den Nazis Aufseher- und andere Posten bekleidet haben".[41]

Das erste Schiff, auf dem sich jüdische Auswanderer befanden, die gemäß der DP-Act von 1948 in die USA einreisen durften, legte mit 161 Juden an Bord am 21. Oktober 1948 in Bremerhaven ab. Die ‚General Black', die bereits zuvor mit DPs auf der Route von Bremerhaven nach Australien und Brasilien unterwegs gewesen war, erreichte am 30. Oktober 1948 New York.[42] 813 DPs gingen von Bord. Mitglieder der Regierung begrüßten die Neuankömmlinge. Auf dem Militärboot, das sie in die Nähe des einlaufenden Schiffes brachte, wehte ein Banner mit dem Gruß „Welcome to America". Ein Journalist der *Washington Post* fing den Moment der freudigen Ankunft ein:

> Die heutigen Pilgrim Fathers, die ersten von 205 000, die in den nächsten zwei Jahren hierher kommen, drängten sich an der Reling, schrien, pfiffen und winkten wild mit ihren Taschentüchern, als sie die Freiheitsstatue passierten.[43]

Justizminister Tom C. Campell überbrachte Grüße an die ‚Pilgrims of 1948' von Präsident Truman und betonte, dass die „Neuankömmlinge ihren ‚Wert' bewiesen hätten, Bewohner der Vereinigten Staaten zu werden – ‚den größten aller Segen auf Erden'". Eine der Passagiere, eine 34-jährige russisch-stämmige Frau bedankte sich dafür, dass sie nun von allen Übeln in Europa befreit sei und erklärte: „Wir sind heute das zweite Mal in unserem Leben geboren."[44]

Weitere Schiffspassagen waren immer wieder mit Schwierigkeiten verbunden, erst Mitte 1949 gelang es, einen Großteil der Probleme endgültig zu überwinden und die Verschiffung der DPs ohne größere Komplikationen durchzuführen. Hürden stellten sich den potentiellen Einwanderern aber dennoch immer wieder in den Weg. Die größten Probleme bereitete zu allererst die Phase der Visumsbeantragung und -erteilung. Viele DPs mussten Monate bis Jahre warten, bis sie endlich eine Einreiseerlaubnis in die USA erhielten.

---

41 Aufbau, 6.9.1946, <http://archive.org/stream/aufbau1219461946germ#page/n718/mode/1up>, eingesehen 23.2.2017.

42 Levinsky-Koevary: Auf der Suche (Anm. 11), S. 204; Mark Wyman: DPs: Europe's Displaced Persons 1945-51. Ithaca/London 1998, S. 199.

43 Beth B. Cohen: Case closed. Holocaust Survivors in Postwar America. New Brunswick, London 2007, S. 30.

44 Ebenda.

Angekommen in den USA

Paula Neuman Gris,[45] geboren 1938 in Czernowitz, die die NS-Zeit in einem Lager in Transnistrien überlebt hatte, emigrierte mit Mutter und Schwester 1948 aus der US-Zone, wo sie u.a. im DP-Lager Schwabach untergebracht waren, zunächst nach England. Sie kehrten 1949 in ein DP-Lager (vermutlich Föhrenwald) zurück, um wieder DP-Status zu bekommen. Von der Funkkaserne, dem Transitlager in München, wurden sie nach Bremerhaven gebracht, um von dort am 17. Mai 1951 auf der ‚USNS General M.B. Stewart' nach New York zu fahren, wo sie am 2. Juni 1951 eintrafen.[46] Paula Neuman Gris erzählt von der Reise und den ersten Eindrücken, die sie bei ihrer Ankunft in New York hatte:

> Ich erinnere mich, dass jemand Gitarre spielte und sang ‚I come from Alabama with my banjo on my knee' und ‚My bonnie's gone over the ocean'. Ich habe es damals nicht realisiert, aber mein Akkulturationsprozess begann bereits auf dem Boot. Ich hörte die englische Sprache wie diese infizierende amerikanische Musik! [...] Für mich als 13-jähriger Flüchtling war diese Schiffsfahrt der physische, emotionale und kulturelle Übergang vom Dunkel ins Helle.[47]

In New York wurden die Neuankömmlinge zunächst in zwei Häusern untergebracht, um dann später weiter an ihren Bestimmungsort zu reisen bzw. in ihre feste Unterkunft in der Stadt selbst zu gelangen. HIAS und die 1946 gegründete jüdische Hilfsorganisation ‚United Service for New Americans' (USNA) leiteten je eines der Häuser. Die meisten der 1946 und 1947 eingereisten DPs blieben in New York oder zogen später von anderen Orten, wo sie zunächst untergekommen waren, dorthin. 1949 wurde die ‚New York Association for New Americans' (NYANA) als Zweigstelle der USNA eingerichtet, um sich speziell auf die Neuankömmlinge in der Stadt zu konzentrieren und entsprechende Hilfe bei der Eingewöhnung und den ersten Schritten in ein selbstständiges Leben zu leisten. Spätere Einwanderer wurden von den Hilfsorganisationen dazu angehalten, sich außerhalb der größeren Städte niederzulassen. Insbesondere die USNA sorgte dafür, dass die DPs sich nicht an bestimmten Orten, insbesondere den Großstädten, zu stark konzentrierten. Die nicht

45 Siehe ihr Augenzeugenbericht auf Shalom-TV als YouTube-Video, <https://www.youtube.com/watch?v=KZcSZ7oFvxI>; ein kurzes Interview findet sich hier <http://www.jewishdestiny.com/about/videos/paula-gris-triumph-over-evil/>; bei einer Veranstaltung ‚Bearing Witness' im Breman Museum am 17.1.2016 wurde ein Film über das Leben von Paula Neuman Gris gezeigt, in dem sie selbst ihre Geschichte kommentiert, <http://www.thebreman.org/Events/Archived-Events/01-17-2016-Bearing-Witness-Paula-Neuman-Gris>, alle eingesehen 23.2.2017.

46 Visum vom 17.5.1951, ausgestellt auf Paula Neuman, begleitet von Etka und Silvia Neuman (Funkkaserne Block 28, Raum 40), Originaldokument beim ‚American Jewish Joint Distribution Committee', Sammlung Munich, Vienna and Barcelona Jewish Displaced Persons and Refugee Cards, 1943-1959 (JDC), <http://interactive.ancestry.com.au/1354/31157_176222-00843/10516?backurl=&ssrc=&backlabel=Return>, eingesehen 23.2.2017.

47 William B. Helmreich: Against all Odds. Holocaust Survivors and the successful Lives they made in America. New York u. a. 1992, S. 20f.

unbegründete Furcht bestand, dass die Präsenz einer größeren Anzahl jüdischer Zuwanderer Antisemitismus auslösen könnte. Deshalb wurden die Neuankömmlinge auf zahlreiche Staaten verteilt. Dies erfolgte bereits vor der Ausreise und betraf vor allem die ‚Gemeinschafts-Affidavits', die von USNA oder anderen Organisationen ausgestellt wurden. Die individuellen Affidavits waren hingegen an die Personen und deren Wohnsitz gekoppelt, die die Bürgschaft übernahmen.

In der *New York Times* erschien am 19. Januar 1950 unter dem Titel „DPs Quick to Catch Tempo of America, Survey Shows" ein Beitrag, der freudig konstatierte, dass Neueinwanderer in kürzester Zeit sich selbst versorgen könnten und nur wenige Probleme bereiteten.[48] Der Autor hob die rasche Eingliederung der Flüchtlinge in das US-amerikanische Leben hervor und nannte die Ergebnisse einer Umfrage, die ergeben hätte, dass eine derart schnelle Akkulturation erfolgt war, die die Neuankömmlinge nur dadurch von älteren Zuwanderern unterschied, dass sie ein noch etwas stammelndes Englisch sprachen. Im Rückblick stellt sich der Alltag der Neuankömmlinge allerdings als weniger erfolgreich dar. Die begeisterte Aufnahme der DPs und deren schnelle Integration ist eher ein Mythos, auch wenn es viele positive Geschichten zu erzählen gibt.

Die Zeitung *Aufbau* druckte am 31. Mai 1946, nachdem zwei Schiffe mit Einwanderern in Folge der Truman-Direktive New York erreicht hatten, einen Kommentar, der die Probleme der Neuankömmlinge thematisierte:

> In Berlin hat man ihnen eine Zeitung gegeben, die hieß ‚Der Weg'. Und darin stand wie Amerika sich auf sie freut, und wie die Menschen drüben alles tun werden, um sie glücklich zu machen. Nun sind sie hier, und von dem Glücklichmachen haben sie bisher nur wenig verspürt. Sontag in New York. Sie sitzen in ihren Hotels und niemand kümmert sich um sie. Es ist heiß und sie möchten ein bisschen ins Grüne. Zwei Schritte vom Hotel entfernt hält der Bus, der sie in den Central Park fährt. Aber es ist niemand da, der ihnen dieses Geheimnis verrät. Überhaupt haben sie niemanden, den sie fragen können. […] Und sitzen [sie] nun und glauben sich völlig verlassen, während in Wirklichkeit schon jemand für sie gesorgt hat. Dass sie es nicht erfahren und schon gleich im neuen Land wieder unglücklich sein müssen, ist das Meisterstück einer falsch verstandenen und keineswegs ‚durchdachten Wohlfahrtspflege'.[49]

Beth B. Cohen, die an der California State University lehrt und über die Herausforderungen für die Neueinwanderer geforscht hat, beschreibt die Wahrnehmung und die heroischen Narrative über die Ankunft der Schiffe mit DPs aus Europa, die sich bei der amerikanischen Bevölkerung bis heute gehalten haben. Vieles ist der enthusiastischen Presseberichterstattung geschuldet. Journalisten, Fotografen und Presseleute stürzten sich förmlich auf die Neuankömmlinge, berichteten über ihr Schick-

---

48 New York Times: 19.1.1950; Cohen: Case closed (Anm. 43), S. 115.

49 Aufbau: 31.5.1946, <http://archive.org/stream/aufbau1219461946germ#page/n419/mode/1up>, eingesehen 23.2.2017.

sal unter NS-Herrschaft und idealisierten die Zukunft, die die Überlebenden in den USA erwarteten.[50] Der Begriff ‚Überlebende' fand selten Verwendung, es waren DPs, Flüchtlinge, Immigranten oder ‚New Americans', deren ganz spezifisches Schicksal kaum thematisiert wurde. Dies traf nicht nur auf die amerikanische Öffentlichkeit zu, sondern auch auf die jüdischen Organisationen und Glaubenskongregationen, die nicht unmittelbar als Hilfsorganisationen im Feld tätig waren. Wie schwierig die Anpassung an die neue Welt wirklich war und welche Hürden es zu nehmen galt, um ein einigermaßen erträgliches Auskommen zu haben, konnte sich erst in den folgenden Jahren zeigen. Die Traumata der Überlebenden allerdings waren bei der amerikanischen Mehrheitsbevölkerung nicht gefragt. Erst Jahrzehnte später konnten die ehemaligen DPs über ihre Erlebnisse berichten und wurden gehört.

50 Beth B. Cohen: Face to Face. American Jews and Holocaust Survivors. 1946-1954. In: Avinoam J. Patt, Michael Berkowitz: "We are here". New Approaches to Jewish Displaced Persons in Postwar Germany. Detroit 2010, S. 136-166, hier S. 136.

Patrik von zur Mühlen

Deutsche Juden in Lateinamerika

Zwischen 1933 und 1941 flüchtete etwa ein Sechstel aller vom NS-Regime verfolgten Personen aus Deutschland, Österreich (vor und nach dem ‚Anschluss') sowie aus benachbarten besetzten Ländern Mitteleuropas nach Lateinamerika. Eine genaue Bezifferung ist, wie zu zeigen ist, aus verschiedenen quellenkritischen Gründen kaum möglich. Viele waren über mehrere Etappen und Zwischenstationen geflüchtet, bis sie ihr Ziel erreichen konnten; ihre Registrierung im Zielland vermerkte oftmals nur die letzten Grenzübertritte, sodass die Spuren ihrer Herkunft verwischt wurden. Nicht wenige zogen innerhalb Lateinamerikas von einem Land zum anderen, sodass sie von den Behörden aller betretenen Staaten mehrfach registriert wurden. Wieder andere betraten lateinamerikanischen Boden illegal und hinterließen auf diese Weise keinerlei bürokratische Spuren.

Zeitgenössische Schätzungen aus dem Jahre 1943 bewegten sich zwischen 90.000 und 111.000, berücksichtigten aber nur Personen ungeachtet ihrer Staatsbürgerschaft, die wegen der antisemitischen Rassenpolitik verfolgt wurden. Emigranten, die wegen ihrer politischen Überzeugung und Gegnerschaft zum Nationalsozialismus, wegen ihrer kulturellen Dissidenz oder aus anderen Gründen geflüchtet waren, wurden hierbei nicht mitgezählt.[1]

Spätere Berechnungen, die nur Personen ehemals deutscher und österreichischer Staatsangehörigkeit sowie sudetendeutsche Emigranten aus der ehemaligen Tschechoslowakei zählten, setzten deutlich niedrigere Zahlen an, die sich zwischen 70.000 und 93.000 bewegen.[2] Es können allenfalls ungefähre Größenordnungen für bestimmte Länder zu bestimmten Zeitpunkten abgeschätzt werden und man sollte sich mit den vorgegebenen quantitativen Unschärfen begnügen, zumal sie auch durch sorgfältigste Recherchen nicht aus dem Wege geräumt werden können.

Diese quantitativen Schwierigkeiten werden zudem überlagert durch eine weitere definitorische Frage: Wer war ein Jude? Wenn alle diejenigen dazu gerechnet werden, die von den Nationalsozialisten ein ‚J' in ihre Dokumente gestempelt bekamen oder bekommen hätten, wenn sie sich nicht rechtzeitig in Sicherheit gebracht hätten und wenn die jüdische Abstammung als Kriterium zugrunde gelegt wird, wie dies

---

1 Antonia Castro Leal, André Simone u.a. (Hrsg.): El Libro Negro del terror Nazi en Europa. Testimonios de escritores y artistas de 16 naciones. México D.F. 1943, S. 221; Zehn Jahre Aufbauarbeit in Südamerika, herausgegeben anläßlich des zehnjährigen Bestehens der Asociación Filantrópica Israelita. Buenos Aires 1943.

2 Herbert A. Strauss: Jews in German History - Persecution, Emigration, Acculturation. In: Fred Bilenkis, Hannah Caplan (Hrsg.): Biographisches Handbuch der deutschsprachigen Emigration nach 1933, Bd. 2, München 1983, S. XI-XXVI, hier S. XXIIf.; als Gesamtdarstellung Patrik von zur Mühlen: Fluchtziel Lateinamerika. Die deutsche Emigration 1933-1945. Politische Aktivitäten und soziokulturelle Integration. Bonn 1988 (Politik- und Gesellschaftsgeschichte 21), S. 45-51.

auch jüdische Hilfsorganisationen größtenteils taten, werden auch solche Personen vereinnahmt, die zwar einen familiären jüdischen Hintergrund hatten, aber teilweise seit Generationen der jüdischen Religion, Kultur und Tradition entfremdet, teilweise Christen geworden oder konfessionslos waren und sich subjektiv als alles andere denn als Juden bezeichnet hätten: als Kommunisten, Sozialdemokraten, Liberale, als Vertreter dieses oder jenes ‚entarteten' Kunststils oder einer verfemten Wissenschaft usw. Diese Schwierigkeit wird noch dadurch problematischer, dass damit auch eine Kategorie der NS-Ideologie verwendet wird, mit der Personengruppen gegen ihren Willen oder zumindest ohne ihre Zustimmung entweder vereinnahmt oder ausgegrenzt werden. Auch diese definitorische Problematik wird nicht zu lösen sein, sollte aber im Blick behalten werden, wenn im Folgenden von deutschen Juden im lateinamerikanischen Exil die Rede ist.

Diese Unterscheidungen sind alles andere als akademischer Natur. Sie bestimmten vielfach das Verhältnis der einzelnen Emigranten zu ihren Schicksalsgenossen, zu den deutschstämmigen Bevölkerungsgruppen, die es zumindest in einigen Ländern wie Brasilien oder Chile in größerer Zahl gab, und zur alteingesessenen Bevölkerung. Für die Zugehörigkeit zu einer dieser Gruppierungen war oft von Bedeutung, ob ihre Mitglieder mit ihrem ehemaligen Heimatland für immer gebrochen hatten oder nicht, ob sie sich dem sich vielfach entwickelnden jüdischen Gemeindeleben, seinen Kultur- und Sozialverbänden anschlossen oder aber politisch orientierten Exilvereinigungen. Und diese Form der Integration war nach dem Zweiten Weltkrieg oftmals von Bedeutung für die Frage eines Verbleibens im Exilland, einer Weiterwanderung in ein anderes Land oder sogar einer Rückkehr in die inzwischen befreite, allerdings zerstörte Heimat.

Damit sind bereits die möglichen Optionen angedeutet, vor die sich die Emigranten nach Kriegsende gestellt sahen. Denn ab 1945 wurden die Grenzen in Lateinamerika durchlässiger, wurden Einreise- und Transitvisa großzügiger ausgestellt und Kontrollen weniger streng gehandhabt. Im Einzelnen boten sich folgende Optionen an, wobei natürlich in zeitlicher Versetzung zwei oder mehrere gewählt werden konnten:

Die Rückkehr in das Nachkriegsdeutschland bzw. nach Österreich.

– 1. Die Weiterwanderung von einem lateinamerikanischen Staat in einen anderen, der bessere politische, wirtschaftliche, klimatische und andere Lebensbedingungen bot.
– 2. Die Weiterwanderung in Staaten außerhalb Lateinamerikas; hier standen die Vereinigten Staaten an erster Stelle, gefolgt von Israel, während andere Länder von untergeordneter Bedeutung waren.
– 3. Der Verbleib und die endgültige Niederlassung im Exilland, damit die langfristige Integration in Gesellschaft, Wirtschaft und Kultur, in der Regel verbunden mit der Annahme der entsprechenden Staatsbürgerschaft.

In dieser Reihenfolge sollen die Optionen in aller Kürze behandelt werden.

Rückkehr in das Nachkriegsdeutschland bzw. nach Österreich

In den Jahren 1946 bis1949 fand eine Remigration nur in stark eingeschränktem Maße statt. Rigide Einreisebestimmungen der alliierten Besatzungsmächte einerseits und materielle Schwierigkeiten hinsichtlich der Kosten einer Schiffspassage nach Europa andererseits stellten unüberwindliche Barrieren dar, die zu überwinden nur Wenigen gelang. Es gab aber Ausnahmen. Personen, an deren Rückkehr eine der vier Besatzungsmächte stark interessiert war, bekamen durchaus Chancen. Das bekannteste Beispiel hierfür lieferte die Remigration des größten Teiles der deutschen (deutschsprachigen) Emigrantengruppen in Mexiko. Das Exil in Mexiko unterschied sich deutlich von demjenigen anderer lateinamerikanischer Länder, weil es in wesentlich stärkerem Maße politisch geprägt war. Konkret gesprochen: Unter den etwa 3.000 deutschsprachigen Emigranten in Mexiko stellten die etwa 200 Mitglieder der Kommunistischen Partei Deutschlands eine kleine Minderheit dar, die aber über ihre Familienangehörigen, ihre interne Vernetzung und Organisation eine dominante Stellung wie in keinem anderen Land einnahm. Sie beherrschte die Exilaktivitäten, die Presse, die Vereine, die kulturellen und sozialen Einrichtungen des Exils und knüpfte sogar Kontakte bis weit in jüdische Synagogengemeinden hinein. Am leichtesten hatten es rückkehrwillige Vertreter des deutschsprachigen Exils, die eine fremde Staatsbürgerschaft hatten, aber als Autoren deutscher Sprache stets zu diesem gerechnet werden: So verließen die tschechoslowakische Schriftstellerin Lenka Reiner und ihr Ehemann, der Jugoslawe Theodor Balk, im September 1945 mit einem jugoslawischen Schiff Mexiko; im Februar 1946 verließen die Schriftsteller Egon Erwin Kisch und André Simone, beides tschechoslowakische Staatsbürger, Kommunisten und Juden, Mexiko auf dem Landwege in Richtung New York und fuhren von dort auf dem Seeweg weiter in Richtung Europa, wo sie nach mehr als vier Wochen in Prag ankamen. Im Mai 1946 nahm das sowjetische Schiff ‚Gogol' einige rückkehrwillige Emigranten im mexikanischen Karibikhafen Manzanillo auf, um sie durch den Panamakanal über den Pazifik nach Wladiwostok zu bringen, von wo sie mit der Transsibirischen Eisenbahn in Richtung Deutschland fuhren. 1947 folgten weitere Emigranten wie Anna Seghers, die ein Transitvisum für die USA erhielt, um sich in New York nach Europa einzuschiffen.[3]

In kürzester Zeit folgten die meisten übrigen Emigranten, sofern sie Kommunisten waren und dadurch von sowjetischen Stellen begünstigt wurden. Sie wurden für den Aufbau der Verwaltung und des öffentlichen Lebens in der Sowjetischen Besatzungszone gebraucht. Sie alle waren Kommunisten oder standen der Partei und ihren Nebenorganisationen nahe. Dass sie größtenteils auch Juden im Sinne der NS-Ideologie waren, obwohl sie sich nicht als solche betrachteten, verweist erneut auf die eingangs erwähnten Probleme einer Zuordnung.

Mexiko blieb übrigens der Staat mit der größten Prozentzahl von Rückkehrern. Aus anderen Ländern setzte der Rückfluss deutlich später und spärlicher ein. Zwar

3 Wolfgang Kießling: Kunst und Literatur im antifaschistischen Exil 1933-1945. Exil in Lateinamerika, Bd. 4. Leipzig² 1980, S. 516-519.

hatten schon 1944 sozialdemokratische Emigranten beim Exilvorstand der SPD in London um Fürsprache bei den britischen Behörden wegen einer Rückkehrmöglichkeit nach Kriegsende gebeten. Aber erst 1947 konnten erste größere Gruppen mit alliierter Genehmigung nach Deutschland fahren.

Vor Gründung der Bundesrepublik behinderten vielfach die alliierten Besatzungsmächte eine Remigration, weil sie nicht die Zahl weiterer hungernder und arbeitsloser Flüchtlinge in Deutschland neben den Vertriebenen und den ‚Displaced Persons' vergrößern wollten. Noch im Frühjahr 1949 machte die amerikanische Besatzungsbehörde die Erteilung einer Rückkehrerlaubnis vom Nachweis einer beruflichen Stellung bzw. gesicherter materieller Verhältnisse abhängig.[4] Es gibt vage Schätzungen, dass zwischen Kriegsende und 1949 nur ein bis zwei Prozent der deutsch-jüdischen Bevölkerung aus aller Welt zurückkehrte.[5]

Man kann verallgemeinern, dass die Absicht oder Bereitschaft zur Remigration in engem Zusammenhang mit der Zugehörigkeit zu einer bestimmten politischen Orientierung – in der Regel Kommunismus oder Sozialdemokratie – zusammenhing. Wer religiöser und praktizierender Jude war, integriert in das jüdische Gemeinde- und Vereinsleben, vor allem aber wer selbst Verfolgung erlebt und Verwandte im Holocaust verloren hatte, der hatte in der Regel mit seiner deutschen Vergangenheit gebrochen und empfand kein Bedürfnis nach einer Rückkehr nach Deutschland. Die Feststellung für die Rückkehrer aus Ecuador kann mit geringen Abstrichen für alle deutsch-jüdischen Emigranten in lateinamerikanischen Ländern verallgemeinert werden:

> [J]e mehr sich ein Immigrant dem Judentum zugehörig fühlte, um so geringer war die Neigung, dorthin zurückzukehren.[6]

Dagegen empfanden politische Flüchtlinge mit jüdischem Hintergrund, die aber den Bezug zu jüdischer Religion, Tradition und Kultur verloren hatten und in deutschen Exilorganisationen aktiv gewesen waren, eine Verantwortung für ihre frühere Heimat. Eine Reihe namhafter Wissenschaftler und Künstler könnte man hier aufzählen, so den späteren Politologieprofessor Wolfgang Hirsch-Weber (vormals Bolivien), den Publizisten Boris Goldenberg (vormals Kuba), den Gewerkschafter Max Diamant (vormals Mexiko), die Schriftstellerin Hilde Domin (vormals Dominikanische Republik) oder Musiker wie den österreichischen Dirigenten Erich Kleiber (Argentinien) und sein gleichfalls als Dirigent erfolgreicher Sohn Carlos Kleiber.

Es ist nicht genau bekannt, wie viele Flüchtlinge aus NS-Deutschland in der unmittelbaren Nachkriegszeit insgesamt zurückkehrten, da die Registrierung dezentral

---

4 Jan Foitzik: Die Rückkehr aus dem Exil und das politisch-kulturelle Umfeld der Reintegration sozialdemokratischer Emigranten in Westdeutschland. In: Manfred Briegel, Wolfgang Frühwald (Hrsg.): Die Erfahrung der Fremde. Kolloquium des Schwerpunktprogramms ‚Exilforschung' der Deutschen Forschungsgemeinschaft. Weinheim 1988 (Acta humaniora), S. 260, 270.

5 Hans Georg Lehmann: In Acht und Bann. Politische Emigration, NS-Ausbürgerung und Wiedergutmachung am Beispiel von Willy Brandt. München 1976, S. 155.

6 Marie Luise Kreutter: Wo liegt Ecuador? Exil in einem unbekannten Land 1938 bis zum Ende der fünfziger Jahre. Berlin 1995, S. 270.

nach Ortsgemeinden erfolgte. Ein Remigrant brauchte in der Bundesrepublik nur in seinen früheren Heimatort zurückgehen und sich registrieren zu lassen, um dann auf Antrag sofort die deutsche Staatsbürgerschaft zu erhalten. Wer aus Orten stammte, die in der DDR oder in den ehemaligen deutschen Ostgebieten lagen, konnte dies beim Bundesverwaltungsamt beantragen. Es ist bekannt, dass viele Emigranten oder auch deren Ehepartner und Kinder zwar nicht zurückkehrten, aber vom Ausland aus den Antrag auf eine deutsche Staatsbürgerschaft stellten. Motive bildeten die politisch und wirtschaftlich instabilen Verhältnisse ihres Gastlandes. Bis 1980 waren dies ca. 54.000, wobei anzunehmen ist, dass ein großer Teil aus Lateinamerika kam.[7] Diese Annahme beruht auf der Überlegung, dass frühere Flüchtlinge in europäischen Ländern oder in den USA und Kanada in geringerem Maße vor solche Überlegungen gestellt wurden.

Was es wohl gibt, ist eine Remigration der nächsten oder übernächsten Generation. Ein Beispiel lieferte die argentinisch-deutsche Schriftstellerin Esther Vilar, Tochter deutsch-jüdischer Flüchtlinge, die sich in den 1970er Jahren in der Bundesrepublik niederließ. Sie machte sich mit provokativen antifeministischen Publikationen nicht sonderlich beliebt, erhielt Morddrohungen, wurde in einem Hotel von drei wütenden Feministinnen zusammengeschlagen und entschied sich daraufhin, wieder nach Argentinien zurückzukehren.

Einen anders gearteten Fall liefert der Philosoph Carlos Fraenkel, der mit seinem Bestseller *Mit Platon in Palästina* Aufsehen erregt hat. Sein Großvater, der Gewerkschafter Erich Fraenkel, emigrierte nach Brasilien und begründete 1945 in Rio de Janeiro den ersten Auslandsortsverein der SPD. Sein Sohn flüchtete wegen der Militärdiktatur in Brasilien mit seiner Frau nach Deutschland, wo Carlos die ersten Jahre seines Lebens verbrachte. Für ihn war die ‚Rückkehr' nach Brasilien ein Exodus in die Fremde. Heute lehrt er an der McGill University in Montreal in Kanada. Was seine Biographie charakterisiert, ist nicht nur sein Changieren zwischen Deutschland und Brasilien, sondern auch die Rückbesinnung auf seine jüdischen Wurzeln, die seinem linken, sozialdemokratischen Großvater und seinen vermutlich noch linkeren Eltern wahrscheinlich nichts bedeutet haben dürften. Er bezeichnet sich als Agnostiker, will seine Kinder nicht in einem engen religiösen Umfeld aufwachsen sehen, könnte sich aber gut vorstellen, seinen Kindern jüdische Traditionen zu vermitteln.[8] Seine Forschungen über mittelalterliche jüdische (und islamische) Philosophie und seine Lehrtätigkeit in Israel lassen deutlich einen Rückblick auf jüdische Wurzeln erkennen, die sich über mehrere Generationen erstrecken.

---

7 Mühlen: Fluchtziel Lateinamerika (Anm. 2), S. 299f.

8 Carlos Fraenkel: Mit Platon in Palästina. Vom Nutzen der Philosophie in einer zerrissenen Welt. München 2016, S. 9, 151ff.

Weiterwanderung von einem lateinamerikanischen Staat in einen anderen

Die zweite Option war die lateinamerikanische Binnenwanderung von einem Staat in einen anderen. Dieses Phänomen finden wir vor allem in armen, unterentwickelten, politisch instabilen und klimatisch extremen Ländern. Dies waren im wesentlichen Bolivien und Paraguay, aber auch Ecuador, und einige Staaten in Mittelamerika und in der Karibik. Diese Entwicklung lässt sich besonders deutlich am Beispiel Boliviens zeigen:

Bis 1941 waren dort etwa 12.000 Emigranten eingereist – bis auf einige wenige Dutzend politische Flüchtlinge, meist Sozialdemokraten, Juden. Etwa ein Drittel dieser Zahl benutzte das Land nur zum Transit in Richtung Chile und Argentinien. Bis Kriegsende hielten sich bis zu 8.000 mitteleuropäische Emigranten in Bolivien auf, größtenteils in La Paz, Cochabamba und Sucre, also im Hochland.[9] In den ersten Nachkriegsjahren wanderte ein großer Teil in Richtung Argentinien ab. Gründe hierfür waren neben der Armut und politischen Instabilität des Landes die klimatischen Verhältnisse des kalten Hochlandes, in dem sich die wichtigsten Städte befinden. Die dünne Luft im Altiplano in einer Höhe von 3.000 bis 4.000 m ist für Europäer ungewohnt und erschwert ihnen in der Regel körperliche Arbeit. Daher gab es auch das Phänomen einer bolivianischen Binnenwanderung vom Altiplano in das tiefer gelegene östliche Santa Cruz de la Sierra, das immerhin auch noch auf einer Höhe von 1.500 m liegt.[10]

Wie sehr die Abwanderung sich gerade in Bolivien auswirkte, belegen einige Zahlen. Lebten 1942 in La Paz etwa 2.600 jüdische Flüchtlinge, so waren es 1995 nur noch 480, in Cochabamba fiel die Zahl von etwa 1.000 auf 120.[11] Da zwischen beiden Jahresangaben über 50 Jahre liegen, beziehen sich die Zahlen nicht auf eine personenidentische Gruppe, sondern sie umfassen auch die Nachkommen. Aber diese Zahlen sprechen eine deutliche Sprache. In anderen Ländern war die Abwanderung in lateinamerikanische Nachbarländer deutlich geringer. In Paraguay bildete neben der Armut das heiße und für Europäer schwer erträgliche Tropenklima den Hauptgrund zur Weiterwanderung, sodass von ca. 900 Emigranten während der Kriegszeit nur noch wenige Dutzend ihrer Nachkommen im Lande leben. Auch aus Ecuador, Kolumbien und den Staaten in der Karibik verließen viele ihr Exilland.

---

9 Haim Avni: Perú y Bolivia – dos Naciones Andinas – y los Refugiados Judíos durante la Era Nazi. In: El Genocidio ante la Historia y la Naturaleza Humana, ed. por Beatriz Gurevitch y Corlos Escudé. Buenos Aires 1994, S. 327ff.; Irmtrud Wojak: Exil in Chile. Die deutsch-jüdische und politische Emigration während des Nationalsozialismus 1933-1945, Berlin 1994.

10 Renata Schwarz: Von Mainz nach La Paz. Kindheit eines jüdischen Mädchens in Deutschland und Flucht nach Bolivien. Mainz 2007, S. 115 ff.

11 León Bieber: Presencia judía en Bolivia. La ola inmigratoria de 1938-1940. Santa Cruz de la Sierra 2010, S. 248.

Ziele dieser Binnenwanderung waren für viele Emigranten das südliche Brasilien und vor allem Argentinien, das aufgrund seines Entwicklungsstandes und seiner florierenden Wirtschaft als einer der reichsten Staaten der Welt galt. Für Argentinien, mit bisher etwa 35.000 Flüchtlingen das weitaus wichtigste Aufnahmeland, bedeutete dieser Zustrom eine deutliche Zunahme, sodass sich die Gesamtzahl der aus Mitteleuropa dorthin Geflüchteten der 40.000-Marke genähert haben dürfte.[12] Dass es nach 1945 noch einen weiteren Zuwachs aus ganz anderer politischer Provenienz gab, nämlich den von ca. 5.000 geflüchteten NS-Funktionären (unter Einschluss ihrer Familien), fügt dem Gesamtbild eine besonders makabre Note bei.[13]

Weiterwanderung in Staaten außerhalb Lateinamerikas

Die dritte Option, die hier vorgestellt werden soll, betrifft Emigranten, die Lateinamerika insgesamt verließen, ohne in ihre Heimat zurückzukehren, und sich eine neue Heimat anderswo suchten. Als Ziele fielen hierbei Kanada, Südafrika, Neuseeland und Australien nur wenig ins Gewicht. Die beiden Länder, die an erster Stelle genannt werden müssen, waren die Vereinigten Staaten und Israel. Die USA waren das attraktivste Land in diesem Migrationsprozess, wobei die politische und wirtschaftliche Ordnung den Hauptanziehungspunkt bildeten. Nicht selten gaben Verwandte und Bekannte, die schon vorher nach Amerika emigriert waren, den entscheidenden Impuls. Auch war die Hilfestellung amerikanisch-jüdischer Organisationen wie des ‚American Jewish Joint Distribution Committee' (AJDC/‚Joint') eine spürbare Erleichterung bei der Einwanderung. Gleichwohl gab es Emigranten wie den späteren Literaturwissenschaftler Egon Schwarz, der erst eine Odyssee durch die lateinamerikanischen Staaten Peru, Bolivien, Chile und Ecuador hinter sich bringen musste, bis er schließlich den Weg in die USA fand.[14]

Es gab Länder, die während des Krieges für deutsch-jüdische Flüchtlinge eine Art Wartesaal für die Weiterwanderung in die USA bildeten. Dies gilt vor allem für Emigranten in den Ländern in der und um die Karibik herum. Von den ca. 5.000 Emigranten in Kuba dürften fast alle in die USA weitergewandert sein. Zu ihnen gehörte auch das allen Exilforschern bekannte Ehepaar Hans und Lisa Fittko, das sich als Fluchthelfer in Südfrankreich große Verdienste erworben hatte. Wenige Jahre nach 1945 war von der Anwesenheit dieser Emigrantenpopulation in Kuba fast nichts mehr zu sehen. Einer der letzten war der Publizist Boris Goldenberg, der als Marxist die Kubanische Revolution begrüßte und aktiv am Aufbau des sozialistischen Staats mitwirkte, sich dann aber mit den kubanischen Kommunisten überwarf und erneut emigrierte – allerdings nicht in die USA, sondern nach Deutschland.

---

12 Mühlen: Fluchtziel Lateinamerika (Anm. 2), S. 48.

13 Vgl. Holger M. Meding: Flucht vor Nürnberg? Deutsche und österreichische Einwanderung in Argentinien, 1945-1955. Köln, Weimar, Wien 1992 (Lateinamerikanische Forschungen 19).

14 Egon Schwarz: Keine Zeit für Eichendorff. Chronik unfreiwilliger Wanderjahre. Königstein i. Ts. 1979.

Auch aus der Dominikanischen Republik wanderten viele in die USA, jedoch blieben so viele zurück, dass man auch heute noch ihre Spuren erkennen kann. Nicht wenige deutsche Badetouristen wunderten sich, dass Hotel- oder Restaurantbesitzer im Badeort San Pedro de Sosua an der dominikanischen Nordküste fließend Deutsch sprachen. Der Ort, ehemals ein kleines Fischerdorf, war in den 1930er Jahren etwa 2.500 deutsch-jüdischen Flüchtlingen als Quartier zugewiesen worden.[15]

Das andere Zielland einer Weiterwanderung bildete Israel, das allerdings hinsichtlich der Zahl der Emigranten weit hinter den Vereinigten Staaten blieb. Der Staat Israel wurde 1948 gegründet und musste sich erst konsolidieren. Eine Einwanderung gab es zwar aus Europa sowie afrikanischen und asiatischen Nachbarländern, aber der Zustrom aus Lateinamerika setzte erst deutlich später – in den 1960er Jahren – ein. Eine halbwegs gesicherte Angabe über die Zahl der Einwanderer ist nicht bekannt. Es ist zu vermuten, dass sich nur solche Personen zur Übersiedlung nach Israel entschlossen, die einen streng jüdischen, vielleicht sogar zionistischen Hintergrund hatten. Denn die Umstellung auf die Verhältnisse eines von außen bedrohten Landes, das sich zudem im Aufbau befand, sowie die Gewöhnung an die hebräische Sprache stellten neben den finanziellen und organisatorischen Herausforderungen schwer zu überwindende Barrieren dar. Es gab daher auch Fälle, dass Emigranten von Israel wieder in ihr lateinamerikanisches Exil zurückkehrten. Ein Fall betraf einen deutsch-jüdischen Chile-Emigranten, der sich durch seine Lebensgefährtin zur Übersiedlung nach Israel überreden ließ, wo er auch die Staatsangehörigkeit seiner neuen Heimat annahm. Nachdem seine Partnerin gestorben war, fühlte er sich vollkommen isoliert, weil er kein Hebräisch gelernt hatte und niemand in seiner Umgebung Deutsch oder Spanisch sprach, sodass er sich zur Rückkehr nach Chile entschloss.[16]

Verbleib und die endgültige Niederlassung im Exilland

Als letztes gilt das Augenmerk denjenigen deutsch-jüdischen Emigranten, die in ihrem Exilland Wurzeln geschlagen haben und geblieben sind, sodass man dort außer jüdischen Gemeinden und Geschäften auch noch ein lebendiges kulturelles und soziales Netzwerk mit diversen Institutionen antreffen kann. Wenn von noch erkennbaren deutsch-jüdischen Kolonien in Lateinamerika gesprochen werden kann, gilt dies im Wesentlichen für den ‚cono Sur', den Südgürtel, der sich von Chile, über Argentinien, Uruguay bis ins südliche Brasilien erstreckt. In diesen vier Ländern, die zusammen etwa 80 % aller Lateinamerika-Emigranten aufgenommen haben dürften, findet man in den Metropolen Santiago, Buenos Aires und Montevideo sowie Porto Alegre, Sao Paulo und Rio de Janeiro so etwas wie einen Mikrokosmos deutsch-jüdischen Gemeinde- und Vereinslebens, das zahlenmäßig und finanziell

15 Schwarz: Keine Zeit (Anm. 15), S. 105; Mark Wischnitzer: Historical Background of the Settlement of Jewish Refugees in Santo Domingo. In: Jewish Social Studies IV (1942), S. 50-58.

16 Mühlen: Fluchtziel Lateinamerika (Anm. 2), S. 293, 295.

stark genug ist, sich zu behaupten. Synagogen, Sozialeinrichtungen, Kultur- und Sportvereine haben sich erhalten. Sie sind längst zur spanischen oder portugiesischen Sprache übergegangen, zeigen aber noch deutlich die Strukturen, die ihnen von ihren Gründern gegeben worden sind.

Fragt man nach den Gründen dieses Festhaltens am Althergebrachten, so stößt man auf vielfältige Motivlagen. Zum einen hatten die Emigranten trotz der meist grauenhaften Erfahrungen in NS-Deutschland ihre deutsche Sprache und ihre mitteleuropäische Sozialisierung mitgebracht. An dieser Prägung hielten sie fest. Eine Anpassung an die lateinamerikanische Lebensweise und Mentalität, für die der Begriff der ‚Verhiesigung' geprägt wurde, erschien vielen als kultureller Abstieg. Man klammerte sich an europäisches Bildungsgut und überlieferte Traditionen, grenzte sich aber damit ab gegen die einheimische Bevölkerung, ohne dadurch den Kontakt zu den alteingesessenen Volks- und Auslandsdeutschen zu finden. Denn unter diesen hatte es in großer Zahl offene Sympathien für das NS-Regime gegeben. Eine unsichtbare Wand trennte noch Jahrzehnte später die unterschiedlichen deutschsprachigen Bevölkerungsgruppen in lateinamerikanischen Metropolen. Man grenzte sich aber auch ab gegen die bereits vorhandenen jüdischen Gemeinden osteuropäischer oder sephardischer Herkunft. Sprache und Traditionen bildeten schwer überwindliche Barrieren und wurden nur dort durchlässiger, wo gemeinsame Interessen – etwa in der Abwehr antisemitischer Umtriebe – auch ein gemeinsames Vorgehen notwendig machten.[17]

Diese Sonderrolle gewann sogar dort eine zentrale Bedeutung, wo man sie am wenigsten erwarten würde: im Bereich der jüdischen Religion. Im August 1956 versammelten sich aus Anlass des zwanzigjährigen Bestehens der ‚Nueva Congregación Israelita de Montevideo' Vertreter jüdischer Gemeinden aus fünf lateinamerikanischen Staaten und gründeten eine Arbeitsgemeinschaft zur Zusammenarbeit, zum Erfahrungsaustausch und zur Koordinierung gemeinsamer Interessen. Der offizielle Name lautete ‚Arbeitsgemeinschaft der jüdischen Gemeinden und Organisationen zentraleuropäischen Ursprungs in Lateinamerika' (CENTRA). Ihre Vertreter trafen sich in gewissen Abständen in einer der Metropolen, diskutierten Probleme, planten den Austausch von Rabbinern und widmeten sich vor allem der länderübergreifenden Jugendarbeit.[18]

Auch in der CENTRA spielten die Fragen von Integration, Anpassung oder Assimilierung eine wichtige Rolle. Sie wurden teilweise in Form heftiger Kontroversen diskutiert. Auf einem Kongress der CENTRA in Buenos Aires im August 1958 brach ein offener Streit aus, als der Vertreter der ‚Congregação Israelita Paulista', der deutsch-jüdischen Gemeinde in São Paulo, den Antrag stellte, das Selbstverständnis der CENTRA als Dachverband der aus Mitteleuropa stammenden deutschsprachi-

---

17 Hierzu Mühlen: Fluchtziel Lateinamerika (Anm. 2), S. 304ff.

18 Stefan Veghazi: Die ersten Jahre der CENTRA. Zur Geschichte der Arbeitsgemeinschaft der jüdischen Gemeinden und Organisationen zentraleuropäischen Ursprungs in Lateinamerika. In: Achim Schrader, Karl Heinrich Rengstorf (Hrsg.): Europäische Juden in Lateinamerika. St. Ingbert 1989, S. 378-390.

gen jüdischen Gemeinden aufzugeben und sich auch Juden anderer Herkunft zu öffnen. Am heftigsten argumentierten hiergegen die aus Santiago de Chile angereisten Vertreter der ‚Sociedad Cultural Israelita B'ne Jisroel'. Ihr Rabbiner Ernst Löwenstein brachte den Gegensatz auf den Punkt:

> Uns hier fällt die Pflicht zu, ein offenes Wort zu sagen: Wir kämpfen gegen die Assimilation. In diesem Kreise brauche ich nicht zu betonen, daß die Assimilation in diesen Ländern eine viel gefährlichere ist als in den Ländern, aus denen wir kommen. Dort war es die Assimilation an gewisse Werte, hier ist es die Assimilation an das leichtere Leben.[19]

Der Akzent ist eindeutig ein europazentrierter, unverkennbar der unterstellte Kontrast zwischen tiefgründiger deutscher Kultur, wie man sie seit dem 19. Jahrhundert verstand, und oberflächlicher lateinamerikanischer Zivilisation. Zweifellos lag darin auch eine gewisse Überheblichkeit gegenüber den Gesellschaften der Aufnahmeländer und auch gegenüber ostjüdischen Gemeinden: Wir sind Juden, aber wir sind eben deutsche Juden.

Natürlich war der Standpunkt der Delegierten aus Brasilien der realistischere. Dort hatte das Regime von Präsident Getúlio Vargas während des Zweiten Weltkrieges den öffentlichen Gebrauch der deutschen Sprache verboten, sodass die jüdischen Gemeinden sofort zur portugiesischen Sprache übergingen und auch daran festhielten, als das Verbot später aufgehoben wurde. Umgekehrt hielt man in Santiago de Chile, Buenos Aires und Montevideo noch Mitte der 1980er Jahre im Gemeindeleben an der deutschen Sprache und erst recht an den aus Mitteleuropa stammenden Riten, Liturgien, Gebräuchen und Traditionen fest. Zumindest waren die Gemeinden zweisprachig, die Altersheime ausschließlich deutschsprachig, und selbst Jugendliche, die in der zweiten Hälfte der sechziger Jahre geboren worden waren, sprachen ein korrektes und akzentfreies Deutsch.

Natürlich konnte ein noch so festes Klammern an den Wurzeln die langfristige Assimilierung nicht aufhalten. Spätestens in den achtziger Jahren gingen alle Gemeinden im offiziellen Schriftverkehr und auf ihren Veranstaltungen zur Landessprache über. In der Regel erfolgte der Sprachwechsel anlässlich der Anstellung eines neuen Rabbiners, der kein Deutsch mehr verstand. Aber die Erinnerungen der inzwischen verstorbenen älteren Generationen und die Traditionen sind auch heute noch auf vielfache Weise lebendig.[20] Die CENTRA gibt es zwar schon lange nicht mehr. Ob sie jemals aufgelöst wurde, ließ sich nicht ermitteln. Vermutlich verfiel sie ab den sechziger Jahren in Inaktivität, um im Laufe der Jahre gewissermaßen einzuschlafen.

---

19 Patrik von zur Mühlen: Jüdische und deutsche Identität von Lateinamerika-Emigranten. In: Thomas Koebner (Hrsg.): Exilforschung. Ein internationales Jahrbuch 5 (1987), S. 55-67, hier S. 61f.
20 Ebd., S. 63-65.

Wie sehr die Spuren der kulturellen Herkunft bei vielen deutsch-jüdischen Emigranten nachwirkte, lässt sich an drei Beispielen belegen. Ein hochbetagter deutsch-jüdischer Emigrant in Ecuador, vor 1933 Amtsrichter in Karlsruhe, berichtete 1986, er habe Hitler immer das Recht abgesprochen, ihm aufgrund seiner ‚nicht-arischen' Abstammung sein Deutschtum abzuerkennen. Ein Brasilien-Emigrant resümierte in seinen Erinnerungen:

> Ich fühle mich dem deutschen Kulturkreis und der deutschen Sprache zugehörig, ich bin der Abstammung nach bewußter Jude und jüdischem Glaubensgut verbunden.

Der Staatsbürgerschaft nach Brasilianer, bekenne er sich zu allen daraus erwachsenden Rechten und Pflichten, habe aber in dieser komplexen Zugehörigkeit keinerlei Widerspruch empfunden und deswegen auch niemals Schwierigkeiten bekommen.[21]

Und ein aus Essen stammender jüdischer Geschäftsmann in Buenos Aires erzählte, er habe selbst zwar keine entwürdigenden und schmerzhaften Erlebnisse als Jugendlicher in Deutschland gehabt, habe sich aber seit dem Augenblick seiner Ankunft in Buenos Aires als Argentinier gefühlt. Insgeheim sei er Hitler sogar dankbar dafür, dass er auf diese Weise in ein so großartiges Land gekommen sei.[22] Liest man indessen in den Memoiren dieses Mannes nach, so bekennt er sich zu Prinzipien, die er auch seinen Kindern vermittelte: absolute Pflichterfüllung, strikte Einhaltung von Vereinbarungen, Zusagen oder Versprechen und Pünktlichkeit auf die Minute.[23]

Man fragt sich unwillkürlich: Ist der Mann wirklich Argentinier geworden?

---

21 Max-Hermann Maier: In uns verwoben, tief und wunderbar. Erinnerungen an Deutschland. Frankfurt am Main 1973, S. 171.

22 Ebd., S. 55.

23 Rodolfo Frank: Vivencias de un hombre. Buenos Aires 1983, S. 103.

Konrad Kwiet

Der jüdische Exodus nach Australien

Demographische Daten

Die meisten Überlebenden des Holocaust fanden in Israel eine neue Heimat – mehr als 400.000. Australien, am Rande der jüdischen Diaspora, galt als ein Musterland, das gemesssen an seiner Einwohnerzahl mehr Opfer aufnahm als jeder andere Staat – knapp 40.000. Diese Reputation wurde jüngst in Frage gestellt. Auf einer Konferenz in Sydney wurden neue, noch lückenhafte Zahlenvergleiche präsentiert, die darauf hindeuten, dass sich Kanada auf eine höhere Aufnahmequote berufen kann.[1] Eine Debatte über die Exoduswellen nach dem Holocaust bahnt sich an, in der es weniger um demographische Spekulationen und nationale Rangordnungen, sondern vielmehr um die Definition des ‚Holocaust Survivor' und um jüdische Identitäten geht. Unbestritten ist: Nach Kriegsende setzten in Australien staatliche Einwanderungsquoten und Transportprobleme dem jüdischen Exodus aus Europa enge Grenzen. Die große Mehrheit der Bevölkerung lehnte zudem die jüdische Einwanderung ab, eine Einstellung, die sich bis in die Anfänge des 19. Jahrhunderts zurückverfolgen lässt. Bis Ende 1946 wurden 34.312 Einwanderer aufgenommen. 700 waren Juden – 2%.[2] Der Anteil erhöhte sich schnell. Bis Ende 1949 wurden 21.584 ‚landing permits' (‚Einreisegenehmigungen', ‚Visen') an jüdische Antragsteller verteilt,[3] von denen allerdings weniger als die Hälfte bis Jahresende eintrafen. Der Grund: lange Wartezeiten auf Schiffspassagen und Umbuchungen, insbesonders nach der Errichtung des Jüdischen Staates.

---

1 Die Zahlenvergleiche wurden von Shannon Biederman, Kuratorin am Sydney Jewish Musuem (SJM), auf der Konferenz der Australian Association for Jewish Studies am 12. und 13. Februar 2017 präsentiert. Titel ihres Vortrages: ‚Reframing Jewish Identity. A Numbers Game'. Sie hat mir dankeswerterweise ihre Datensammlung zur Verfügung gestellt. Dank schulde ich meiner Kollegin Professor Dr. Suzanne Rutland für hilfreiche Hinweise und für die Einsichtnahme in unveröffentliche Statistiken des australischen Department of Immigration. Ich danke Marie Bonardelli, meiner Mitarbeiterin im SJM, für die Auswahl von Zeitzeugenberichten, die im SJM aufbewahrt werden. Ich habe mich in diesem Beitrag weitgehend auf die Erinnerungen von Überlebenden konzentriert, die in den ersten Nachkriegsjahren (1946-1950) eintrafen und im Museum als ‚survivor guides' ihre Überlebensgeschichten erzählen.

2 National Archives Australia (NAA): ACT CRS (Commonwealth Record Series) A 434 – item 1947/3/4805. Statistik des Department of Immigration, 23.1.1947.

3 NAA: ACT CRS A 455 – item 235/1/124. Statistik des Department of Immigration über die Verteilung von ‚landing permits' und Ankunft der Einwanderer.

Die ersten Holocaustüberlebenden, die sich in den ersten Nachkriegsjahren auf den langen Weg nach Australien machten, kamen aus den ‚Wartesälen' der DP-Lager in Deutschland, Österreich und Italien.[4] Zu den ‚Displaced Persons' (DPs) gesellten sich die Holocaustüberlebenden, die aus ihren Heimatorten als ‚unerwünschte' Rückkehrer vertrieben worden waren.[5] Kurz darauf kamen die politischen Flüchtlinge, die hinter dem Eisernen Vorhang nicht mehr in einer Welt des Sowjetkommunismus leben wollten. Noch eine weitere Gruppe entschied sich für den Exodus nach Australien: Juden, die im chinesischen Harbin und in Shanghai oder in den kleinen Exilgemeinden im Fernen Osten den Holocaust überlebt hatten. Diese erste jüdische Einwanderungswelle brachte bis 1949 rund 10.000 Überlebende des Holocaust nach Australien. 1954 betrug die Zahl 17.000. Flüchtlinge aus Ungarn, Polen und anderen Ländern folgten sowie sephardische Juden, vertrieben aus ihren Heimatländern in Nordafrika und anderen arabischen Staaten. 1961 stieg die Zahl der Holocaustüberlebenden auf 25.000. Neue jüdische Gruppen schlossen sich in den folgenden Jahren dem Exodus nach Australien an: 14.000 bis 15.000 Juden aus Südafrika, 7.000 aus Israel, 10.000 aus der Sowjetunion.[6]

In den Untersuchungen und Zensusanalysen der letzten Einwanderungsschübe finden sich keine Befragungen oder Statistiken, die Auskunft über die Zahl der Holocaustüberlebenden geben. Es dürften weniger als 5.000 gewesen sein. Unter den russischen Einwanderern befanden sich etliche Juden, die im Zweiten Weltkrieg von den Sowjets deportiert worden waren und die in den Lagern Sibiriens und an anderen Orten den Holocaust überlebt hatten. Zählt man schließlich die 9.000 jüdischen Hitler-Flüchtlinge der Vorkriegszeit und die knapp 1.000 deutschsprachigen, jüdischen ‚Dunera Boys' hinzu, die 1940 von den Engländern als ‚enemy aliens' (‚feindliche Ausländer') verhaftet und nach Australien deportiert worden waren und die nach der Entlassung aus der Internierung im Land blieben, dann erhöht sich die Gesamtzahl der Überlebenden des Holocaust auf rund 40.000. Dieser Exodus nach Australien transformierte das australische Judentum in eine ‚post-Auschwitz-community'. Sie war eine der wenigen Diasporagemeinden, die einen demographischen Anstieg verzeichneten, der nicht durch die Geburtsrate sondern von Beginn an durch die Einwanderung verursacht wurde.

Die Einwanderungswellen vor und nach dem Zweiten Weltkrieg waren Wendepunkte in der Geschichte des australischen Judentums. Sie haben weitaus stärker als in anderen Auswanderungsländern die demographischen, institutionellen und religiösen Strukturen der jüdischen Gemeinde verändert. Sie waren zugleich auch

4 Vgl. dazu Jim G. Tobias: Neue Heimat Down Under: Die Migration jüdischer Displaced Persons nach Australien. Nürnberg 2013.

5 Wolfgang Benz, Brigitte Mihok (Hrsg.): „Juden unerwünscht". Anfeindungen und Ausschreitungen nach dem Holocaust. Berlin 2016.

6 Zu den letzten Einwanderungsschüben Suzanne D. Rutland: Jews from the former Soviet Union in Australia: Assimilating or Maintaining Jewish Identities. In: Journal of Jewish Identities 4/1 (2011), S. 65-85; Suzanne D. Rutland, Antonio Carlos Gariano: Survey of Jews in the Diaspora. An Australian Perspective. Final Report. Commissioned by the Jewish Agency Research and Strategic Planning Unit and Department for Jewish Zionist Education, 2005.

Meilensteine auf dem Weg Australiens zu einer multikulturellen Gesellschaft. 1933 lebten 23.000 Juden in Australien. 1961 betrug die Zahl 61.000. Heute gehören rund 120.000 Mitglieder der jüdischen Gemeinschaft an. Das entspricht bei einer Gesamtbevölkerung von 24 Millionen einem Anteil von 0,5 Prozent. Seit der europäischen Besiedlung Australiens im Jahre 1788 betrug der Anteil nie mehr als 0,5 Prozent. Ein ungeschriebenes Reglement legte fest, das Ansteigen der jüdischen Bevölkerung der allgemeinen Wachstumsrate anzupassen.

Auf die Frage, warum nach Kriegsende so wenige und erst Jahre später so viele Überlebende des Holocaust nach Australien kamen, gibt es viele Antworten. Sie finden sich in der archivalisch-dokumentarischen Überlieferung[7] und in privaten Korrespondenzen, in der historiographischen Aufarbeitung[8] und in späten Zeitzeugenberichten[9]. Aus diesen Zeugnissen habe ich einige Beispiele ausgewählt, um die historischen Rahmenbedingungen, die Erfahrungen der Überlebenden und die Auswirkungen des Exodus nach Australien zu skizzieren.

Historischer Kontext

Zu keinem Zeitpunkt hat es in Australien einen institutionellen Antisemtismus gegeben, geschweige denn eine ‚Judenfrage', die mit Verfolgungen oder Vertreibungen, Pogromen oder Mordaktionen beantwortet wurde.[10] Nachweisbar hingegen ist das sporadische Aufflammen von juden- und fremdenfeindlichen Ressentiments und Kampagnen, die sich vorwiegend gegen die Einwanderung osteuropäischer Juden richteten. Die öffentlichen Attacken blieben nicht ohne Folgen. Sie wurden bei den Entscheidungsprozessen in der staatlichen Einwanderungs- und Flüchtlingspolitik berücksichtigt, vor allem, wenn es darum ging, die Quoten und Auswahlkriterien festzulegen. Die Behauptung, dass Australien ein ‚offenes' oder ‚freies' Einwanderungsland sei, fällt in den Bereich der historischen Legende. Die Leitlinien der rassistischen ‚White Australia Policy', Anfang des 20. Jahrhunderts verkündet, untersagten die Aufnahme von Gruppen und Einzelpersonen, denen man aufgrund ihrer

---

7 Einen Überblick über die archivalische Überlieferung vermittelt Malcom J. Turnbull: Safe Haven. Records of the Jewish Experience in Australia. Canberra: National Archives of Australia 1999.

8 Ich stütze mich in diesem Beitrag weitgehend auf die beiden Standardwerke von Suzanne D. Rutland: Edge of the Diaspora. Two Centuries of Jewish Settlement in Australia. Sydney 2001 und The Jews in Australia. Melbourne: Cambridge University Press 2005, sowie auf ihren Aufsatz: Resettling the Survivors of the Holocaust in Australia. In: Holocaust Studies: A Journal of Culture and History 16/3 (2001), S. 33-56.

9 Sharon Kangisser Cohen hat jüngst eine ausgezeichnete Untersuchung über den Exodus nach Australien vorgelegt. Sie basiert auf der Auswertung eines Oral History Projekts, das sie in den Jahren 2005 und 2006 am SJM durchgeführt hat; Sharon Kangisser: „Why We Chose Australia". In: Dalia Ofer, Françoise S. Ouzan, Judith Tydor, Baumel-Schwarz (Hrsg.): Holocaust Survivors. Resettlement, Memories, Identities. New York, Oxford 2012, S. 274-292.

10 Einen knappen Abriss zur Geschichte des Antisemitismus bietet der Beitrag von Konrad Kwiet und Suzanne D. Rutland: „Australien". In: Wolfgang Benz (Hrsg.): Handbuch des Antisemitismus. Judenfeindschaft in Geschichte und Gegenwart. Bd. 1: Länder und Regionen. München 2008, S. 36-42.

Hautfarbe oder Verhaltensweisen die Fähigkeit oder Bereitschaft zur Integration und Assimilierung absprach. In die Kategorie dieser ‚untauglichen', ‚unerwünschten' und ‚bedrohlichen' Immigranten fielen jüdische Bewerber. Ausländer wurden einem englischen Sprachtest unterworfen. Medizinische Atteste über den makellosen Gesundheitszustand mussten vorgelegt werden. Willkommen waren Juden aus England oder Emigranten, die beträchtliche Vermögenswerte mitbrachten.

Nach der Machtübernahme der Nationalsozialisten verhinderten rigide Einwanderungsquoten den Zustrom von Flüchtlingen. Sie wurden mit dem Hinweis auf die Wirtschaftskrise und die herrschende Arbeitslosigkeit begründet. Dahinter stand die Befürchtung, dass Einwanderer den Australiern Arbeitsplätze wegnehmen würden. Weniger als 1.000 ‚landing permits' wurden bis 1938 verteilt. Auf der internationalen Flüchtlingskonferenz von Evian 1938 rechtfertigte Thomas S. White, der Delegierte Australiens, die restriktive Einwanderungspolitik seines Landes mit dem vielzitierten Ausspruch: „Da wir kein Rassenproblem haben, verspüren wir auch keine Neigung, durch eine ausländische Masseneinwanderung eines zu importieren".[11] Diese Auffassung war weit verbreitet. Sie schlug sich in allen Umfragen nieder, die vor dem Zweiten Weltkrieg, in der Kriegszeit und nach Kriegsende durchgeführt wurden. Jüdische Einwanderer galten als unerwünscht, die große Mehrheit der Bevölkerung votierte gegen ihre Immigration. So wie die meisten Australier begrüßten und unterstützten auch die alteingesessenen Juden die White Australia Policy. Juden wurden nicht zur Einwanderung ermuntert. Wenn ‚new arrivals' (‚Neuankömmlinge') ankamen, wurden sie eindringlich ermahnt, sich schnellstens zu assimilieren, das hieß, alle spezifischen Gruppenmerkmale abzulegen und auffallende Verhaltensweisen zu korrigeren, um sich als ‚one hundred percent Australian' vorstellen zu können. Diese Begrüßung und Bevormundung lösten Animositäten und Konflikte aus. Nach dem Holocaust sind sie kaum noch vorgekommen.

Nach dem großen Judenpogrom der ‚Reichskristallnacht' im November 1938 zeigte sich Australien etwas flexibler und kündigte an, in den nächsten drei Jahren 15.000 Flüchtlinge aufzunehmen. Die Jahresquote von 5.000 wurde noch einmal unterteilt. 4.000 ‚landing permits' wurden jüdischen, 1.000 nichtjüdischen Bewerbern versprochen. Noch bevor die Quoten erfüllt wurden, schloss der Ausbruch des Zweiten Weltkrieges im September 1939 die Einwanderungstore hermetisch ab. Knapp 9.000 Flüchtlingen war es bis dahin gelungen, sich in das sichere Exilland Australien zu retten. Im ‚Australia House' in London legte man Tausende von Visaanträgen ad acta.

Als sich Ende 1942 in Australien – wie in anderen Ländern der ‚freien Welt' – die Nachrichten über die Vernichtung des europäischen Judentums verdichteten, beschränkte sich die Regierung auf deklamatorische Gesten.[12] Sie unterschrieb die

11 Zitiert nach Rutland: Jews in Australia (Anm. 8), S. 57.

12 Konrad Kwiet: Responses of Australian Jewry's leadership to Holocaust. In: William D. Rubinstein (Hrsg.): Jews in the Sixth Continent. Sydney 1987, S. 201-215, hier S. 208, sowie Suzanne D. Rutland: 1942: What was known Down Under – at the Edge of the Diaspora? In: Konferenzband Yad Vashem (im Druck).

alliierte Proklamation vom 17. Dezember 1942, die nach langen internen Debatten die nationalsozialistische Vernichtungspolitik als ‚bestial policy of extermination' verurteilte und ankündigte an, die Kriegsverbrecher zur Verantwortung zu ziehen. Wiederholt debattierten Bürokraten und Politiker in Canberra über die ‚Jewish Catastrophe' in Europa. Sie ließen dabei keinen Zweifel daran, dass auch für sie das Kriegsziel der Alliierten nicht die Rettung der Juden, sondern die bedingungslose Kapitulation Deutschlands war. Dahinter verbarg sich auch ein Kalkül, das in alliierten Kreisen weit verbreitet war: die Befürchtung, dass für die Rettung von Juden die Landesgrenzen geöffnet werden müssten. In einem Kabinettsprotokoll wurde diese Furcht so beschrieben:

> Es besteht die Möglichkeit, dass die Deutschen ihre Vernichtungspolitik aufgeben und zu einer Einmischungspolitik (policy of intrusion) übergehen, das heisst, sie vertreiben die Flüchtlinge aus den besetzten Gebieten und bringen damit andere Länder in die Verlegenheit, mit der Flut von fremden Einwanderern fertig zu werden.[13]

Jüdische Repräsentanten und Organisationen in den Vereinigten Staaten, England und Palästina informierten die Gemeindevorsteher in Australien über das Programm der ‚Endlösung', über Ghettos und Vernichtungslager, Massenerschießungen und Vergasungen. Die Appelle an die Regierung, sich für die Rettung der Juden einzusetzen, verhallten. Selbst die Bitten blieben erfolglos, die Einwanderungssperren zu lockern, um einer kleinen Gruppe von Waisenkindern Asyl zu gewähren. In jüdischen Zeitungen wurden Spendenaufrufe, Proteste und Petitionen verbreitet. In Synagogen lamentierten Rabbiner in Predigten und Gebeten über die sich anbahnende ‚utterly annihilation' des euopäischen Judentums. In den Gemeinden beeilte man sich, ein ‚United Emergency Committee' zu errichten, dem sich Vertreter fast aller Organisationen anschlossen. Es galt, Vorbereitungen für die Aufnahme der Überlebenden des Holocaust zu treffen.

Das Ende des Zweiten Weltkriegs markierte den Beginn einer neuen Einwanderungspolitik. Schrittweise wurden unter der Federführung Arthur A. Calwells die Einwanderungstore geöffnet, um ein Heer an Arbeitskräften zu rekrutieren, das für den anvisierten demographischen und wirtschaftlichen Aufstieg des Landes unerlässlich war. Die Masseneinwanderungen aus vielen Ländern unterminierten – von der Regierung nicht eingeplant – die ‚White Australia Policy'. Sie legten den Grundstock für den Entwurf einer multikulturellen Gesellschaft, in der sich die Einwanderergemeinden, inzwischen rund 150 ‚ethnic communities', integrieren konnten.[14]

Im August 1945 einigten sich Regierung und Repräsentanten der jüdischen Gemeinde auf ein humanitäres Programm. Es sah die Aufnahme von 2.000 Holocaustopfern vor, unter der Bedingung, dass sie Familienangehörige in Australien hatten. Die ‚Familienzusammenführung' beschränkte sich auf Eltern, Großeltern und Geschwister. Die Ankündigung dieser ersten ‚humanitären' Geste löste lautstarke Pro-

---

13 NAA: ACT CRS 2700XM. Vol. 5 agenda 4521.

14 James Jupp: From White Australia to Woomera: The Story of Australian Immigration. Cambridge 2002.

teste aus, die schnell zu einer ‚anti-refugee hysteria' führten. Sie manifestierte sich in Reden und Resolutionen, in Vereinen und Verbänden, in der Tagespresse und in Karikaturen. 1946 erklärte Henry Gullett, ein liberaler Politiker, in einer Parlamentsrede:

> Wir sind weder verpflichtet die ‚Unerwünschten' dieser Welt aufzunehmen noch uns dem Diktat der Vereinten Nationen oder anderer zu unterwerfen. Australien kann nicht der Schuttabladeplatz für Leute aus Europa sein, die sich seit 2000 Jahren als unfähig erwiesen haben, sich absorbieren zu lassen.[15]

Der australische Generalkonsul in Shanghai, zuständig für die Visaanträge, erklärte 1948:

> Wir haben diese Leute in Australien niemals gewollt, und wir wollen sie noch immer nicht. Wir werden ein paar Visa verteilen an jene, die Familien in Australien haben – als eine reine Geste.[16]

Bis 1953 trafen knapp 2.000 Juden aus Shanghai in Australien ein.

Nach dem Auslaufen des ‚close relative scheme' erklärte sich Calwell bereit, den Familienkreis der Holocaustüberlebenden zu erweitern. Ein neues ‚gentlemen's agreement' wurde vereinbart, das die Zahl der Einwanderer geringfügig erhöhte. Aufgeschreckt durch die Proteste, führte er 1947 eine Quote ein. Nicht mehr als 25% der Einwanderer – erst auf Schiffen, später in Flugzeugen – durften Juden sein. Ein Einwanderungsformular wurde zur Kontrolle eingesetzt. Es enthielt eine alte, diskriminierende Frage: „Are You Jewish?".[17] Sie musste bis 1953 beantwordet werden.

Von Beginn an waren die jüdischen Gemeinden oder die Familienangehörigen verpflichtet, alle Kosten für die Auswanderung und die Aufnahme der Holocaustüberlebenden zu übernehmen. Das wurde, wie in der Vorkriegszeit, der ‚Jewish Welfare Society' und privaten Sponsoren überlassen.[18] Ebenso entscheidend waren die Vereinbarungen, die mit drei großen jüdischen Hilfsorganisationen in den Vereinigten Staaten getroffen wurden – mit der ‚Refugee Economic Corporation' (REC), der ‚Hebrew Immigrant Aid Society' (HIAS) und dem ‚American Joint Distribution Committee' (AJDC/‚Joint').[19] Die ‚Three Rich Uncles' transferierten beträchtliche Gelder nach Australien, noch bevor die Zuwendungen der Claims Conference und die deutschen Wiedergutmachungszahlungen eintrafen. Mit diesen amerikanischen Geldern wurden Transporte, Aufnahme und Rehabilitation weitgehend finanziert.

---

15 Commonwealth Parliamentary Debates. Vol. 189, 27.11.1946. S. 661.

16 Zitiert nach Rutland: Edge of the Diapsora (Anm. 8), S. 237.

17 Suzanne D. Rutland: „Are you Jewish"? Post-war migration to Australia 1945-1954. In: Australian Journal for Jewish Studies (1991), S. 35-50.

18 Zur Geschichte der Jewish Welfare Society liegt eine Darstellung von Anne Andgel vor: Fifty Years of Caring. The History of the AJWS, 1936-1986. Sydney: Australian Jewish Welfare Society (AJWS) und Australien Jewish Historical Society 1988. Akten der AJWS werden im Archiv der Australian Jewish Historical Society im Sydney Jewish Museum aufbewahrt: AB 281 und AB 285.

19 Suzanne D. Rutland, Sol Encel: „Three Rich Uncles in America": The Australian Immigration Project and American Jewry. In: American Jewish History. Vol. 95/1 (March 2009), S. 79-84.

Wortführer der jüdischen Gemeide nahmen stillschweigend das staatliche Einwanderungsprogramm hin, das Holocaustüberlebende weitgehend ausschloss. Ab 1947 wurden nicht mehr als 500 jüdische Flüchtlinge in den DP-Lägern in das Einwanderungsprogramm der Internationalen Flüchtlingsorganisation (‚International Refugee Organization', IRO) aufgenommen, das bis 1951 fast 170.000 ‚Displaced Persons' (DPs) nach Australien brachte.[20] Im Dezember 1949 verhängte die Regierung vor dem Hintergrund der Verschärfung des Kalten Krieges ein ‚Iron Curtain Embargo', das die Einwanderung osteuropäischer Flüchtlinge bis 1954 unterband.

Mit den Opfern kamen die Täter. Sie begegneten sich auf Einwanderungsschiffen oder trafen sich in Hostels – den Einwandererheimen. Es kam gelegentlich vor, dass sich Täter als Opfer ausgaben, um ihre Verbrechen zu verschleiern. Gelegentlich verschwiegen Opfer ihre Identität, um in den Genuss staatlicher Subventionen zu kommen. Solche Möglichkeiten sorgten für Verdächtigungen und Denunziationen. Nach Kriegsende sah sich Australien nicht veranlasst, die Judenmörder zur Rechenschaft zu ziehen. Das wurde den alliierten Großmächten und anderen Ländern und ab 1949 den beiden deutschen Staaten überlassen. Das Interesse konzentrierte sich vielmehr auf die japanischen Kriegsverbrechen. Ein ‚war crimes act', seit 1942 vorbereitet und 1945 verkündet, sanktionierte die Strafverfolgung. 300 Militärtribunale wurden eingesetzt. Von den 924 Angeklagten wurden 644 verurteilt, 148 zum Tode.[21]

Frühe Appelle der jüdischen Gemeinde, die Einwanderung der ‚Trilogie' von ‚Germans, Nazis and War Criminals' zu verhindern, blieben ungehört. Etwa 5.000 Kriegsverbrecher entzogen sich der Strafverfolgung in ihren Heimatländern durch die Auswanderung nach Australien, gelegentlich sogar mit Hilfe des australischen Geheimdienstes, dem sie ihre Dienste als Informanten anboten. Fast alle rekrutierten sich aus dem Heer der Kollaborateure, das in Osteuropa am Programm der ‚Endlösung' teilgenommen hatte. Sie gehörten fast ausnahmslos zu den Handlangern des NS-Regimes, zum ‚Fußvolk' oder den ‚grass root'-Tätern des deutschen Genozids. Erst vier Jahrzehnte später, Mitte der 1980er Jahre, setzte die Strafverfolgung ein. Nach erregten Debatten wurde der ‚war crimes act' von 1945 novelliert und eine Untersuchungskommission etabliert. Sie spürte noch über 800 Kriegsverbrecher auf. Drei mutmaßliche Judenmörder wurden Anfang der 1990er Jahre angeklagt und freigesprochen.[22] Spätere Verfahren verliefen im Sande. Heute sind japanische und

---

20 Suzanne D. Rutland: Subtle Exclusion: Postwar Jewish emigration to Australia and the impact of the IRO scheme, In: The Journal of Holocaust Education 10/1 (2001), S. 50-66.

21 Ein grundlegendes Werk ist jüngst erschienen: Georgina Fitzpatrik, Tim McCormarck, Narelle Morris: Australia's War Crimes Trials, 1945-1951. Leiden 2015.

22 Zur ‚Australian War Crimes Debate' vgl. Mark Aarons: War Criminals Welcome Australia: A Sanctuary for Fugitive Criminals Since 1945. Melbourne 2001; und David Fraser: Daviborch's Cart. Narrating the Holocaust in Australian War Crimes Trials. Lincoln 2011; sowie meine Beiträge, die ich als Chefhistoriker der Australian Special Investigations Unit (SIU) verfasst habe: Konrad Kwiet: A Historian's View. The War Crimes Debate Down Under. In: Dapim. Studies on the Shoah. Vol. 24/1 (2010), S. 319-339; Unerwünschte Gäste? Die Australian War Crimes Investigation Unit und die Handlanger des NS-Regimes. In: Zeitschrift für Geschichtswissenschaft 4 (2002). S. 322-229.

deutsche Kriegsverbrechen in der Öffentlichkeit keine Themen mehr, an der Errichtung einer neuen Untersuchungskommission besteht kein Interesse. In den letzten Jahren sind Kriegsverbrecher aus sämtlichen Bürgerkriegs- und Völkermordschauplätzen in Australien untergetaucht.

Viele Jahre vergingen, ehe sich der Holocaust in Europa und der jüdische Exodus nach Australien in der Erinnerungskultur des Landes etablierten. Die ersten Holocaustgedenktage beschränkten sich auf zwei kleine Veranstaltungen. Deutschsprachige Flüchtlinge erinnerten sich an die ‚Reichskristallnacht', die sich tief im Bewußtsein eingeprägt hatte. Überlebende aus Osteuropa erinnerten sich an den Warschauer Ghetto-Aufstand von 1943, dem zentralen Symbol des jüdischen Widerstandes und Heroismus'. In den meisten Familien wurde über die traumatischen Erlebnisse und Erfahrungen gar nicht gesprochen. Wenn überhaupt tauschten sich die Eltern untereinander aus oder mit anderen Überlebenden. Kinder wuchsen in einem Milieu des Schweigens auf.[23] Der Jerusalemer Eichmann-Prozess von 1961 rückte den Holocaust erstmals in das Blickfeld der jüdischen wie nichtjüdischen Gemeinden. Die bekannten Holocaustdokumentationen und Filme folgten. Die amerikanische TV-Serie *Holocaust*, Claude Lanzmans *Shoah* und Steven Spielbergs *Schindler's List* leiteten die Aufklärungs- und Mobilisierungswellen ein. Ebenso entscheidend war, dass sich Anfang der 1980er Jahre Überlebende zu ‚Associations' zusammenschlossen, um die Erinnerung an den Holocaust wachzuhalten.[24] Für viele verband sich damit die Verpflichtung, das lange Schweigen aufzugeben. Endlich begannen sie, ihre Überlebensgeschichten zu erzählen – in Gesprächen mit ihren Kindern und Enkelkindern, in Vorträgen und Interviews, in Oral History-Programmen und Publikationen. Das Fazit: Mehr als 500 Veröffentlichungen stapeln sich auf den Bücherregalen. Über 1.600 Interviews wurden im Melbourner ‚Holocaust Centre' aufgenommen. Rund 400 werden im ‚Sydney Jewish Museum' aufbewahrt. 2.543 ‚Testimonies' australischer Juden befinden sich in der Spielberg Sammlung der USC (University of Southern California) Shoah Foundation. Von den Überlebenden gingen schließlich die entscheidenden Impulse zur Errichtung der Holocaust-Museen und Gedenkstätten aus. In Melbourne und Sydney ziehen sie beträchtliche Besucherzahlen an – Juden wie Nichtjuden, Australier und Ausländer und vor allem Schüler und Studierende.[25]

---

23 Ruth Waynreb: The Silence: How Tragedy Shapes Talk. Sydney 2001.

24 Judith E. Berman: Holocaust Remembrance in Australian Communities, 1945-2000. Crawley 2001; Tom Lawson, James Jordan (Hrsg.): The Memory of the Holocaust in Australia. Special Issue of Holocaust Studies. A Journal of Culture and History 13/2,3 (Autumn/Winter 2007); Pam Maclean, Michele Langfield, Dvir Abramovich (Hrsg.): Testifying to the Holocaust. Sydney 2008 (Australian Association of Jewish Studies).

25 Steve Cooke, Donna-Lee Friez: The Interior of our Memories. A History of Melbourne's Jewish Holocaust Centre. Melbourne 2015; Avril Alba: The Holocaust Memorial Museum. Sacred Secular Spaces. London 2015.

Erfahrungen der Überlebenden

In der Erinnerungskultur dominiert ein Leitmotiv: ‚Why Australia?'[26] Vor dem Exodus wusste kaum einer etwas über Australien. Für fast alle verband sich Australien mit der Vorstellung eines Landes, das am Ende der Welt lag, weit entfernt von den Schauplätzen der Judenmorde in Europa, weit entfernt von den Orten der zerstörten Heimatgemeinden, weit entfernt von den Friedhöfen, auf denen es keine Gräber für die Ermordeten gab, weit entfernt von Kriegen und Konflikten. William Markovicz wuchs in der Tschechoslowakei auf. Seine Eltern wurden ermordet. Als Waise wurde er nach Kriegsende in ein ‚children's scheme' aufgenommen und in Australien von der ‚Australian Jewish Welfare Society' (AJWS) betreut. Im Zuge der Anpassung an die australische Lebenswelt änderte er Jahre später, wie viele Flüchtlinge, seinen Namen. Bill Marr beschreibt das geographische Motiv:

> Ich hatte genug vom Krieg. Ich wollte weg, weg soweit es ging, nur weg von Europa. Man sagte mir: geh' nach Australien an das andere Ende der Welt und dann nach rechts – dort findest du Australien.[27]

Andere heben das familiäre Motiv hervor. In Australien gab es Verwandte und Bekannte, die Bürgschaften und Vormundschaften übernahmen, die ‚landing permits' besorgten und die am Hafen oder auf dem Flughafen die ‚new arrivals' herzlich begrüßten. Diese Beziehungen waren sehr wichtig. Sie legten den Grundstein für neue Familien- und Freundeskreise, die die Kontinuität jüdischen Lebens gewährten.

Viele erinnern sich an das bürokratische Motiv, an die Auswanderungsprogramme und Verfahren, die das Reiseziel festschrieben. Fast alle bemühten sich um Auswanderung in mehrere Länder. Sie mussten sich unzähligen Befragungen und Untersuchungen unterziehen und lange auf die ‚landing permits' warten. Der Erhalt des australischen Zertifikats beendete die Wartezeit auf andere Bescheide.

Es gab auch ein politisches Motiv. Der Ausbruch des Kalten Krieges, die politischen Umwälzungen in Mittel- und Osteuropa und das Aufflammen des Judenhasses veranlassten viele, Europa den Rücken zu kehren. Zionisten machten sich auf den Weg nach Eretz Israel, zuerst über illegale Wege, später – nach der Staatsgründung – über legale Wege.[28] Was für die Vereinigten Staaten und Kanada galt, traf auch für Australien zu. Australien galt als ein westliches, demokratisches Einwanderungsland. Damit verband sich die Hoffnung, nach einem Überleben im Nationalsozialismus und einem Leben im Kommunismus, sich in einem entfernten Land des Friedens und der Freiheit ein neues und sicheres Leben aufzubauen. Fast allen ist das gelungen. Fast alle erinnern sich auch an die mühselige, oft traumatische Anfangszeit. In der späten historischen Rückschau schlägt sich der Erfolg in der Glorifizierung und

26 Diese Frage steht im Zentrum der Untersuchung von Kangisser: Why We Choose Australia (Anm. 9), S. 276-282.

27 Dieser Ausspruch findet sich in einem Schaukasten der Holocaust-Ausstellung im Australian War Memorial in Canberra. Ich danke Dr. Grant Lachlan für die Informationen über William Markovicz alias Bill Marr.

28 Grundlegend: Hanna Yablonka: Israel after the War. London 1999.

Idealisierung Australiens nieder. Die neue Heimat wird als ‚lucky country' beschrieben, als Land des ‚Fair Go' und der ‚easy-going' Lebensweise, als ‚wundervolles' oder ‚wunderbares' Land, schlechthin als ‚Paradies'.[29]

Marika Weinberger, 1944 von Kaschau nach Auschwitz deportiert, überlebte den Todesmarsch nach Malchow, einem Nebenlager des KZ Ravensbrück:

> Ich wurde am 2. Mai 1945 befreit. Damals waren wir gefühllos. Wir dachten nicht an die Zukunft. Ich kam in Australien am 5. Mai 1950 mit meinen Mann Alex und unserer kleinen Tochter an. Australien gab uns die Möglichkeit die Wunden zu heilen, ein neues Leben zu beginnen. Wir konnten es uns wieder erlauben, an die Zukunft denken.[30]

Tom Keleman leistete als Junge Kurierdienste im Budapester Untergund. 1947 kam er nach Australien, als Vollwaise, betreut von der ‚Jewish Welfare Society'. Er schreibt:[31] „Australien ist gut zu mir gewesen. Ich konnte eine Familie gründen in einem Land der Freiheit, religiösen Toleranz und sozialen Gleichheit des ‚Fair Go'." Olga Horak, von Pressburg nach Auschwitz deportiert und in Bergen-Belsen befreit, erinnert sich:

> Meine Auswanderung war nicht einfach. Am Anfang war sie eine traumatische Erfahrung, aber später ein Segen. Man hat mich aufgenommen und mir ermöglicht, in einem wunderbaren Land ein neues Leben zu beginnen. Das Gefühl der Freiheit und der Gründung einer Famile waren alles, was ich wollte. Das war für mich das höchste Glücksgefühl.[32]

Lola Snow überlebte das Ghetto in Lemberg und die Zwangsarbeit in einem Konzentrationslager. 1946 traf sie in Australien ein:

> Wir sind ohne Geld angekommen, ohne englische Sprachkenntnisse, ohne einen Beruf, aber wir haben uns in dieses Land verliebt mit all seiner Offenheit, Schönheit und Klima. Wir waren sehr erfolgreich. Wir haben unseren Kindern die beste Ausbildung ermöglicht und damit eine Grundlage geschaffen für ein gutes Leben.[33]

Mala Sonnabend stammte aus einer kleinen Ortschaft in Polen. Aus dem Ghetto Białystok wurde sie nach Auschwitz deportiert. Die Todesmärsche führten über Stutthof, Ravensbrück und Malchow bis in die Nähe von Schwerin, wo sie Anfang 1945 befreit wurde. Im November 1946 traf sie in Sydney ein:[34] „Der Anfang war schwer, aber mit der Zeit ist mir dieses Land ans Herz gewachsen. Ich habe es lieben gelernt; für mich ist es ein Paradies". Lina Lipton, in Lemberg geboren, floh 1942 aus dem Ghetto und tauchte auf der ‚arischen Seite' unter. 1950 traf sie in ihrer neuen Heimat ein, die sie schlicht und einfach so beschreibt:

---

29 Kangisser: Why We Chose Australia (Anm. 9), S. 283-289.

30 SJM: Trancripts of quotes from SJM survivors (2005), Marika Weinberger: „Surviving Survival". A Selection of Speeches. Sydney: SJM Communitiy, S 2008.

31 SJM: Transcripts, Tom Keleman.

32 SJM: Transcripts, Olga Horak.

33 SJM: Transcripts, Lola Snow.

34 SJM: Transcripts, Mala Sonnabend.

Sonnenschein und Gelassenheit, freundliche Menschen! Australien nahm uns mit offenen Armen auf. Sprache, Job und Unterkunft – Wir schafften es. Wir sind angekommen. Wir sind zu Haus.[35]

Gerty Jellinek, in Wien geboren und nach Shanghai emigriert, erklärt:

Ich habe 1948 in Shanghai geheiratet und kam 1949 in Sydney an, in dem Jahr, in dem meine Tochter zur Welt kam. Das Leben in Australien war nicht einfach, aber wir waren und hielten zusammen. Wir hatten unsere Freiheit. Ich habe dieses wundervolle Land geliebt – vom ersten Tag an und bis heute.[36]

Gelegentlich bestimmten Zufälle, Banalitäten das Reiseziel. Sabina van der Linden-Wolanski wuchs im polnischen Borysław auf. Versteckt in einem Kellerraum und später in einer Erdhöhle im Wald, überlebte sie den Holocaust. Nach der Befreiung machte sie sich auf den Weg nach Frankreich. Von dort ging es nach Sydney. Am 10. Mai 2005 sprach sie bei der Eröffnung des Denkmals für die ermordeten Juden Europas in Berlin im Namen der Überlebenden des Holocaust. In ihrer Rede verschwieg sie eine kleine Episode, die sie in ihren Erinnerungen beschreibt:

In Paris war ich in der ‚Metro' unterwegs, als mein Blick auf ein übergroßes farbiges Plakat von ‚Bondi Beach', einem berühmten Strand von Sydney fiel. ‚Come to sonny Australia' oder so etwas Ähnliches stand darauf. Ich ging heim und sagte zu Zdenek: ‚Ich weiss, wohin wir ziehen. Ins sonnige Australien!'[37]

Unvergessen bleiben die langen Schiffsreisen. Mehr als 500 Einwandererschiffe, häufig als ‚Höllenschiffe' beschrieben, passierten bis 1949 die Sydney Harbour Bridge. Edith Sheldon, in Prag geboren und in Theresienstadt befreit, erinnert sich:

Wir waren 1948 zwölf Wochen unterwegs – auf einem Truppentransporter, der aus dem Ersten Weltkrieg stammte. Die Toiletten waren furchtbar, die Verpflegung ungenießbar. Wir warfen sie häufig über Bord. Wir sehnten uns nach frischem Wasser. Kaltes, salziges Seewasser wurde zum Waschen und Duschen benutzt. Wir litten unter der Hitze, vor allem bei Flaute. An Deck war es oft so heiß, dass wir uns nicht hinsetzen konnten. Es war furchtbar, eine reine Folter.[38]

Morris Shell war 16 Jahre alt, als die Deutschen Polen überfielen. Als Zwangsarbeiter überlebte er fünf Konzentrationslager. Auf einem Todesmarsch nach Theresienstadt wurde er befreit:

Ich kam 1948 mit der DERNA[39] an, die einst Schlachtvieh transportiert hatte. Ich teilte mit 40 Personen einen winzigen Raum. Über die Verpflegung kann ich nur sagen, sie war abwechslungsreich. An einem Tag gab es, wie heißt schon der Name, Ravioli oder was

---

35 SJM: Transcripts, Lina Lipton.

36 SJM: Transcripts, Gery Jelinek.

37 Ulrich Baumann, Uwe Neumärker (Hrsg.): Sabina van der Linden-Wolanski, Diana Bagna – Drang nach Leben. Erinnerungen. Berlin 2010, S. 160.

38 SJM: Transcripts, Edith Sheldon.

39 Diane Armstrong, eine renommierte australische Schriftstellerin und Überlebende des Holocaust, hat einen faszinierenden Erlebnisbericht über die Schiffsreise mit der DERNA veröffentlicht: The Voyage of their Life. Sydney 2001.

auch immer mit Tomaten-Sauce. Am nächsten Tag gab es Tomaten-Sauce mit Ravioli oder was auch immer. Das Fleisch war verdorben. Wir kotzten es ins Meer. Einmal brach ein Feuer aus. Das hat uns nicht weiter beunruhigt. Wir waren jung.[40]

Tief prägten sich die Erinnerungen an die Ankunft ein, die Einfahrten in die Häfen von Freemantle, Melbourne und von Sydney. Die ‚new arrivals' waren fasziniert von den eindrucksvollen Landschaftsbildern und den grellen Farben der australischen Natur. Tom Keleman:

> Mein erster Eindruck von Sydney war überwältigend. Ich konnte es einfach nicht glauben, wie schön Hafen und Landschaft waren. Eine Stunde dachte ich, zu träumen. Die erste Nacht verbrachte ich im sunroom meines Vormundes. Ich sah wieder den Hafen. Ich fühlte mich wie im Paradies. Ich werde diese Nacht niemals vergessen – den Anblick der Boote und die Lichter auf beiden Seiten des Hafens.[41]

Regina Zielinski gelang es, nach ihrer Flucht aus Sobibór als polnische Zwangsarbeiterin in Deutschland unterzutauchen:

> Als ich 1949 in Sydney das Einwanderungsschiff verließ, kniete ich nieder und küsste den Boden: Ich war so dankbar in einem freien Land zu sein und so weit entfernt als möglich von Deutschland.[42]

Sophie Caplan wuchs in Eschweiler in der Nähe von Aachen als Kind ostjüdischer Eltern auf. Nach der ‚Kristallnacht' flüchtete die Familie nach Belgien und von dort nach Frankreich, wo sie interniert wurde. Als die Deportationen begannen, wurde sie in einem Waisenhaus versteckt. Im September 1949 traf sie in Sydney ein. Zur Begrüßung am Hafen erschien ihr Onkel, der sie eindringlich ermahnte:

> Dein Name ist fortan Kemp, vergiss Kempinksi und erzähle keinem, das Du einmal Kempinski geheissen hast. In Australien muss jeder einen englischen Namen haben.[43]

Fast allen fiel es nach dem Exodus aus Europa nicht leicht, Fuß in einer fremden Lebenswelt zu fassen. Als sie ankamen, waren sie mittellos, staatenlos, oft alleinstehend. Die meisten siedelten sich in den urbanen Metropolen von Melbourne und Sydney an. Hier konzentrierte sich das jüdische Leben. Hier gab es die Wohlfahrtsorganisationen, die den ‚new arrivals' beim Aufbau einer neuen Existenz halfen. ‚Migrant hostels' dienten als erste Auffang- und Wohnquartiere. In einigen Stadtteilen konnte man in kleine und billige Mietwohnungen einziehen. In Fabriken, Betrieben und Geschäften fanden sich die ersten Arbeitsstellen, die den Aufbau der wirtschaftlichen Existenz ermöglichten. Die Anfangsjahre standen im Zeichen langer und harter Arbeit. Kaum einer sprach Englisch, geschweige denn verstand die australische Umgangssprache.

---

40 SJM: Transcripts, Moris Shell.

41 SJM: Transcripts, Tom Keleman. Ders.: A Sour Sweet Life. A Memoir. Sydney: SJM Community Stories Series, 2014, S. 265

42 SJM: Transcripts, Regina Zielinski. Diese Episode wird auch in ihren Erinnerungen beschrieben. Andrew Zielinski (Hrsg.): Conversations with Regina, Brighton 2003, S.124.

43 Sophie Caplans Kindheitserinnerungen werden vom SJM herausgegeben. Im Epilog wird die Episode beschrieben.

Yvonne Engelman, in der Tschechoslowakei geboren, in Auschwitz-Birkenau zu einem ‚Leichenkommando' abkommandiert und als Zwangsarbeiterin aus einer Munitionsfabrik befreit, wurde 1948 als Waise von einer jüdischen Familie aufgenommen:

> Die einheimischen Juden sind sehr mitfühlsam mit uns umgegangen. Vielleicht hatten sie Mitleid mit uns, weil wir Überlebende des Holocaust waren. Rabbi Porush war wunderbar.[44] Sein Haus war 24 Stunden für uns offen. Draußen in der Öffentlichkeit war es anders: es war ‚tough' (hart), wenn man ankommt und nicht die Landessprache spricht und keinen kennt, der dich versteht – ‚not a living soul'.[45]

Yvonne erinnert sich an eine Episode, die die Sprachbarrieren illustriert. Auf die Frage „Are you hungry?" antwortete sie: „Nein! Ich bin keine Ungarin. Ich bin Tschechin!" Unzählige solcher witzigen Wortspiele sind überliefert, von Linguisten als ‚Emigranto' klassifiziert. Yvonne erfuhr, was es hieß, ein Flüchtling zu sein, der schon in der Vorkriegszeit im Volksmund als ‚refo' (Umgangssprache, Abkürzung für ‚refugee') oder ‚bloody refo', ‚refo-Jew' oder ‚refo-kid' tituliert worden war:

> 1948 waren wir ‚refos'. Damals wurde uns vor Augen geführt, dass wir nicht dazu gehörten. Heute leben wir in einer multikulturellen Gesellschaft. Als wir ankamen, waren wir eine kleine Minderheit und als solche wurden wir behandelt.

Die jüdische Gemeinde stellte Orte bereit, an denen sich die Flüchtlinge zu Hause fühlen konnten. In Melbourne waren es die Räume der ostjüdischen Landsmannschaften, in denen die Traditionen der Bundisten und die ‚Yiddishkeit' gepflegt wurden oder die Versammlungsplätze der zionistischen Jugendverbände. In Sydney war es die ‚Maccabean Hall', ein Gebäude, das nach dem Ersten Weltkrieg als ‚Jewish War Memorial' errichtet worden war und das heute das ‚Sydney Jewish Museum' beherbergt. Sol Schönberger hat das Ghetto von Uschhorod und das Todeslager von Auschwitz überlebt. Er erinnert sich:

> Die Maccabean Hall war der Platz, an dem wir uns nach dem Krieg zum ersten Mal zu Hause fühlten. Hier lernten wir uns kennen und lernten Englisch. Hier tanzten wir und feierten Channukah. Es war aber auch der Ort, an dem wir uns an die Schrecken der Vergangenheit erinnerten und über unsere Geburtsorte und Familiengeschichten sprachen. Hier wurden Verlobungen und Hochzeiten gefeiert.[46]

Wie schon in den DP-Lagern, gründeten Holocaustüberlebende nach dem Exodus bald Familien und freuten sich auf die Geburt von Kindern. Die Lebensgefähr-

---

44 Dr. Israel Porush, in Jerusalem geboren und ordiniert in Deutschland als orthodoxer Rabbiner, war nach der nationalsozialischen Machtergreifung nach London emigriert. 1940 übernahm er die Position als ‚senior rabbi' an der Great Synagogue in Sydney. Als die ersten alarmierenden Nachrichten über den Holocaust eintrafen, warnte er vor der sich anbahnenden Ermordnung von sechs Millionen Juden und der ‚utterly annihilation' des europäischen Judentums. Rabbi Dr. Porush: „It's a Time of Trouble Unto Jacob". In: Hebrew Standard, 23 Juli 1942, S. 4. Ders.: „New Tear Sermon". In: Hebrew Standard, 10. September 1942, S. 1.

45 SJM: Transcripts, Yvonne Engelman.

46 SJM: Transcripts, Sol Schönberger.

ten kamen meist aus den Kreisen der Überlebenden. Die Ehen wurden selten durch eine Scheidung beendet. Starb ein Ehepartner, fand man wieder einen ‚survivor' als neuen Lebenspartner. Olga Horak schreibt:

> Alle Überlebenden hatten den Wunsch, eine Familie zu gründen. Das war das wichtigste Vorhaben, neben der Notwendigkeit, unser tägliches Brot zu verdienen. Und das war nicht ganz einfach. 1950 kam mein erstes Kind zur Welt – Evelyn. Das war der glücklichste Moment nach einer so langen, traurigen Zeit. Aber jedes Mal zerbrach mein Herz, wenn ich die kleine Evelyn in die Obhut einer Kindergärtnerin übergeben musste. Es gab keine Großmutter; es gab keinen Großvater. Wir vermissten sie. Wir benutzen nicht mehr diese Worte, wenn die Kinder zu Hause waren.[47]

Yvonne Engelman erinnert sich:

> Wir heirateten im Mai 1949 in der Central Synagogue von Sydney. Es war die erste Heirat von ‚Child Survivors'. Repräsentanten von allen jüdischen Organisationen kamen. Für sie war es ein Wunder, dass zwei Überlebende des Holocaust heirateten. Zwei Jahre später, als unser erster Sohn geboren wurde, erschienen wieder unzählige Gratulanten. Herr Brandt, Leiter der Jüdischen Wohlfahrtsorganisation, veranlasste, dass ich ein Einzelzimmer bekam. Er benutzte das Wort ‚Wunder', um die Bedeutung seiner Bitte zu unterstreichen. Mehr als 50 Männer kamen zur Beschneidung. Es war die erste Beschneidung eines Holocaust-Nachfahren, die in Australien vollzogen wurde. Wir hatten nichts – absolut nichts – aber wir arbeiteten und sparten und so haben wir feste Wurzeln geschlagen.[48]

Morris Shell beschreibt die Anfangsjahre:

> Ich arbeitete sieben Tage in der Woche. Ich sah meine Kinder, als sie noch klein waren, nur am Sonntag und am Freitagabend. Ich ging um 6 Uhr früh zur Arbeit. Da schliefen sie noch. Ich kam um 10 Uhr nachts nach Hause. Da schliefen sie wieder. Am Freitagabend zelebrierten wir alle am Tisch den Shabbes.[49]

Paul Drexler wuchs in der Idylle einer slowakischen Kleinstadt auf, ehe er nach dem Aufenthalt in Theresienstadt befreit wurde:

> 1948 – mein erstes Jahr in Australien war traumatisch. Am schwersten ist mir die Umstellung gefallen. Ich konnte einfach nicht glauben, dass es meinen Schulkameraden völlig egal war, dass ich Jude war. Sie kannten weder meine Vergangenheit noch wussten sie etwas über den Holocaust. Sie hatten Eltern und Geschwister, wohnten in Häusern mit Gärten. Ich fühlte mich in der Schule als Besucher. Ich hatte nur meine Mutter und sie musste arbeiten. Wir besaßen kein Haus. Ich vermisste meinen Vater.[50]

Paul Drexler suchte ihn viele Jahre, bis er erfahren musste, dass er auf der ‚Cap Arkona' umgekommen ist, auf dem Schiff, das am 3. Mai 1945 von den Engländern in der Lübecker Bucht versenkt worden war.

---

47 SJM: Transcripts, Olga Horak.
48 SJM: Transcripts, Yvonne Engelman.
49 SJM: Transcripts, Morris Shell.
50 Paul Drexler: In Search of my Father. A true Story. Sydney: SJM Community Stories, 2006, S.109.

Alle Überlebenden machten sich nach der Befreiung auf die Suche nach Familienangehörigen und Freunden. Die Todesnachrichten verstärkten die Gefühle der Trauer, Entwurzelung, Heimatlosigkeit und das Schuldgefühl, überlebt zu haben. In welchen Ländern sie sich auch immer niederließen, sie brachten traumatische Erfahrungen mit, von denen sie sich niemals befreien konnten. Das Erlebte hinterließ Wunden: Depressionen, Ängste und andere Beschwerden. Keine Statistik verrät, wieviele sich Ärzten und Psychiatern anvertrauten oder den Weg in den Freitod wählten. Patientenakten und Gutachten in Praxen und Krankenhäusern, in Archiven und Wiedergutmachungsbehörden liegen unter Verschluss. Besuche und letzte Gespräche mit Holocaustüberlebenden in ihren Wohnungen oder in Altersheimen deuten darauf hin, dass sie ihre Erinnerungen verstärkt verbalisieren oder gänzlich unterdrücken. Dokumentiert sind Bekenntnisse der Leiden, die der Holocaust hinterlassen hat. Lola Snow erklärt:

> Ich müsste an sich glüklich und dankbar sein. Ich habe zwei wundervolle Kinder und fünf wundervolle Enkelkinder. Aber wann immer ich ein Gefühl des Glückes empfinde, bei Geburten oder bei der Bar Mitzwah, an Geburtstagen oder bei Hochzeiten, überkommt mich das Schuldgefühl und die Trauer. Jede Nacht nehme ich Tabletten, um die Depressionen einzudämmen.[51]

Elizabeth Wise, 1944 im Alter von 20 Jahren von Budapest deportiert und in Bergen-Belsen befreit, schreibt:

> Was wir erleiden mussten, erleiden wir für den Rest unseres Lebens. Alpträume begleiten mich. Ich kann meinen Vater sehen. In der nächsten Minute sehe ich den Waggon, der ihn nach Auschwitz bringt. Ich male mir die Gaskammer aus, in der er ermordet wird. Am nächsten Tag, in der nächsten Nacht wache ich auf. Ich sah meine Mutter oder Großmutter, meine Familie. Wie kann man sich davon befreien? Niemals![52]

Eddi Jacku, in Leipzig geboren, im belgischen Exil verhaftet, nach Auschwitz deportiert und in Buchenwald befreit, beschreibt in einem Interview seine Angstträume:

> Manchmal weiss ich nicht mehr, wie ich eigentlich überlebt habe. Jede Nacht, und das noch nach fast 58 Jahren, rufe ich nach meiner Mutter, auf deren Liebe ich verzichten musste. Das ist die unmenschlichste Lebensweise, die uns Adolf Hitler hinterlassen hat.[53]

---

51 SJM: Transcripts, Lola Snow.

52 SJM: Transcripts, Elizabeth Wise.

53 SJM: Video-Aufzeichneung der USC (University of Southern California) Shoah Foundation. Code no 1146.

Auswirkungen des Exodus

Der jüdische Exodus nach Australien führte in ein gelobtes Land, in dem die Hitler-Flüchtlinge der Vorkriegszeit und die Überlebenden des Holocaust eine neue Heimat fanden. Nur wenige kehrten in ihre Geburtsländer zurück oder siedelten sich in anderen Ländern an. Fast allen ist nach der Vertreibung aus Europa in der Diaspora Down Under der soziale Wiederaufstieg gelungen. Er sicherte ihnen einen Platz in den mittleren und oberen Schichten. Integration und Akkulturation zogen sich über Jahre hin und wurden erfolgreich abgeschlossen.[54] In Australien, wie in anderen Auswanderungsländern, haben Holocaustüberlebende entscheidende Beiträge zur Entwicklung ihres neuen Heimatlandes geleistet. Akademiker, die in der Regel Universitätsstudien und Prüfungen wiederholen mussten, zeichneten sich in Forschung und Lehre aus. Emigranten profilierten sich in den verschiedenen Kulturbereichen. Es waren vor allem Flüchtlinge aus Österreich, die dem Musik- und Theaterleben sowie dem Ballett neue Impulse verliehen. Sie bauten eine große Musica-Viva-Konzertgemeinde auf oder gründeten Kabaretts wie das ‚Kleine Wiener Theater'.

Mut, Flexibilität und Ausdauer brachten Flüchtlinge auf, die ‚umsattelten' und ‚Marktlücken' entdeckten. Die Errichtung von Hühnerfarmen oder die Eröffnung von Delikatessengeschäften (‚Delis'), ‚take away shops' oder Restaurants boten sich in der Lebensmittel-, Versorgungs- und Gaststättenbranche an. Sie veränderten die kulinarische Landschaft Australiens. Betriebe wurden aufgebaut, die der chemisch-pharmazeutischen Industrie und der Spielzeugindustrie Auftrieb gaben. Neue Techniken und Produkte des modernen Arbeitsschutzes wurden eingeführt. Etliche Flüchtlinge etablierten sich erfolgreich in den traditionellen Textil- und Modebranchen oder konzentrierten sich auf Import- und Exportgeschäfte. Andere machten sich einen Namen beim Erwerb und Verkauf von Grundstücken oder bei der Errichtung von Kaufhäusern und ‚shopping malls'. Unter ihnen befinden sich die renommierten Philantropen des australischen Judentums.

Bis in die Zeit des Zweiten Weltkrieges orientierten sich der Rhythmus und die Riten des jüdischen Lebens an den Vorbildern des angelsächsischen Judentums, das jüdische Tradition und britische Kultur verband und sich als moderne Orthodoxie präsentierte. Emigranten legten in den Vorkriegsjahren den Grundstein für die Errichtung von liberalen Synagogen, in denen sich die Reformjuden zu Hause fühlten. Holocaustüberlebende suchten ihren Platz vorwiegend in den orthodoxen und ultra-orthodoxen Gemeinden, in denen sich die ‚Chabad-Bewegung' zunehmend ausbreitete. Heute sind alle jüdischen Glaubensrichtungen in Australien verankert. Die Erfahrungen des Holocaust und die Einwanderungswellen haben sich auch in den Transformationsprozessen der kommunalen Selbstverwaltungen niedergeschlagen. Ein weites Netz an Institutionen und Gruppen wurde geschaffen, das die vielfältigen Interessen, Aufgaben und Ausrichtungen einer pluralistischen und lebendigen jüdi-

54 Zur Integration und Akkulturation der deutschsprachigen Juden vgl. Konrad Kwiet: The Second Time Around: Re-Acculturation of German-Jewish Refugees in Australia. In: The Journal of Holocaust Education 1 (Summer 2001), S. 34-49.

schen Gemeinschaft dokumentiert. An der Spitze etablierte sich eine demokratisch gewählte Dachorganisation – der ‚Executive Council of Australian Jewry' (ECAJ), der im Namen der australischen Juden spricht.

Die Holocaustüberlebenden nahmen nach einer fünfjährigen Wartezeit mit Freude und Dankbarkeit die Einbürgerungszertifikate entgegen. Am ‚Australia Day' wurden sie überreicht, einem Festakt, auf dem die Nationalhymne angestimmt und der Treueschwur auf Australien abgelegt wurden. Der Erfolg rief ein starkes Gefühl der Loyalität und der Identifizierung mit Australien hervor. Auschlaggebend für diesen Erfolg waren nicht nur die Aufstiegsenergien der Vertriebenen, sondern auch die Bedingungen, unter denen sie sich entfalten konnten. Es waren Offenheit und Bereitschaft der australischen Gesellschaft, die Aufnahme und Integration erlaubte und die nach den massiven Einwanderungsschüben das Modell einer multikulturellen Gesellschaft entwarf, in der nicht mehr die Doktrin der Assimilierung sondern das Konzept der Akkulturation dominierte.

Die Holocaustüberlebenden sind Australier geworden und Juden geblieben. Nur in Erinnerungen, in späten Besuchen von Geburtsorten, Friedhöfen oder Stätten des Überlebens, in Akzenten und kulturellen Orientierungen sowie in amtlichen Dokumenten wie den Rentenbescheiden und obligatorischen Lebensbescheinigungen manifestieren sich noch Bindungen an die Herkunftsländer, an eine jüdische Welt, die von den Deutschen und ihren Kollaborateuren zertrümmert wurde. Für ihre Kinder und Enkelkinder gibt es diese Bindung nicht mehr – bis auf eine Ausnahme.

Nachfahren von Holocaustüberlebenden haben sich in den letzten Jahren um Staatsbürgerschaften beworben, die den Eltern oder Großeltern aberkannt worden waren. Andere, überzeugte Zionisten, gingen einen Schritt weiter. Sie haben sich dem Exodus nach Israel angeschlossen, wobei sie jedoch eine Bindung an ihr Geburtsland nicht aufgaben: die australische Staatsbürgerschaft. Heute leben noch knapp 7.000 Überlebende des Holocaust in Australien,[55] die meisten fallen in die Kategorie ‚child survivor'. Im ‚Sydney Jewish Museum' gibt es noch acht ‚survivor guides', die über 90 Jahre alt sind und noch immer ihre Überlebensgeschichten erzählen. Zu ihnen zählen Mala Sonnabend, Yvonne Engelman, Olga Horak und Eddi Jacku. Elizabeth Wise, Marika Weinberger, Edith Sheldon, Sabina van der Linden-Wolanski, Gerty Jellinek, Sol Schönberger, Tom Keleman und Morris Shell sind inzwischen verstorben. Ihre Erinnerungen und Stimmen, Gesichter und Gesten werden weiter tradiert – in Schriften und Transkripts, in Photo-, Ton- und Filmaufnahmen. Die moderne Technik erlaubt es, die Zeitzeugen des Holocaust und des jüdischen Exodus nach Australien über den Weg der ‚virtual reconstruction' in die Erinnerungskultur mitaufzunehmen.

55 Ich danke Gary Eckstein, einem bekannten australischen Demographen, für diese geschätzte Zahlenangabe, die er aus den letzen Zensusdaten errechnet hat. Schriftliche Mitteilung, 2.11.2016.

III.
Vertreibung als kollektives Schicksal

Markus Bauer

Zweimal vertrieben auf der Suche nach Heimat Deutsche aus der Bukowina

Die Bukowinadeutschen 1940-1950: Migrationen in *Europe on the move*

Die unüberschaubare Flüchtlingssituation in Europa unmittelbar vor und nach dem Ende des Zweiten Weltkriegs hat die Alliierten bereits im November 1944 dazu veranlasst, ein Memorandum zu verfassen zur Bestimmung, was unter ‚Displaced Persons' (DPs) zu verstehen sei: Es seien dies alle, die wegen des Krieges außerhalb der Grenzen ihres Landes lebten und zurück wollten, aber ohne Hilfe nicht konnten.[1] Danach wären auch die Millionen vor der Roten Armee geflüchteten Deutschen aus Polen, der Ukraine, Ungarn und der Tschechoslowakei zunächst als DPs zu betrachten gewesen. Dies hielt aber nicht lange vor: Die Realität, auf die das Memorandum sich bezog, bildeten 1945 KZ-Überlebende, ehemalige Zwangsarbeiter, jüdische Flüchtlinge aus Osteuropa, italienische und baltische Einheiten, Wlassow-Armee u.a.[2] Die aus dem östlichen Europa geflohenen früheren ‚Reichs-' und ‚Volksdeutschen' galten aber in der Differenzierung der migrierenden Menschengruppen spätestens nach der Modifikation des ‚Administrative Memorandum no. 39' im April 1945 als Teil der ‚enemy'-Bevölkerung.[3]

---

1 Vgl. Wolfgang Jacobmeyer: Vom Zwangsarbeiter zum Heimatlosen Ausländer. Die Displaced Persons in Westdeutschland 1945-1951. Göttingen 1985 (Kritische Studien zur Geschichtswissenschaft 65), S. 31: „DPs waren alle ‚Zivilisten außerhalb der Grenzen ihrer Heimatstaaten', die durch Kriegseinwirkung im weitesten Sinne in die Fremde verschlagen worden waren und die ihren Wunsch, zurückzukehren oder anderswo ansässig zu werden, nur mit alliierter Hilfe würden verwirklichen können."; auch S. 16.

2 Vgl. Juliane Wetzel: Displaced Persons (26.3.2013). In: Historisches Lexikon Bayerns, URL: <http://www.historisches-lexikon-bayerns.de/Lexikon/Displaced Persons>, eingesehen 28.2.2017.

3 Sie galten nun aufgrund ihrer Einbürgerung (s.u.) als Deutsche und damit als zur ‚enemy-Gruppe' gehörig. Vgl. Jacobmeyer: Displaced Persons (Anm. 1), S. 31: Die Großgruppe der DPs „spaltete sich in die Untergruppen der ‚United Nations Displaced Persons' (Staatsbürger der in der UN zusammengeschlossenen Staaten), der ‚ex-enemy DPs' (Italiener, Finnen, Rumänen, Bulgaren und Ungarn), der „enemy-DPs' (Deutsche, Österreicher, Japaner) und der Staatenlosen (Personen, die ihre behauptete Nationalität nicht nachweisen und keinen Schutz seitens einer Regierung für sich beanspruchen konnten)." Dirk Jachomowski: Die Umsiedlung der Bessarabien-, Bukowina- und Dobrudschadeutschen. Von der Volksgruppe in Rumänien zur ‚Siedlungsbrücke' an der Reichsgrenze. München 1984 (Buchreihe der Südostdeutschen Historischen Kommission 32), S. 202, Anm. 25 weist allerdings darauf hin, es hätte „ – allerdings nur kurzfristig – Schwierigkeiten mit den Besatzungsmächten gegeben, die alle Einbürgerungen der Kriegszeit zunächst nicht anerkennen wollten und die Umsiedler nicht als deutsche Staatsangehörige ansahen."

Die verhältnismäßig kleine Gruppe der Bukowinadeutschen kann also mit den DPs nur im Kontext der generellen, quasi ‚topographischen' Fragestellung der durch den expansiven Eroberungskrieg des Hitler-Regimes auf die Flucht gezwungenen Millionen Menschen in Europa verglichen bzw. untersucht werden. Von daher ist für sie auch der ‚Exodus'-Begriff ein anderer, falls er überhaupt zutreffend ist.[4] Betrachtet man die Deutschen aus der Bukowina, die 1940 fast komplett (im Zusammenhang mit den Deutschen aus Bessarabien und der Dobrudscha, nach Vorbild der Umsiedlung der Baltendeutschen) ‚umgesiedelt' und erst durch die kriegsbedingte Flucht Ende 1944/Anfang 1945 nach Westen zu Flüchtlingen wurden, so bildete ihre ‚Umsiedlung' möglicherweise eine stärkere Analogie zum Exodus der Bibel, da sie bewusst als ‚Heimkunft' interpretiert werden konnte (und wurde), während im Falle der Flucht 1944/45 dies kaum der Fall war. Aber die subjektive und kollektive Einschätzung der Migrationsbewegungen durch die Bukowinadeutschen ist keineswegs einheitlich.

Beide Migrationen sind grundsätzlich zu unterscheiden: Die frühere machte die 1940 für kurze Zeit sowjetisch gewordenen ‚Volksdeutschen' der Nordbukowina und die der rumänisch verbliebenen Südbukowina zum Gegenstand einer durch den Ribbentrop-Molotow-Pakt vom August 1939 vereinbarten ‚Umsiedlungs'-Aktion.[5] Vier Jahre später, als die Umgesiedelten sich in der Gruppe der mehrere Millionen umfassenden Flüchtlinge ‚aus dem Osten' wiederfanden, dürfte bei den Besatzungsbehörden kaum noch eine Differenzierung dieser Gruppe in die zahlreichen Begrifflichkeiten präsent gewesen sein, die für den Zeitraum 1940 bis 1950 gebraucht werden können (Vertreibung, ‚ethnic cleansing', Deportation, Umsiedlung, Bevölkerungsaustausch, Flucht, Ausweisung, Auswanderung, Evakuierung, Emigration, Exil, Repatriierung u.a.).[6] Diese beiden durch den Krieg bedingten Migrationen der

4 Der biblisch aufgeladene Terminus ‚Exodus', mit dem jüdische Entwurzelte ihre Migration bezeichneten, hatte eine doppelte Konnotation: die des Aufbruchs in eine neue Situation oder ein neues Land – für viele Juden war dies Palästina, das im hier betrachteten Zeitraum von 1940-1950 als Staat Israel 1948 geboren wurde, oder aber Frankreich oder die USA. Dieser Begriff ist von daher weniger geeignet, die Konstruktion der Geschichtsnarration jener deutschen Gruppen zu beschreiben, die aus Polen und der Tschechoslowakei vor der sowjetischen Armee flüchtend nach Westen 1944/45 sich noch bis etwa März 1945 im Raum des erweiterten Nazi-Reichs bewegten. Hier trifft eher die andere, allgemeinere Konnotation von Exodus zu: die (fast) vollständige Migration einer Ethnie oder Bevölkerung an einen anderen Ort. In Buchtiteln lässt sich etwa bei Gerhard Ziemer: Deutscher Exodus. Vertreibung und Eingliederung von fünfzehn Millionen Ostdeutschen[!]. Stuttgart[2] 1973 der Terminus auffinden; Daniel Hrenciuc: Între destin şi istorie. Germanii în Bucovina (1919–2012) [Zwischen Schicksal und Geschichte. Deutsche in der Bukowina (1919–2012). Cluj-Napoca 2013 spricht mit dem rumänischen Wort ‚exodul' (‚Auszug', ‚Aufbruch') implizit zwangsläufig die biblische Konnotation an.

5 Zur ‚Umsiedlung' vgl. Jachomowski: Umsiedlung (Anm. 3); unter den Erinnerungstexten auch Paula Tiefenthaler: Von der ‚Rumänisierung' zur ‚Eindeutschung'. In: Spiegelungen 2 (56) (2007) H. 2, S. 178-190.

6 Zur Bedeutung der unterschiedlichen Termini und ihres Gebrauchs vgl. Michael Schwartz: Vertriebene und ‚Umsiedlerpolitik'. Integrationskonflikte in den deutschen Nachkriegs-Gesellschaften und die Assimilationsstrategien in der SBZ/DDR 1945-1961. München 2004 (Quellen und Darstellungen zur Zeitgeschichte 1), S. 3-6 ‚Vermintes Begriffs-Gelände: Von Umsiedlern, Vertriebenen und

Bukowinadeutschen sollen hier im Zentrum der Fragestellung als eine Teil-Facette des zeitlich komprimierten und äußerst komplexen Geschehens einer europaweiten Phase der kriegsbedingten Migration stehen, die zeitlich und räumlich in enger Parallelität zu denen der DPs und anderer Bevölkerungsgruppen verlief. Es ist hier beabsichtigt, diese Komplexität nicht durch Vergleiche oder Subsumtionen zu reduzieren, sondern – im Gegenteil – durch Erweiterung des Migrationsspektrums zu erhöhen.

Eugene M. Kulischer und Joseph Schechtman

Zeitgenössisch, aber selbst bis heute haben den Blick auf das Gesamtbild der Migrationen jener Epoche nur wenige gewagt. Ihre Namen werden erst allmählich wieder in die Diskussion eingeführt. Der Jurist und Historiker Eugene M. Kulischer publizierte 1943 ein Buch mit dem Titel *Displacement of people in Europe*, in dem auch die Umsiedlung der Bukowinadeutschen behandelt wurde.[7] Kulischer entwarf eine

---

anderen Labels'; weiterhin ders.: „Vom Umsiedler zum Staatsbürger". Totalitäres und Subversives in der Sprachpolitik der SBZ/DDR. In: Dierk Hoffmann, Marita Krauss, Michael Schwartz: Vertriebene in Deutschland. Interdisziplinäre Ergebnisse und Forschungsperspektiven. München 2000, S. 135-166. Zeitgenössisch finden sich Glossare etwa in: Bundesministerium für Vertriebene (Hrsg.): Die Eingliederung der Flüchtlinge in die deutsche Gemeinschaft. Bericht der ECA Technical Assistance Commission für die Eingliederung der Flüchtlinge in die deutsche Bundesrepublik, dem Bundeskanzler am 21. März 1951 überreicht. Bonn 1951, S. 10f. sowie in: Hans Joachim von Koerber: Die Heimatvertriebenen und die Flüchtlinge aus der Sowjetzone in Westberlin. Berlin 1954 (Schriften des Vereins für Socialpolitik 7.3), S. 135 ‚Flüchtlingsbegriffe'.

7 Eugene M. Kulischer: Displacement of People in Europe. Montreal 1943 (International Labor Office, Studies and Reports, Ser. O, Bd. 8). Kulischer gilt als ‚Erfinder' des Begriffs ‚Displaced Person' und war durch seine Ausbildung und Lebensweg für die Erforschung der Bevölkerungsbewegungen in Europa besonders qualifiziert. Geboren 1881 in Kiew als Sohn des auf diversen Feldern wissenschaftlich tätigen Mihai I. Kulischer emigrierte der Jurist Evgen Mihailovic K. mit seinem Bruder Alexander nach Berlin, wo er u.a. an der Universität lehrte. Ein anderer Bruder Iosif blieb in Russland zurück und publizierte zu historisch-ökonomischen Themen. Zusammen mit seinem Bruder Alexander schrieb Eugen Kulischer die Abhandlung: Kriegs- und Wanderzüge. Weltgeschichte als Völkerbewegung. Berlin 1932. 1933 emigrierte er nach Dänemark, 1936 traf er den für französische jüdische Organisationen tätigen Bruder in Frankreich wieder, wo Alexander bei der Überquerung der Demarkationslinie zwischen besetztem und unbesetztem Teil Frankreichs aufgegriffen, nach Gurs und später Noé gebracht wurde und dort im Februar 1942 starb, während Evgenij in die USA flüchten konnte. In den USA arbeitete Kulischer u.a. für das ‚International Labor Office', den OSS (Vorläufer der CIA) und jüdische Institutionen auf dem Feld der Soziologie mit Schwerpunkt auf der Migrationsforschung. 1943 erschien von ihm die Studie: Jewish Migrations. Past Experiences and Post-War Prospects. New York 1943 (Pamphlet Series. Jews and the Post-War World No. 4); vgl. zur Biographie Antonio Ferrara: Eugene Kulischer, Joseph Schechtman and the Historiography of European Forced Migrations. In: Journal of Contemporary History 46 (2011), No. 4, S. 715-740; Mark Tolts: Vklad sem'i kulišerov v mirovuju migraciologiju (Die Kulischer-Familie: Gelehrte der Weltmigrationen), in: Demoskop Weekly 603-604 (2014) (online: http://www.academia.edu/, eingesehen 12.3.2017); Mark Mazower: No Enchanted Palace. The End of Empire and the Ideological Origins of the United Nations. Princeton, Oxford 2009 (Lawrence Stone Lectures), S. 104-148; A.J. Jaffe: Notes on the Population Theory of Eugene M. Kulischer. In: The Milbank Memorial Fund Quarterly 40 (1962), no. 2, S. 187-206, hier S. 187.

Geschichtstheorie auf der Basis seiner Forschungen zu Migrationen: Keine Historiographie kann ohne die durch politische, ökonomische oder soziale Verwerfungen ausgelösten Bewegungen von größeren Bevölkerungsgruppen auskommen, jede Geschichtsschreibung hat sich mit diesen seit frühesten Zeiten zu beobachtenden Phänomenen auseinanderzusetzen. Kulischers aus eigener Anschauung gewonnenes Credo lautete: Migrationen führen zu Kriegen, Kriege führen zu Migration. Wenige Epochen zeigten dies Kulischer deutlicher als die postrevolutionäre des 19. und 20. Jahrhunderts, die er durch seine eigene Biographie erlebte.

Diesem Ansatz ist der von Joseph Schechtman beizustellen, der ebenfalls zeitgenössisch in den USA die Migrationen in Europa beobachtete.[8] Wie Kulischer aus der Ukraine bzw. dem russischen Zarenreich stammend ist seine Perspektive eine andere aus politischen Gründen: Schechtman war als Anhänger des zionistischen Revisionisten Vladimir Jabotinsky durchaus dem ethnischen Ausgleich durch Bevölkerungsverschiebungen gewogen. Sie schienen ihm legitimes Mittel, um politische Spannungen zu vermeiden und den nach dem Ersten Weltkrieg besonders virulent gewordenen Minderheitenproblemen gerecht zu werden.[9] Dies schloss für Schechtman insbesondere die Möglichkeit der Gründung eines eigenen jüdischen Staates ein.[10] Auch Schechtman erforschte während des Krieges in den USA die Zwangsmigrationen der Deutschen aus Osteuropa, darunter die „Umsiedlung" der Bukowinadeutschen.[11]

---

8 Joseph B. Schechtman wurde 1891 in Odessa geboren. Nach Studien in Novorossiisk und Berlin wurde er Journalist und 1917 in die kurzlebige ukrainische Rada gewählt. Neben seiner Unterstützung Jabotinskys arbeitete er zu dem Thema der Pogrome in der Ukraine, zu dem er auch publizierte. 1920 ging er nach Berlin, 1932 nach Warschau, um weiterhin in jiddischen Zeitungen und Zeitschriften zu publizieren. Er kam vor Kriegsbeginn nach Frankreich und dann in die USA, wo bereits 1942 das Manuskript einer Arbeit über europäische Bevölkerungsbewegungen vorlag. Wie Kulischer arbeitete er u.a. für das OSS, die Jewish Agency und das International Labor Office. Vgl. Ferrara: Kulischer, Schechtman (Anm. 7); Mazower: No Enchanted Palace (Anm. 7), Kap. 3: Nations, Refugees, and Territory.

9 Zum europäischen Minderheitenproblem nach dem Ersten Weltkrieg vgl. Sabine Bamberger-Stemmann: Der Europäische Nationalitätenkongress 1925 bis 1938. Nationale Minderheiten zwischen Lobbyistentum und Großmachtinteresse. Marburg 2000 (Materialien und Studien zur Ostmitteleuropa-Forschung 7); auf Rumänien bezogen: Hildrun Glass: Zerbrochene Nachbarschaft. Das deutsch-jüdische Verhältnis in Rumänien 1918-1938. München 1996 (Südosteuropäische Arbeiten 98), Kap. 14: „Das Jahr 1933: Der Zusammenbruch der Europäischen Minderheitenbewegung."

10 Schechtman schrieb auch die Studie: The Arab Refugee Problem. New York 1958. Zu Schechtman vgl. die Rezension von Ruth Reitan: Population Transfer, Cleansing, and Partition. In: Journal of Refugee Studies 14 (2001), no. 4, S. 436-446, die nur Schechtman als Pionier der Forschung zu den Migrationen um den Zweiten Weltkrieg zählt, Kulischer aber nicht erwähnt. Zu beiden auch Karl Schlögel: Verschiebebahnhof Europa. Joseph B. Schechtmans und Eugene M. Kulischers Pionierarbeiten. In: Zeithistorische Forschungen/Studies in Contemporary History 2 (2005), S. 468-472 sowie Ferrara, Kulischer, Schechtman (Anm. 7).

11 Joseph B. Schechtman: European Population Transfers, 1939-1945. New York 1946 (Studies of the Institute for World Affairs).

Kontext und Vorgeschichte

Kulischer und Schechtman hatten die ‚Umsiedlung' der Deutschen aus der Bukowina nicht nur in ihrem Kontext mit der der Balten, Wolhynien-, Bessarabien- und Dobrudschadeutschen wahrgenommen, sondern tief in den Kontext der sowjetischen Deportationen, des rumänisch-bulgarischen Bevölkerungsaustauschs in der Dobrudscha, dem rumänisch-ungarischen in Nord- und Südsiebenbürgen und manch anderen demographischen Migrationen gestellt, die in der Kriegszeit das Thema auf der Tagesordnung hielten und nach dem Zweiten Weltkrieg eine vorher unerreichte Dimension und Brisanz gewannen.

Als Österreich 1774 das kleine Gebiet zwischen Pruth und Karpaten besetzte, war diese Landschaft Teil des rumänischen ‚Stammlandes' der Moldau, die seit dem frühen 16. Jahrhundert unter osmanischer Oberhoheit stand. Mit der Annexion im Zusammenhang der russischen und österreichischen Expansion zu Lasten des schwächelnden Osmanischen Imperiums, in der 1812 das Zarenreich Bessarabien annektierte, sicherte sich Wien mit der Bukowina einen strategischen Übergang von Galizien über die Karpaten nach Siebenbürgen und etablierte zugleich an der östlichsten Grenze zum Zarenreich ein Territorium, das mustergültig die Merkmale der k.u.k–Monarchie umsetzen sollte: geregelte Verwaltungsstrukturen, Zusammenleben verschiedener Ethnien, Kulturen, Sprachen, Religionen unter weitgehendem Ausgleich ihrer Interessen unter dem Dach der Monarchie. Das bald als eigenständiges Kronland verwaltete Territorium wurde peupliert durch Zuzug jüdischer, polnischer, ungarischer, deutsch-böhmischer, rheinpfälzisch-hunsrücker, Zipser u.a. Ansiedler.[12]

Mit dem Sturz des Kaiserreichs nach dem Ersten Weltkrieg und dem Anschluss an das in seinem Umfang verdoppelte Königreich Großrumänien befanden sich die Deutschen wie auch die anderen Minderheiten der Bukowina in einer neuen Konstellation, in der die ‚Rumänisierung' einen spürbaren Kontrast zur früheren ethnischen Liberalität des k.u.k-Systems darstellte.[13] Ethnisch-kulturelle Homogenisierung von Minderheiten wurde politische Doktrin der Regierungen. Das Aufkommen des Nationalsozialismus in Deutschland beförderte auch Absichten der Homogenisierung der deutschen Minderheiten in Rumänien, die ausgehend von der nationalsozialistischen ‚Selbsthilfe'-Bewegung in Siebenbürgen vor dem Ausbruch des Krieges zur Bildung der ‚Deutschen Volksgruppe' als einheitlicher Vertretung aller Deutschen

---

12 Pflegte jede der Völkerschaften ihr eigenes kulturelles Leben unter Beachtung der Ansprüche der jeweils anderen, zeigten sich nationale Bestrebungen gegen Ende des Vielvölkerreiches vor dem Ersten Weltkrieg, als die Juden nicht mehr zu den Deutschen zählen wollten und wie im ganzen Kaiserreich auch andere Ethnien (‚Völker') Forderungen nach mehr Autonomie erhoben. Vgl. Markus Bauer: After the Conference – Yiddish Life in Czernowitz before World War I. In: Wolf Moskovich (Hrsg.): Yiddish – A Jewish National Language at 100. Proceedings of Czernowitz Yiddish Language 2008 International Centenary Conference. Jerusalem, Kiev 2010 (Jews and Slavs 22), S. 23-30.

13 Vgl. Mariana Hausleitner: Die Rumänisierung der Bukowina. Die Durchsetzung des nationalstaatlichen Anspruchs Grossrumäniens 1918-1944. München 2001 (Südosteuropäische Arbeiten 111).

in Rumänien führte.[14] Ebenso scheint das frühere respektvolle Nebeneinander der Ethnien Risse erhalten zu haben. So wird von der Verschlechterung des Verhältnisses zwischen Deutschen und Polen in der Bukowina bereits in den 1920er Jahren berichtet;[15] auch das Verhältnis zu den Juden litt in einem Klima des zunehmenden rumänischen Antisemitismus in der Nordmoldau und einer nach 1933 verstärkt nationalsozialistisch ausgerichteten Führung der Volksgruppe.[16]

Damit sind wir bereits in die zu unserem Thema des ‚displacement' gehörige Vorgeschichte eingetreten. Denn die Entwicklung der rumänischen Politik mit der Königsdiktatur Carols II. von 1938 bis 1940, der ökonomischen und außenpolitischen Entwicklung angesichts der hinter der Grenze liegenden stalinistischen Sowjetunion sowie dem Kriegsbeginn mit dem Überfall auf Polen im September 1939 verunsicherte die in ihrer Führung stark von unterschiedlichen Auffassungen des Nationalsozialismus beeinflussten Deutschen der Bukowina. In einer Rede am 6. Oktober 1939 im Reichstag hatte Hitler von Osteuropa als „zum Teil mit nicht haltbaren Splittern des deutschen Volkstums gefüllt"[17] gesprochen und damit erhebliche Besorgnis bei den deutschen Minderheiten in Rumänien ausgelöst. Gerüchte und Dementis machten die Runde, eine Czernowitzer Delegation im Auswärtigen Amt äußerte den Wunsch nach einer Umsiedlung im Falle der sowjetischen Besetzung,[18] obwohl die Bukowina gerade nicht Teil der im geheim gehaltenen Zusatzprotokoll des ‚Molotow-Ribbentrop-Abkommens' verhandelten Ansprüche war. Einige Monate später im Juni 1940 stellten die Sowjets ein Ultimatum an Rumänien und besetzten die Nordbukowina.[19] Es begannen in Moskau Verhandlungen zwischen dem

14 Bedeutend für den Einfluss des Nationalsozialismus bei den Deutschen in der Bukowina war die Wirkung der von Siebenbürger Sachsen gegründeten ‚Selbsthilfe', deren Anführer in der Bukowina Edwin Landwehr war; vgl. Hausleitner: Rumänisierung (Anm. 13), Kap. 4.3.2. „Der Einfluss des Nationalsozialismus unter den Deutschen"; auch Jachomowski: Umsiedlung (Anm. 3); Glass: Zerbrochene Nachbarschaft (Anm. 9), Kap. 9 „Das Eindringen des Nationalsozialismus".

15 Vgl. die brieflichen Äußerungen des Augustendorfer Pater Sonntag vom 8. April 1942 über Auseinandersetzungen mit einem Polen, die nach dem Kriegsausbruch 1939 eskalierten. In: Siegfried Mirwald: Die Geschichte von bayrischen, deutsch-böhmischen Buchenländern. Augsburg 1992 (Schriftenreihe der Landsmannschaft der Buchenlanddeutschen), S. 221-233, hier S. 225ff.

16 Glass: Zerbrochene Nachbarschaft (Anm. 9), S. 361-381. Hausleitner: Rumänisierung (Anm. 13), Kap. 4 verweist auf die Verarmung in der ökonomischen Krise ab 1928, die zur Distanzierung der Ethnien voneinander und zur Radikalisierung einiger bukowinadeutschen Gruppierungen führte. Zur rumänischen Variante des in Iaşi (Jassy) durch Studenten begründeten christlich-nationalistisch-antisemitischen Rechtsextremismus der Legionäre vgl. Armin Heinen, Oliver Jens Schmitt (Hrsg.): Inszenierte Gegenmacht von rechts. Die „Legion Erzengel Michael" in Rumänien 1918-1938. München 2013 (Südosteuropäische Arbeiten 150).

17 Vgl. die Bezugnahme auf diese Formulierung durch Joseph B. Schechtman: The Refugee in the World. New York, London 1963, S. 12; auch Kulischer: Displacement (Anm. 7), S. 9; zum Hintergrund vgl. Jachomowski: Umsiedlung (Anm. 3), S. 38.

18 Jachomowski: Umsiedlung (Anm. 3), S. 49; Hausleitner: Rumänisierung (Anm. 13), S. 325.

19 Vgl. die Darstellung der Besetzung bei Jachomowski: Umsiedlung (Anm. 3), S. 53-63; Mirwald: Geschichte (Anm. 15), S. 313-317; vgl. auch Wilhelm Messner: Die schwäbisch-pfälzische Bauernsiedlung Deutsch-Tereblestie von ihrer Gründung bis zur Umsiedlung 1789-1940. Heubach/Württemberg 1985, S. 136-143; vgl. auch ebd., S. 201-204 den Bericht von Leopold Kozlowski.

deutschen Botschafter Schulenburg und dem sowjetischen Außenminister Molotow, am 5. September wurde ein Umsiedlungsvertrag für die Nordbukowina und Bessarabien abgeschlossen. Für die rumänische Südbukowina und die Dobrudscha wurden ebenfalls unmittelbar darauf ähnliche Verträge abgeschlossen.[20]

Umsiedlungen ‚Heim ins Reich'

Organisiert durch einen ‚Deutschen Gebietsstab für die Umsiedlung' unter Aufsicht der ‚Volksdeutschen Mittelstelle' (VoMi) wurden in kurzer Zeit mehr als 70.000 Bukowinadeutsche mit Zügen durch das sowjetische Galizien oder durch Ungarn nach Westen in unterschiedliche Lager transportiert.[21] Zur Mitnahme erlaubt waren 50 kg Gepäck und zwei Handkoffer, Möbel und Haushaltsgegenstände wurden getrennt transportiert und am Zielort ausgeliefert. Die vom Gebietsstab in der Bukowina eingerichteten Umsiedlungskommissionen prüften die Zugehörigkeit zur deutschen Minderheit, befragten die Familiensituation und Genealogie, das Einkommen und den Bestand von Bauernhöfen.[22] Nicht alle Deutsche wollten dem Slogan ‚Heim ins Reich!' folgen, aber ebenso gab es auch nichtdeutsche Bewohner der Bukowina, die sich gern auf die Liste setzen ließen, um umgesiedelt zu werden.[23]

---

20 Jachomowski, Umsiedlung (Anm. 3), S. 209-225 mit den deutsch-sowjetischen und deutsch-rumänischen Verträgen im Anhang; Text des deutsch-rumänischen Vertrags mit Zusatzprotokollen auch bei Johann Christian Dressler: Chronik der Bukowiner Landgemeinde Illischestie. Freilassing 1960, S. 449-526; Transportlisten des Dorfes Illischestie bei Hrenciuc, Destin şi istorie (Anm. 4), S. 413-489. Die Besetzung der Nordbukowina und Bessarabiens veranlasste – ganz nach der Theorie Kulischers – die Flucht von Tausenden Rumänen, vgl. hierzu für die Bukowina die Interviewsammlung Ştefan Ungurean, Mircea Ivănoiu: Oameni prin vremuri. Bucovineni în secolul XX [Die Menschen in den Zeiten. Bukowiner im 20. Jahrhundert]. 2 vol. Braşov (Kronstadt) 2015.

21 Die Volkszählung von 1930 hatte in der Bukowina 75.500 Angehörige der deutschen Minderheit ergeben. Für 1939 wurde dann die Zahl 81.400 angenommen, nach Jachomowski: Umsiedlung (Anm. 4), S. 13, Anm. 17; zu den Umsiedlungszahlen gibt es unterschiedliche Angaben, vgl. Hausleitner: Rumänisierung (Anm. 13), S. 370 nennt für die Nordbukowina 43.600, für die Südbukowina 52.100 Umgesiedelte; Schechtman: European Population (Anm. 11), S. 184 gibt für die Nordbukowina 42.400 an, ebenso Kulischer: Displacement (Anm. 7), S. 16.

22 Mirwald: Geschichte (Anm. 15), S. 317ff. Bei Dressler: Illischestie (Anm. 20), S. 480-482, hier 482 wird die Abschiedssituation in Illischestie in der nationalsozialistischen Deutung des Bukarester Tageblatts 26.11.1940 wiedergegeben: „Als letzter sprach der Ortsbevollmächtigte der Umsiedlungskommission Witzel und schilderte in eindrucksvoller Weise den Kampf des Führers um die Errichtung des Dritten Reiches und hob die beispiellosen Heldentaten der deutschen Wehrmacht im gegenwärtigen Krieg hervor. […] Mit einem begeisterten ‚Sieg-Heil!' auf unseren Führer und nach Absingen des Deutschlandliedes und des Horst-Wessel-Liedes schloß die Abschiedsfeier […]." In Dresslers Text heißt es auch S. 484, „daß sich ihre [der Umgesiedelten] Begeisterung für die NSDAP stark abkühlte." Mehrfach ist der Text des früheren Lehrers von Wortwahl und Sichtweisen der Nationalsozialisten geprägt.

23 Geschätzte 7.000 Bukowinadeutsche ließen sich nicht umsiedeln, während eine höhere Zahl Nichtdeutscher auf die Liste kam. Selbst einige Juden aus ‚Mischehen' ließen sich auf die Umsiedlungsliste setzen, sie wurden im sog. Warthegau Opfer der Shoah.

Nicht wenige haben ihre große Enttäuschung bei der Ankunft in den vorbereiteten Lagern in Westpolen artikuliert. Es sei eng, unmenschlich, streng, autoritär überwacht gewesen, die SS habe erkennen lassen, dass die Umsiedler nun einem vorher so nicht erwarteten Regime unterworfen seien, das die wirkliche Seite des NS-Systems habe erkennen lassen.[24] In den Lagern wurde die sog. Einbürgerung vorbereitet, der entscheidende Schritt auch für die zukünftige Wahrnehmung als ‚Deutsche'. Hierzu wurden die Ankömmlinge in der ‚Einwandererzentrale' in Lodz (‚Litzmannstadt') nach monatelangen Wartezeiten in den Lagern erkennungsdienstlich erfasst und nach rassistischen SS-Kriterien als A-, O- oder S-Fälle klassifiziert. D.h. als für die Ansiedlung im Osten oder im Altreich ‚geeignet' oder als Sonderfälle, die nicht den Vorstellungen der SS entsprachen.[25] Nach dieser Einbürgerung wurde ein Siedlungsort bestimmt.

Besonders der Umgang mit den früheren polnischen Besitzern etwa der Bauernhöfe oder von Wohnhäusern habe viele abgeschreckt. Von der in der Bukowina erfahrenen Haltung des mehr oder minder respektvollen Nebeneinanders von mehreren Ethnien waren hier nur die Dominanz der Deutschen, die Diskriminierung der Polen und die Deportierung der Juden erkennbar.

> Wir fühlten uns auf diesem Hof nicht als Eigentümer, sondern als Verwalter. [...] Die vertriebenen Polen wurden in Nachbardörfern bei anderen Polen untergebracht. Es sollten einige Dörfer nur für Deutsche und andere nur für Polen bestehen. In den ‚deutschen' Dörfern lebten jedoch nach wie vor auch Polen. Diese arbeiteten dann bei den ‚Siedlern', wie bereits erwähnt, die es als ungerecht empfanden, dass die Polen ausgesiedelt wurden. Doch es wagte niemand etwas dagegen zu sagen, geschweige denn zu tun. Das Konzentrationslager war angekündigt und nicht allzu weit entfernt.[26]

Einzelne der Umsiedlung gegenüber kritische Stimmen berichten von der Unterbringung in früheren jüdischen Ghettos wie dem Lager Pabianice und den schwer erträglichen Umständen der Situation im sog. ‚Warthegau'.[27] Die gleiche Gewährsperson berichtet auch von der unvorhergesehenen Konfrontation mit dem Ghetto in Lodz: „Wir wussten weder, dass es Ghettos gibt noch sonst irgendwas. Es ist auch nicht mehr darüber gesprochen worden, erst viel später."[28]

---

24 Vgl. den Brief Pater Sonntags an Frau Helene Lebouton vom 8. April 1942. In: Mirwald: Geschichte (Anm. 15), S. 225ff. Auch die sonst eher tendenziöse Darstellung bei Dressler: Illischestie (Anm. 20) S. 484-508 belegt durch zahlreiche Briefe die Unzufriedenheit mit den Verhältnissen in den Lagern.

25 Zur nationalsozialistischen Bevölkerungspolitik im Krieg vgl. Götz Aly, Susanne Heim: Vordenker der Vernichtung. Auschwitz und die deutschen Pläne für eine neue europäische Ordnung. Frankfurt/M.[2] 1993; Maria Fiebrandt: Auslese für die Siedlergesellschaft. Die Einbeziehung Volksdeutscher in die NS-Erbgesundheitspolitik im Kontext der Umsiedlungen 1939–1945. Göttingen 2014, ebenso die Antikritik Götz Aly: Erwiderung auf Dan Diner. In: Viertelsjahrshefte für Zeitgeschichte 41 (1993), H. 4, S. 620-635. Leiter der Himmler unterstellten ‚Einwandererzentrale' war Reinhard Heydrich.

26 Mirwald: Geschichte (Anm. 15), S. 332. Implizit wurde damit die Enteignung der polnischen Besitzer allerdings anerkannt.

27 „Es hat mich belastet, es bewegt mich noch heute". Edith Schütrumpf erinnert sich. Erlebnisse einer Bukowinadeutschen in den Kriegsjahren 1939-1945. In: Spiegelungen. Zeitschrift für deutsche Kultur und Geschichte Südosteuropas 1 (2006), H. 1, S. 44f.

28 Ebd. S. 46.

Eine weitere Wunschvorstellung der Bukowiner wurde in den eroberten Ostgebieten nicht realisiert: Die geschlossene Ansiedlung in einer bestimmten Gegend. Immerhin wurden einzelne Familien aus Dörfern gemeinsam angesiedelt, größere Gruppen konnten Kontakt halten.

Ansiedlung im Westen

Die Bukowinadeutschen wurden nicht nur im Osten und in Österreich, sondern auch im Westen angesiedelt. Wie Kulischers detaillierte Karten zeigten, hatte es nach dem Sieg gegen Frankreich auch Vertreibungen in Lothringen gegeben. 60.000 Lothringer wurden in der ‚verschleierten Annexion' im Laufe der Jahre zur Flucht veranlasst, obwohl die Annexion im deutsch-französischen Waffenstillstandsvertrag nicht vorgesehen war. Aber der pfälzische Gauleiter Bürckel realisierte hier seine Vorstellung einer analog zur ‚Ostmark' gebildeten künstlichen ‚Westmark' mit Ansiedlung von deutschen Bauern, Vertreibung von Franzosen und Volksdeutschen.[29] Hier war das ‚Reichskommissariat für die Förderung deutschen Volkstums' (RKFDV) der SS aktiv in Konkurrenz zu Stellen des Gauleiters oder anderen raumplanerischen Behörden wie dem Kulturamt Metz oder dem Bodenamt. Durch die Mobilmachung vieler Siedler blieb die Umsetzung der rassistischen Vorstellungen von der Siedlung unergiebig und daher ordnete im Jahr 1942 die RKFDV (unter Heinrich Himmler) die Ansiedlung von bukowinadeutschen Bauern an, die im sog. ‚Warthegau' noch nicht angesiedelt waren. Diese boten den Vorteil, dass sie das Einbürgerungsverfahren bereits durchlaufen hatten, nicht zur Wehrmacht eingezogen wurden und keinen Siedler-Schein vorlegen mussten. 1943 waren 1.355 Personen angekommen (309 Herdstellen), die das Lager in Elsange durchlaufen hatten, eine geschlossene Ansiedlung wurde aber auch hier in der Konkurrenz zu den Saarpfälzer Bauern nicht realisiert. Ein Bukowiner Bauer erzählte später, dass er als Helfer zwei serbische Kriegsgefangene und ein polnisches Ehepaar auf dem Hof hatte. Mit den Serben konnte er sich auf Rumänisch verständigen, die dann dem Ehepaar übersetzten. Die zahlenmäßig bedeutendste Gruppe im Zwangssystem der Siedlungen bildeten die ausländischen Zwangsarbeiter. Mit dem Voranschreiten der Front 1944 kam es dann zur tumultartigen Flucht mit beladenen Wagen hinter die Grenze mit Quartieren im Nordsaarland und im Pfälzer Raum – wie die Gewährsperson erzählte, genau in den Raum, aus dem im 18. Jahrhundert seine Vorfahren ins Buchenland ausgewandert waren.[30]

---

29 Hans Schaefer: Bürckels Bauernsiedlung. Nationalsozialistische Siedlungspolitik in Lothringen während der „verschleierten Annexion" 1940-1944. Saarbrücken 1997 (Diss. Fernuniversität Hagen 1997); vgl. auch Jachomowski: Umsiedlung (Anm. 3), S. 187f.; auch Eugene M. Kulischer: Europe on the move. New York 1948, S. 258.

30 Vgl. die Karte der Herkunftsorte in: Alfred Karasek, Josef Lanz: Das deutsche Volksschauspiel in der Bukowina. Marburg 1971, S. 12; auch einzelne Erbzinsler in Illischestie kamen aus Bosen, Sötern, Völklingen, Birkenfeld, etc.; vgl. die Listen bei Dressler: Illischestie (Anm. 20), S. 247-272.

Flucht und Vertreibung

Im ‚Warthegau' endete die zwei bis drei Jahre andauernde Siedlung in einem von der Diskriminierung der Polen und der Shoah historisch geprägten Raum für die bukowinadeutschen Umsiedler mit einem erneuten ‚displacement', als im Herbst 1944 das Vorrücken der Roten Armee sowohl die alteingesessene deutsche Bevölkerung als auch die Angesiedelten zur Flucht veranlasste, die von den deutschen Behörden als kurzzeitige ‚Evakuierung' bemäntelt wurde.[31] Nun flohen die Karpatenländler durch Schlesien und das Sudetenland nach Westen – die Frauen meist wieder im Eisenbahnzug, die Männer langsamer mit Pferdefuhrwerken und mehr Gepäck. Zur gleichen Zeit Ende 1944 trieben Wachmannschaften der KZs auf brutalen Todesmärschen ihre Insassen vom Einflussbereich der sich nähernden Front weg. Bukowinadeutsche berichten später von einer Begegnung:

> In Heideanger (heute wieder Kreba) bei Hirschwalde, sah Siegfried auch einen Transport von Juden. Es war ein langer Zug von Menschen, die alle zu Fuß gingen und die gesamte Straßenbreite einnahmen. Alle waren gleich dunkel gekleidet. Seitlich gingen die Aufseher mit Peitschen und trieben die Leute zusammen und an. Die Menschen waren ausgemergelt, erschöpft und hungrig. Wer nur etwas aus dem Zuge abwich, der wurde geschlagen. [...] die Menschen waren teilweise so entkräftet, dass sie hinfielen und nicht mehr laufen konnten. Die Aufseher schlugen mit den Peitschen erbarmungslos auf sie ein, bis sie wieder weitergingen.[32]

Diejenigen, die sich über die ‚spontanen Vertreibungen' in der Tschechoslowakei hinaus noch als Flüchtlinge dort halten konnten, erfuhren ebenfalls die feindliche Stimmung und suchten sich auf den Weg in das noch nicht kapitulierte Reich zu machen. Abhängig von den Lebensmittelkarten und der Versorgung durch lokale Behörden ergaben sich verschlungene Wanderbewegungen bis es gelang, Familienangehörige zu treffen und sich niederzulassen.[33] Die Entstehung der vier Besatzungszonen änderte diese Migrationen nun als interzonale. Selbst die, die in der Sowjetischen Besatzungszone Aufnahme gefunden hatten, machten sich noch einmal auf die Reise, um in die westlichen Zonen zu gelangen. In der SBZ blieben nur etwa 5.000 Bukowinadeutsche, als Ironie der Ereignisse kann die Tatsache angesehen werden, dass die Vertriebenen aus den nun unter sowjetischer Besatzung stehenden Ländern als ‚Umsiedler' bezeichnet wurden.[34]

Nach der Potsdamer Konferenz im Sommer 1945 erhöhte sich die Zahl der Flüchtlinge enorm durch die Vertreibungen in Polen und der Tschechoslowakei. Zusammen mit den Zwangsarbeitern, KZ-Überlebenden, jüdischen Flüchtlingen aus Ost-

31 Zum ‚Warthegau' vgl. Jachomowski: Umsiedlung (Anm. 3), S. 128-197.

32 Mirwald: Geschichte (Anm. 15), S. 345.

33 Vgl. die Briefe und Erzählungen bei Mirwald: Geschichte (Anm. 15); Dressler: Illischestie (Anm. 20), S. 532-549; Erlebnisse einer Bukowinadeutschen (Anm. 27).

34 Jachomowski: Umsiedlung (Anm. 3), S. 203; Schwartz: Vertriebene und ‚Umsiedlerpolitik' (Anm. 6), S. 52-58. Der Bevölkerungsanteil der Vertriebenen und der Bessarabiendeutschen war in der SBZ sehr viel höher, insbesondere in Mecklenburg.

europa, Vertriebenen und den früheren Umsiedlern fanden sich 1944/45 geschätzte 12 Millionen Menschen ‚on the move'. Die meisten in einer Ost-West-Richtung, wobei es allerdings auch meist scheiternde Versuche etwa auch von Bukowinadeutschen gab, in ihre früheren Wohngegenden vor der Umsiedlung zurück zu gelangen.[35] Ebenso sind auch Fälle dokumentiert, in denen die Sowjettruppen Umsiedler nach Rumänien zurück sandten.[36]

Die früheren Bukowinaumsiedler galten durch ihre Einbürgerung in den Lagern des sog. ‚Warthegaus' als Deutsche und damit als Teil jener Flüchtlingsmasse, die insbesondere die ‚expellees', also die ‚Ausgewiesenen', Evakuierten, Vertriebenen aus Polen und der Tschechoslowakei umfasste. Ihre baldige Integration war das Hauptziel der amerikanischen Besatzungsbehörden, dessen Realisierung durch die bald wieder funktionierenden deutschen Lokal-, Kreis- und Landesverwaltungen sie einforderten. Hierbei war – noch strikter in der Sowjetischen Besatzungszone[37] – eine organisierte Interessenartikulierung durch die jeweiligen Vertriebenengruppen nicht erwünscht. Bis zur Gründung der Bundesrepublik Deutschland untersagten die Besatzungsbehörden die Bildung von Vertriebenenorganisationen, da sie keinerlei Sonderstatus der Neuankömmlinge, sondern Integration erreichen wollten. Zugleich blieb so die Thematisierung der jüngsten Vergangenheit der ethnischen Gruppen und ihrer Vertreibung im Ungefähren. Lediglich unter dem Dach der Evangelischen und Katholischen Kirche konnten in Hilfskomitees die besonderen Hilfeersuchen der Geflüchteten zur Sprache gebracht und bei den deutschen Behörden eingefordert werden.

Den Bukowinadeutschen gelang es teilweise, in eigenen Siedlungen wie Stuttgart-Büsnau, Salzgitter oder in Darmstadt und in der Einrichtung von Handwer-

---

35 So berichtete der Pater Sonntag in einem Brief (Mirwald: Geschichte [Anm. 15], S. 238): „Einige Frauen mit ihren Kindern fuhren beim Zusammenbruch 1945 nicht nach Deutschland sondern in ihre alte Heimat Bukowina zurück. Die Russen jedoch schoben sie nach Rumänien ab. Diese aber wollten sie auch nicht mehr weiter dulden. Sie wiesen sie zwar nicht ausser Landes, gaben ihnen aber auch keine Gelegenheit zur Arbeit, keine Unterkunft und keine Lebensmittelkarten. Ausserdem ist doch auch gegenwärtig noch eine große Geldnot, so dass sie gezwungen waren ‚schwarz' durchzugehen. Ihr Ziel war Österreich und Deutschland. Meistens legten sie zu Fuß diese ihre quasi Flucht zurück. Auf dem Wege wurden sie gänzlich bald da, bald dort ausgeraubt und all ihrer Dokumente brutaler Weise entledigt, so dass sie hungrig, elend, herabgekommen endlich wieder auf deutschem Boden gelandet sind. Etliche erwachsene Frauen und mehrere Kleinkinder starben ob der Entbehrungen auf dem Fluchtwege. Die zurückgebliebenen Waisen wurden von anderen Frauen auf dem Wege betreut, um dieselben dem noch aufzufindenden Vater zu übergeben. Wie mir einige dieser armen Frauen erzählten, haben sie furchtbares, eine wahre Hölle ausgestanden."

36 Dressler: Illischestie (Anm. 20), S. 534f., 541, 543, 545; Messner: Deutsch-Tereblestie (Anm. 19), S. 139-142.

37 Über die Vertriebenen in der SBZ zeitgenössisch der frühere nationalsozialistische Bevölkerungsexperte Peter-Heinz Seraphim: Die Heimatvertriebenen in der Sowjetzone. Berlin 1954 (Schriften des Vereins f. Socialpolitik NF, 7/I); Michael Schwartz: Der historische deutsche Osten in der Erinnerungskultur der DDR. In: Jörg-Dieter Gauger, Manfred Kittel (Hrsg.): Die Vertreibung der Deutschen aus dem Osten in der Erinnerungskultur. Koll. d. Konrad-Adenauer-Stiftung u. d. Instituts f. Zeitgeschichte. Sankt Augustin 2004, S. 69-81. In Österreich wurde bereits 1946 ein Bukowiner Komitee in Salzburg gegründet, vgl. Dressler: Illischestie (Anm. 20), S. 547.

kergenossenschaften die alte Verbundenheit beizubehalten und so in der oft wenig freundlichen neuen Umgebung sich zu behaupten. Ob sie die späte Einsicht des Paters Sonntag von 1946 akzeptierten, ist schwer einzuschätzen: „Wir sind blindlings und freiwillig in unser eigenes Elend hineingerannt. Was wir gesät, haben wir nun geerntet."[38]

38 Brief vom 19.5.1946, abgedruckt in Mirwald: Geschichte (Anm. 15), S. 236.

Markus Winkler

Emigration oder Verbleib Juden in Czernowitz nach 1944

Forschungslage

Geschichts-, Literatur- oder auch Kulturwissenschaften haben sich seit den frühen 1990er-Jahren intensiv mit Fragen zu multiethnischen Konstellationen, zur Minderheitenpolitik oder zu inter- und transkulturellen Prozessen in der Bukowina, die sich im 20. Jahrhundert enormen geopolitischen Zäsuren ausgesetzt sah, beschäftigt.[1] Auch zur Phase 1940 bis 1944, die dem Thema dieses Beitrags unmittelbar vorangeht und in der kurz aufeinanderfolgende Ereignisse und Vorgänge die Existenz der jüdischen Bewohner bedrohten oder zerstörten, liegen mittlerweile Dokumente und Untersuchungen vor.[2] Wenig Beachtung fand hingegen lange Zeit die Erforschung des Zeitraums 1944 bis 1946, in dem es unter neuen politischen Vorzeichen in dem nunmehr sowjetischen Gebiet (oblast') Černovcy[3] zu massiven Abwanderungsbewegungen der jüdischen Bevölkerung und anderer Nationalitäten kam. Diese Situation änderte sich in den 1990er-Jahren, nachdem Bestände aus ukrainischen und russischen Archiven zugänglich wurden.

Zum Thema der Emigration[4] der Juden aus Czernowitz nach der Wiedereinnahme der Stadt durch die Sowjetunion im März 1944 liegen mittlerweile mehrere Arbeiten vor: Mordechai Altshuler richtete Ende der 1990er-Jahre erstmals einen Fokus auf die von sowjetischen Behörden forcierte Ausreise der Juden aus der Nordbukowina nach Rumänien im Zeitraum 1945/46 und erbrachte den Nachweis, dass ein Großteil der Auswanderung nicht mit zionistischer Unterstützung

---

1 Vier Standardwerke aus diesen Fachrichtungen seien genannt: Marianne Hirsch, Leo Spitzer: Ghosts of Home. The Afterlife of Czernowitz in Jewish Memory. Berkeley, Los Angeles, London 2010; Kurt Scharr: „Die Landschaft Bukowina". Das Werden einer Region an der Peripherie 1774–1918. Wien, Köln, Weimar 2010; Andrei Corbea-Hoisie: Czernowitzer Geschichten. Über eine städtische Kultur in Mittel(Ost)-Europa. Wien, Köln, Weimar 2003 (Literatur und Leben 63); Mariana Hausleitner: Die Rumänisierung der Bukowina. Die Durchsetzung des nationalstaatlichen Anspruchs Großrumäniens 1918–1944. München 2001 (Südosteuropäische Arbeiten 111).

2 Benjamin M. Grilj (Hrsg.): Schwarze Milch. Zurückgehaltene Briefe aus den Todeslagern Transnistriens. Innsbruck 2013; Jewgenija Finkel, Markus Winkler (Hrsg.): Juden aus Czernowitz: Ghetto, Deportation, Vernichtung 1941–1944. Überlebende berichten. Konstanz 2004.

3 Das Gebiet war bereits am 7. August 1940 geschaffen worden und umfasste neben dem nördlichen Teil der Bukowina auch die nördliche Hälfte des Chotin-Bezirks und das Herța-Gebiet.

4 Es finden sich in den Quellen – abhängig von einer Selbst- und Fremdperspektive oder von einer offiziellen Sprachregelung in zwischenstaatlichen Abkommen – unterschiedliche Begriffe für diesen Vorgang: Auswanderung, Emigration, Repatriierung oder Ausschluss.

oder den zu diesem Zeitpunkt unübersichtlichen Verhältnissen in dieser Region zusammenhing.[5]

Mit über 50 Juden aus Czernowitz, die nach Israel ausgewandert sind, befasste sich ein Oral-History-Projekt des Osteuropa-Instituts der Freien Universität Berlin, das die sehr unterschiedlichen Emigrationswege sichtbar werden lässt.[6] Eine quellenkritische Edition mit 92 Dokumenten (Briefwechsel sowjetischer Behörden) über die Zeit ab 1944 beschreibt die Ausreisepraxis in der Sowjetunion und liefert Einblicke in den Antisemitismus der Nachkriegszeit in der Grenzregion zu Rumänien.[7]

In zwei relativ aktuellen Publikationen legen ukrainische Historikerinnen sowohl einen Schwerpunkt auf die Emigration der Juden nach 1944 als auch auf das jüdische Leben in Czernowitz während der Sowjetzeit bis 1991.[8] Aus diesen Untersuchungen lässt sich ableiten, dass es nach 1944 zu sehr unterschiedlichen Emigrantenbiographien kam oder aber auf eine Auswanderung verzichtet wurde.

Die Gründe der Emigration oder des Verbleibs in der Stadt waren vielschichtig. Sie werden in diesem Beitrag anhand folgender, miteinander verbundener Untersuchungsfelder in den Blick genommen: Fluchtbewegung, Umsiedlung der deutschen Volksgruppe und Verbrechen an der jüdischen Bevölkerung 1940 bis 1944, Bevölkerungsstruktur und antijüdische Stimmung in Czernowitz ab 1944, Motive, die eine Auswanderung nach 1944 beförderten, Migrationsbewegungen und sowjetische Ausreisepraxis 1945/46 und Folgen der Ausreise.

1940–1944: Fluchtbewegung, Umsiedlung und Verbrechen an der jüdischen Bevölkerung

Im geheimen Zusatzprotokoll zum Hitler-Stalin-Pakt vom 23. August 1939 war von der Sowjetunion nur auf Bessarabien Anspruch erhoben worden. Dennoch forderte die sowjetische Regierung kurz vor Ablauf eines Ultimatums an Rumänien am 26. Juni 1940 auch die Annexion der Bukowina. Zwei Tage später besetzten sowjetische Einheiten die nördliche Bukowina inklusive Czernowitz, das seit November 1918 Teil des Königreichs Rumänien gewesen war bzw. zwischen 1775 und 1918 zur

5 Mordechai Altshuler: The Soviet „Transfer" of Jews from Chernovtsy Province to Romania, 1945–1946. In: Jews in Eastern Europe (1998), 2 (36), S. 54-75.

6 Gaby Coldewey, Anja Fiedler, Stefan Gehrke [u.a.] (Hrsg.): Zwischen Pruth und Jordan. Lebenserinnerungen Czernowitzer Juden. Köln, Weimar, Wien 2003.

7 Vladimir Khanin (Hrsg.): Documents on Ukrainian Jewish Identity and Emigration 1944–1990. London 2003, bes. Kap. 1: „Assimilation, Resistance, Escape: Jewish Responses to the Holocaust and Postwar Antisemitism, 1944–1953", S. 39-112.

8 Svitlana Frunchak: The Making of Soviet Chernivtsi: National Reunification, World War II, and the Fate of Jewish Czernowitz in Postwar Ukraine. Toronto 2014; Iryna Javors'ka: Žyttja jak pošuk raju. Emihracija jevreïv z Černivec'koï oblasti (1944–1991 rr.). [Leben als Suche nach dem Paradies. Emigration der Juden aus dem Czernowitzer Gebiet 1944 bis 1991]. Černivci 2016.

Habsburgermonarchie gehört hatte. Es folgte eine Fluchtbewegung in beide Richtungen. Nach der sowjetischen Machtübernahme am 28. Juni war die Grenze zu Rumänien noch für einen schmalen Zeitkorridor geöffnet, was die Fluchtmöglichkeiten beförderte. Insgesamt flohen in der zweiten Jahreshälfte 1940 über 220.000 Rumänen aus Bessarabien und der Nordbukowina nach Rumänien. Die Zahl der geflüchteten Juden lag bei ca. 5.000.[9]

Aus Czernowitz flohen bis zum Dezember 1940 nach vorliegenden Schätzungen 1.100 Personen, bis zum Juni 1941 dann nochmals 7.000 Personen.[10] Gleichzeitig kamen ca. 20.000 Juden aus Angst vor Pogromen aus Rumänien in die nördliche Bukowina (ca. 75.000 Juden flüchteten nach Bessarabien). Durch den Zuzug rumänischer Juden wuchs auch ihre Gesamtzahl im Gebiet Černovcy (d.h. nördliche Bukowina und Chotin-Bezirk) im Zeitraum 1940/41 beträchtlich. Nach unterschiedlichen Erhebungen bzw. statistischen Verfahren lebten dort zu diesem Zeitpunkt 105.000 bis 120.000 Juden.[11]

Zu Beginn der sowjetischen Annexion war eine kleine Minderheit der jüdischen Bewohner „openly opposed to, or afraid of, Soviet rule, were busy arranging their departures in states of panic, shock, and despair“. Andere hingegen zeigten sich

> excited about the possible social change and the liberation from the national discrimination of non-Romanian nationals; many Jews, in particular, hoped for liberation from the growing antisemitism that seemed more and more inescapable.[12]

Dass Juden die neuen Machthaber am Straßenrand freudig empfangen und gleichzeitig durch ihr Verhalten die abziehenden rumänischen Einheiten gedemütigt hätten, wurde ihnen später von Seiten rumänischer Historiker als Kollaboration vorgeworfen, auch um dadurch die Ermordung und Verfolgung vieler Juden unmittelbar nach der Einnahme der nördlichen Bukowina im Juli 1941 zu ‚rechtfertigen‘. Erst 2005 wurde diese Legende der Kollaboration durch die rumänische Historiographie widerlegt.[13]

Die Umsiedlung der deutschen Volksgruppe, die auf Basis einer am 5. September 1940 unterzeichneten deutsch-sowjetrussischen Vereinbarung bis Mitte November durchgeführt wurde, veränderte die Demographie der Bukowina gravierend.

---

9 Vgl. Albert Kaganovitch: Estimating the Number of Jewish Refugees, Deportees, and Draftees from Bessarabia and Northern Bukovina in the Non-Occupied Soviet Territories. In: Holocaust and Genocide Studies 27 (2013), H. 3, S. 464-482, hier S. 466 und S. 468.

10 Vgl. Frunchak: Making of Soviet Chernivtsi (Anm. 8), S. 155f.

11 Vgl. Kaganovitch: Jewish Refugees (Anm. 9), S. 468.

12 Frunchak: Making of Soviet Chernivtsi (Anm. 8), S. 100.

13 Siehe den entsprechenden Hinweis auf den Abschlussbericht der Internationalen Kommission zur Erforschung des Holocaust in Rumänien bei Mariana Hausleitner: Rettungsaktionen für verfolgte Juden unter besonderer Berücksichtigung der Bukowina 1941–1944. In: Wolfgang Benz, Brigitte Mihok (Hrsg.): Holocaust an der Peripherie. Judenpolitik und Judenmord in Rumänien und Transnistrien 1940–1944. Berlin 2009 (Dokumente – Texte – Materialien. Zentrum für Antisemitismusforschung der Technischen Universität Berlin 73), S. 113f.

Die Umsiedlung betraf rund 44.000 Personen aus der Nordbukowina, darunter ca. 16.000 Personen aus Czernowitz.[14] Die deutsche Volksgruppe verschwand nahezu komplett aus der Region und offensichtlich konnten auch einige jüdische Ehepartner zusammen mit den Deutschen umsiedeln.

Die Zahl gemischter Ehen war in der Bukowina aufgrund eines nicht zusammenhängenden Siedlungsgebietes höher als in Bessarabien. Da Ehen nicht getrennt werden sollten, wurden auch Personen anderer Nationalitäten umgesiedelt. Aufgrund ihrer relativ hohen Zahl forderte die Volksdeutsche Mittelstelle telegrafisch Gegenmaßnahmen, die der deutsche Konsul in Czernowitz, Fritz Schellhorn, mit dem Hinweis ablehnte, dass eine „Zurückziehung bereits ausgegebener Umsiedlungskarten" die Umsiedlungskommission den „Russen gegenüber in unhaltbare Lage bringen" würde.[15] Auch wenn die deutsch-jüdischen Beziehungen in der Region spätestens seit Mitte der 1930er-Jahre durch die zunehmend pro-reichsdeutsche Stimmung innerhalb der deutschen Volksgruppe fragil geworden waren, bedeutete doch diese Umsiedlung auch für die fast ausschließlich deutschsprachigen Juden eine Zäsur.

Die Gruppe der Deutschsprachigen hatte sich verkleinert, darüber hinaus forderten die sowjetischen Behörden von der jüdischen Bevölkerung ab Herbst 1940 die Verwendung des Jiddischen, z.B. an Schulen.[16] In diesem Jahr sowjetischer Herrschaft wurden auch ca. 10.000 Menschen aus Czernowitz und Umgebung nach Sibirien, in den Ural und nach Kasachstan deportiert, darunter 3.500 bis 4.000 Juden,[17] die den Behörden als politische Akteure, Unternehmer oder einfach als Angehörige der sogenannten ‚Bourgeoisie' verdächtig erschienen.

Nach dem Überfall des Deutschen Reiches auf die Sowjetunion kam es in Czernowitz ab dem 6. Juli 1941 zu Verbrechen an den Juden, nachdem rumänische Einheiten und das Sonderkommando 10b der Einsatzgruppe D der Sicherheitspolizei und des SD die Stadt erreicht hatten. Sie verwüsteten jüdische Einrichtungen, brannten den Israelitischen Tempel nieder und erschossen 524 Juden, darunter Repräsentanten der jüdischen Gemeinde wie den Oberrabbiner Abraham Jakob Mark. Insgesamt wurden in wenigen Tagen in Czernowitz und umliegenden Orten mehr als

---

14 Siehe auch die 2017 erscheinende Monographie „Die Umsiedlung aus der Bukowina 1940 und deren Folgen" von Mariana Hausleitner, die auf ein von der Beauftragten der Bundesregierung für Kultur und Medien gefördertes Projekt zurückgeht.

15 Dirk Jachomowski: Die Umsiedlung der Bessarabien-, Bukowina- und Dobrudschadeutschen. Von der Volksgruppe in Rumänien zur „Siedlungsbrücke" an der Reichsgrenze. München 1984 (Buchreihe der Südostdeutschen Historischen Kommission 32), S. 73.

16 Vgl. Markus Winkler: Jüdisches Leben in der Sowjetunion. Ein Gespräch mit Rosa Roth-Zuckermann. In: Cécile Cordon, Helmut Kusdat (Hrsg.): An der Zeiten Ränder. Czernowitz und die Bukowina: Geschichte, Literatur, Verfolgung, Exil. Wien 2002, S. 253-266, hier S. 254.

17 Vgl. Dov Levin: The Jews and the inception of soviet rule in Bukovina. In: Soviet Jewish Affairs 6 (1976), H. 2, S. 52-70, hier S. 59.

2.000 Juden ermordet.[18] Im Herbst 1941 erfassten rumänische Behörden für Czernowitz 78.825 Einwohner, darunter 45.759 Juden (58% der Gesamtbevölkerung).[19] Am 11. Oktober 1941 wurden alle Juden in der Stadt ghettoisiert und zwei Tage später fuhren die ersten Deportationszüge in das Gouvernement Transnistrien (rum. Guvernământul Transnistriei), ein Gebiet zwischen den Flüssen Dnister und Südlicher Bug, das von Rumänien besetzt worden war. Die Deportationen, die bereits im Juli 1941 südlich von Czernowitz (Storoschynez) begonnen hatten, wurden in Czernowitz im November 1941 und im Juni 1942 fortgesetzt. Insgesamt wurden 32.530 Juden in die Lager Transnistriens deportiert, mit Hilfe von Sonderausweisen (‚Autorisationen') konnten 15.633 Juden in Czernowitz verbleiben.[20] Die Rückeroberung des Gebietes Transnistrien gelang der Roten Armee im März 1944. Czernowitz stand ab 29. März 1944 wieder unter sowjetischer Kontrolle.

Bevölkerungsstruktur und antijüdische Stimmung in Czernowitz ab 1944

Erhebungen der Zahlen und der Verteilung der städtischen Bevölkerung in den Jahren nach 1944 fallen aufgrund permanenter Zu- und Abzüge sehr unterschiedlich aus. Gleichzeitig bestand eine Dunkelziffer durch die zahlenmäßig kaum fassbare Abwanderung vor der Sicherung der sowjetisch-rumänischen Grenze im März 1945.

Eine erste relativ valide Erhebung vom 13. Juni 1944 ergibt folgendes Bild: In Czernowitz waren 43.530 Personen registriert, darunter 23.213 Juden (bzw. 53,33% der städtischen Bevölkerung), 10.699 Ukrainer (24,58%), 4.592 Rumänen (10,78%), 3.947 Polen (9,07%), 656 Russen (1,51%), 155 Deutsche (0,36%) und 168 Personen mit anderer Nationalität (0,38%). Unter den 23.213 Juden waren 11.549 Einheimische, 5.230 Juden stammten aus anderen Landesteilen Rumäniens und 6.434 Juden waren aus östlichen Gebieten in die Stadt gelangt.[21]

Ein Anteil von über 50% an der städtischen Gesamtbevölkerung war im Jahr 1944 angesichts des an den Juden in diesem Raum bzw. auf dem Territorium der heutigen Ukraine verübten Genozids sehr ungewöhnlich und stellte im europäischen Vergleich eine Ausnahme dar. Autorisationen, Einstellung der Deportation durch die Rumänen ab der zweiten Jahreshälfte 1942 und die Unterstützung durch funktionierende jüdische Netzwerke und Hilfsorganisationen sicherten hier wenigs-

---

18 Vgl. Hausleitner: Rettungsaktionen (Anm. 13), S. 116.

19 Die Verfolgung und Ermordung der europäischen Juden durch das nationalsozialistische Deutschland 1933–1944. Bd. 7: Sowjetunion mit annektierten Gebieten I: Besetzte sowjetische Gebiete unter deutscher Militärverwaltung, Baltikum und Transnistrien. München 2011, S. 776.

20 Vgl. Liviu Cărare: Concluziile Comisiei de anchetă pentru „Cercetarea neregulilor săvârşite cu ocazia evacuării evreilor din Cernăuţi" (1941) [Die Ergebnisse der Untersuchungskommission für die „Ermittlung von Verstößen bei der Evakuierung der Czernowitzer Juden" (1941)]. In: Anuarul Institutului de Istorie „G. Bariţiu". Cluj-Napoca 2011 (Series Historica 50), S. 252.

21 Vgl. Javors'ka: Žyttja jak pošuk raju (Anm. 8), S. 23.

tens einem Teil ein Überleben.[22] Nach der Befreiung der Lager in Transnistrien bzw. durch die Einstellung der Kriegshandlungen stieg die Bevölkerungszahl der Juden in der nördlichen Bukowina in wenigen Wochen um 71% an – von 30.713 (13. Juni 1944) auf 52.570 Personen (15. Juli 1944).

Die Anzahl der jüdischen Bewohner in Czernowitz wird höher gewesen sein, als es die behördlichen Angaben aussagen. Manche Rückkehrer ließen sich aus Angst vor einer Zwangsrekrutierung und Verfolgung nicht registrieren, waren untergetaucht oder geflohen. Am 23. Mai 1944 hatte Nikita Chruschtschow, Chef der Kommunistischen Partei in der Ukraine, nach seinem Besuch des Gebiets Černovcy an Josef Stalin berichtet, dass die jüdische Bevölkerung massenhaft nach Rumänien fliehen würde und daher eine Sicherung der sowjetisch-rumänischen Grenze dringend geboten sei.[23] Nach sowjetischen Behördenangaben vom 13. Juni 1944 hatten sich zu diesem Zeitpunkt 1.853 Juden der Mobilisierung oder einem drohenden Arbeitseinsatz entzogen, wobei 528 von ihnen verhaftet worden waren und dem Rest die Flucht nach Rumänien gelungen sein soll,[24] auch mit Unterstützung der Organisation ‚Bricha' (hebr. ‚Flucht'), die in engem Kontakt mit den in der Nordbukowina im Untergrund tätigen zionistischen Jugendorganisationen ‚Beitar' und ‚Hashomer Hatzair' stand.[25] Da zwischen Oktober 1944 und Februar 1945 keine reale Grenze zwischen dem Gebiet Černovcy und Rumänien bestand, konnten in diesem Zeitraum mehrere Tausend Juden die Region verlassen. Ab dem 6. März 1945 wurde die sowjetisch-rumänische Grenze wieder kontrolliert und ein illegales Überschreiten war mit Risiken verbunden.[26]

Die sowjetischen Funktionäre waren in den ersten Monaten damit beschäftigt, die unübersichtliche und noch fragile Lage in der Region zu kontrollieren. Noch befand sich die Sowjetunion im Krieg, die Frontlinie zu Rumänien verlief nur ca. 70 km südlich von Czernowitz.[27] Detailliert wurde in Berichten festgehalten, wie sich die jüdische Bevölkerung zusammensetzte, d.h. Anzahl der Familien, der Männer, Frauen und Kinder bzw. womit sie sich aktuell beschäftigten, um ihr mögliches Verwendungspotential für das eigene System zu erfassen.[28] Was die Einstellung gegenüber den Juden in der Stadt betraf, bediente man sich eines klassischen Freund-Feind-Schemas.

---

22 Vgl. Hausleitner: Rettungsaktionen (Anm. 13), S. 113-128, bes. S. 120-125.

23 Briefe an den Genossen Stalin vom Genossen Chruschtschow über den Besuch der Front und der befreiten Territorien der westlichen Gebiete der Ukraine (25. Januar bis November 1944). In: Zentrales Archiv der Bürgervereinigungen der Ukraine (Kyïv). Fond 1 (Zentralkomitee der Kommunistischen Partei der Ukraine), Sprava 937, Blatt 11. Zit. n. Javors'ka: Žyttja jak pošuk raju (Anm. 8), S. 31.

24 Siehe statistische Angaben des lokalen NKWD-Chefs Mychajlo Rudenko vom 13. Juni 1944. In: Javors'ka: Žyttja jak pošuk raju (Anm. 8), S. 157.

25 Ebd., S. 34.

26 Altshuler: Soviet „Transfer" (Anm. 5), S. 59.

27 Am 21. August 1944 durchbrach eine sowjetische Offensive die Frontlinie. Zehn Tage später zog die Rote Armee kampflos in Bukarest ein. Vgl. Hausleitner: Rumänisierung (Anm. 1), S. 428f.

28 Vgl. Javors'ka: Žyttja jak pošuk raju (Anm. 8), S. 157.

Der Bezirkssekretär Dolhyj gab seinen Mitarbeitern eine Art Leitfaden an die Hand. Er erstellte dazu eine Liste mit fünf Kategorien, bei denen es ausschließlich um die Frage ging, welche Juden dem System gegenüber loyal eingestellt waren und welche als ‚Klassenfeinde' eingestuft werden sollten. Diese Kategorisierung lässt den ideologischen Nährboden erkennbar werden, auf dem dann später Entscheidungen auf politischer Ebene getroffen werden, was die Aussiedlung oder auch Verfolgung und Verhaftung von Juden zur Folge hatte. Der Funktionär unterteilte die Juden in Bourgeoise, Kapitalisten, angebliche Agenten der Gestapo und Siguranţa, eine Gruppe von jüdischen Arbeitern und kommunalen Angestellten, die dem System nahestehen würden und Verwendung finden könnten sowie Juden, die mit der Roten Armee nach Czernowitz zurückgekehrt waren und Anhänger der Sowjetmacht seien. Diese Aufteilung endete mit der Feststellung, dass dies natürlich eine sehr freie und schematische Klassifizierung sei, sie aber für richtig gehalten würde.[29]

Die jüdische Bevölkerung versuchte durch Selbstverwaltung das soziale und religiöse Leben wieder zu aktivieren. Doch schnell musste man feststellen, dass viele Anstrengungen unterdrückt wurden. Juden, die versuchten, das während der Besetzung gestohlene Eigentum zurückzuerlangen oder Nazikollaborateure unter den Rumänen und Ukrainern vor Gericht zu bringen, wurden von den lokalen Behörden als Unruhestifter angesehen.[30] Ende Sommer 1944 stellte die jüdische Gemeinde den Antrag, ein Denkmal für die 1941 in der Stadt ermordeten Juden zu errichten. Dies wurde später (1948) mit dem Hinweis abgelehnt, dass es sich dabei nicht um sowjetische Opfer gehandelt habe. Im Dezember 1944 wurden mehrere Juden verhaftet, weil sie sich angeblich geweigert hatten, in die Rote Armee einzutreten, andere sahen sich dem Vorwurf der antisowjetischen Agitation ausgesetzt, was nichts anderes bedeutete, als dass sie zionistisch aktiv waren.[31]

Antisemitische Strömungen unterschiedlicher Provenienzen wurden sehr schnell offensichtlich. Zum einen wurden Überlebende des Holocaust von den sowjetischen Behörden verdächtigt, mit den Kriegsgegnern kollaboriert zu haben, insbesondere galt dieser Vorwurf jenen, die die Jahre von 1941 bis 1944 in Czernowitz verbracht hatten. Zum anderen sahen sich die Juden im ukrainischsprachigen Umland, wo Partisanengruppen der ukrainischen Nationalisten gegen NKWD-Einheiten kämpften, umgekehrt dem Vorwurf ausgesetzt, mit den Kommunisten bzw. den neuen sowjetischen Machthabern zusammenzuarbeiten.[32] Eine Atmosphäre der Entfremdung gegenüber der Heimatregion wird von Zeitzeugen bestätigt und hat zum Ausreisewunsch vieler Czernowitzer Juden beigetragen.[33]

---

29 Vgl. Frunchak: Making of Soviet Chernivtsi (Anm. 8), S. 332f.

30 Vgl. Altshuler: Soviet „Transfer" (Anm. 5), S. 59.

31 Vgl. Javors'ka: Žyttja jak pošuk raju (Anm. 8), S. 35f.

32 Vgl. Altshuler: Soviet „Transfer" (Anm. 5), S. 57f.

33 Vgl. Zvi Harry Likwornik: Als Siebenjähriger im Holocaust. Nach den Ghettos von Czernowitz und Bérschad in Transnistrien ein neues Leben in Israel. 1934 – 1948 – 2012. 2., durchges. u. erw. Aufl. Konstanz. 2013, S. 95f.; siehe auch die Aussage des Zeitzeugen Mosche Schamir (Moritz Schmucker), der aus diesem Grund nach Palästina emigrierte. In: Coldewey [u.a.] (Hrsg.): Zwischen Pruth und Jordan (Anm. 6), S. 89.

Auswanderung nach 1944: Ausreisewunsch und Motive

Für ein weiteres Zeitzeugenprojekt des Osteuropa-Instituts der Freien Universität Berlin Mitte der 1990er-Jahre wurden Überlebende interviewt, die – aus unterschiedlichen Gründen – nach dem Krieg in Czernowitz geblieben waren. Die Berichte zeigen verdichtet, wie sich einzelne Vorgänge auf die persönlichen Lebensumstände auswirkten und Motive für eine Auswanderung oder einen Verbleib sein konnten. Der Bericht von Anna Rosenberg (1922–1998) steht exemplarisch für die selbsterlebten Schicksale und zentralen Aspekte in der Zeit nach der Rückkehr aus den Lagern:

> In Czernowitz hatte ich noch Glück gehabt. Mein Onkel war mit der Tante hiergeblieben. Weil er eine Fabrik besaß, hatte er eine Autorisation bekommen. Beide Söhne nahmen die Russen sofort zur Armee. [...] Dann kam die Zeit, in der man Arbeiter in den Donbass [Kohlerevier in der Ostukraine] brachte. Da hat mich mein Onkel oben auf dem Dachboden versteckt. [...] Von meiner Tante sind drei Schwestern sofort weg nach Rumänien. Sie haben den jüngeren Sohn [der Tante, des Onkels] mitgenommen. Mein Onkel wollte nicht fahren, weil er sein eigenes Haus hatte und alles. Das war der Fehler. Nur deswegen blieb ich, sonst wäre ich mit denen sofort weggefahren. Der ältere Sohn ist nach Amerika gegangen. Der Onkel ist hier gestorben. Und die Tante hat der Sohn nach Palästina geholt. Das war nach dem Kriege, 1946.[34]

In wenigen Zeilen fasst die Zeitzeugin, die selbst bis zum ihrem Tod in Czernowitz lebte, Vorgänge zusammen, die über das weitere Schicksal der Juden in dieser Zeit bestimmten: Die Autorisation, die einem Drittel der jüdischen Bevölkerung den Verbleib in der Stadt ermöglichte – und damit auch in den meisten Fällen das Überleben –, die Rückkehr aus den Lagern Transnistriens nach Czernowitz, was wiederum nur einem Drittel der deportieren Juden gelungen war, die Furcht vor der Mobilisierung in die Rote Armee oder vor der Zwangsarbeit in der Sowjetunion und schließlich Flucht, Emigration oder ein Verbleib in der Stadt.

Juden aus Czernowitz waren 1944 wieder räumlich vereint. Doch aus den unterschiedlichen Erfahrungen in den Kriegszeiten (1941–1944) und während der unmittelbaren Nachkriegszeit resultierte auch eine differente Wahrnehmung der Umgebung. Alle hatten die Jahre zuvor als existentielle Bedrohung erfahren, auch wenn sie die Zeit an unterschiedlichen Orten erlebt hatten. Durch diesen Aspekt der Ortserfahrungen lassen sich für den Zeitraum 1944 bis 1946 verschiedene Teilgruppen ausdifferenzieren. Es gab jüdische Teilgruppen, die

- zwischen 1941 und 1944 mit einer Autorisation in Czernowitz verblieben oder dort untergetaucht waren,
- aus den Lagern Transnistriens bzw. aus Arbeitslagern im rumänischen Altreich zurückgekehrt waren,

34 Gertrud Ranner, Axel Halling, Anja Fiedler [u.a.] (Hrsg.): „und das Herz wird mir schwer dabei." Czernowitzer Juden erinnern sich. Potsdam 2009, S. 128f.

- aus Furcht vor antisemitischen Übergriffen durch die lokale Bevölkerung 1944 nicht in ihre Heimatorte in der Bukowina zurückgekehrt und stattdessen nach Czernowitz umgesiedelt waren,
- erst 1945 als Soldaten der Roten Armee wieder in die Stadt kamen,
- 1941 zusammen mit den abrückenden Sowjets in die UdSSR geflohen waren und nun zurückkehrten,
- aus anderen Teilen der Sowjetunion stammten und nach Czernowitz umgesiedelt wurden oder dorthin freiwillig umzogen.

Nach der Befreiung der nationalsozialistischen Vernichtungslager in Polen 1945 hielten sich auch noch jüdische Überlebende für eine kurze Zeitdauer in einem Transitlager in Czernowitz auf, wo sie auf ihre Weiterfahrt nach Rumänien warteten.[35] Die Differenzierung dieser Teilgruppen lässt vermuten, dass die Motive der Ausreise vielschichtig sein konnten.

Wie die jüdische Bevölkerung in Czernowitz ab 1944 die Frage der Auswanderung beantworten sollte, hing auch mit ihren Erfahrungen während der Zwischenkriegszeit (1918–1940) in Rumänien zusammen, in der eine gesamte Generation sozialisiert worden war, sowie mit ihren im Geiste der Aufklärung entwickelten Einstellungen aus der Habsburgermonarchie. In der Zwischenkriegszeit wurden die Minderheiten der Region durch starke Rumänisierungsprozesse teilweise politisch marginalisiert. Einem Drittel der jüdischen Bevölkerung der Bukowina wurde Ende der 1930er-Jahre die rumänische Staatsbürgerschaft aberkannt. Dennoch sollten zahlreiche Juden trotz dieser Erfahrungen der Zurückdrängung vor 1940 und der traumatischen Erlebnisse 1941 bis 1944, für die (auch) rumänische Verbände verantwortlich waren, nach 1944 eine Auswanderung nach Rumänien einem Verbleib im sowjetischen Černovcy bzw. in der Nordbukowina vorziehen, selbst ohne den Plan einer Weiterreise nach Palästina oder in ein anderes Land. Dabei spielten auch die Furcht vor stalinistischer Verfolgung und die negativen Erfahrungen aus der Zeit von Juni 1940 bis Juli 1941 eine Rolle, als die Stadt bzw. die nördliche Bukowina zur Sowjetunion gehörten.[36] Nicht zuletzt konnten auch familiäre Motive zur Ausreiseentscheidung beitragen, nachdem Angehörige bereits zuvor ausgewandert waren.

Migrationsbewegungen und sowjetische Ausreisepraxis 1945/46

Mehr als 20.000 Juden verließen 1946 durch legale Ausreisetransporte die Nordbukowina Richtung Rumänien. Bis in die 1990er-Jahre ging die Forschung noch davon aus, dass die Emigration der Juden aus dieser Region ausschließlich durch zionistische Organisationen initiiert worden war und in einer Phase der ungeordneten

35 Vgl. Frunchak: Making of Soviet Chernivtsi (Anm. 8), S. 325f.

36 Siehe dazu das ausführliche Kapitel „'Reunification,' 1940–1941“ in: Frunchak: Making of Soviet Chernivtsi (Anm. 8), S. 98-249, sowie Levin: The Jews and the inception of soviet rule in Bukovina (Anm. 17), S. 52-70.

politischen und militärischen Lage auch möglich gewesen sei. Doch Dokumente aus sowjetischen Archiven belegen, dass eine Großumsiedlung der Juden aus der Nordbukowina durch die Behörden auf Basis spezieller, unilateraler Entscheidungen der sowjetischen Regierung ab August 1945 geplant und schließlich von Februar bis April 1946 durchgeführt wurde.[37]

Für die Sowjetunion stand zu diesem Zeitpunkt nicht nur die militärische Kontrolle der Region im Vordergrund. Es ging in den Nachkriegsjahren auch darum, die Grenzregion national zu homogenisieren bzw. zu sowjetisieren und zu ukrainisieren.[38] Die Demobilisierung der Roten Armee und das Kriegsende sorgten für einen starken Zuzug von ukrainischen und russischen Familien, aber auch von Juden aus östlichen Landesteilen in die Stadt und das Gebiet. Es gab daher auch einen Bedarf an Wohnraum für die Neuankömmlinge, was ein weiterer Grund für die sowjetische Unterstützung der Ausreise von Juden gewesen sein mag, da dadurch begehrte Wohnungen frei wurden. Bis zum 1. Januar 1946 kamen 15.559 demobilisierte Soldaten der Roten Armee in das Czernowitzer Gebiet (3.100 von ihnen ließen sich in Czernowitz nieder).[39] In der Grenzregion lebten auch noch viele Menschen mit rumänischer und polnischer Staatsbürgerschaft, mit Biographien aus anderen politischen Zeiten und Systemen. Für sie sollte schnell eine Lösung gefunden werden und es war naheliegend, sie nach Rumänien und Polen umzusiedeln.[40] Es folgten zwei bilaterale Abkommen, die 1945 und 1946 zu starken Migrationsbewegungen bzw. klassischen Repatriierungsprozessen in der nördlichen Bukowina führten, was die gewünschte nationale Homogenisierung der Region beförderte. Durch ein sowjetisch-polnisches Abkommen über einen Bevölkerungsaustausch reisten 10.490 Personen bis Juli 1946 aus der Bukowina nach Polen aus, darunter waren auch 2.041 Juden.[41] Auf Basis eines sowjetisch-rumänischen Vertrages waren 12.412 Rumänen bereits zwischen dem 10. und 25. April 1945 umgesiedelt worden.[42]

Im zeitlichen Kontext mit diesen Abkommen stehen auch die nun forcierten Aussiedlungsmaßnahmen für die Czernowitzer Juden durch die sowjetischen Behörden. Der sowjetische Innenminister Lawrenti Beria leitete Anfang Juli 1945 ein entsprechendes Schreiben Chruschtschows an Stalin weiter. Chruschtschow vertrat die Meinung, dass Juden aus der Nordbukowina, die vor dem 28. Juni 1940 keine sowjetischen Staatsbürger gewesen seien, die sowjetische Staatsbürgerschaft aufgeben und nach Rumänien emigrieren sollten.[43] Dem Schreiben Chruschtschows war zugleich ein Resolutionsentwurf Berias und des sowjetischen Außenministers Wjatscheslaw Molotow beigelegt, den Stalin akzeptierte. Der Entwurf lautete wie folgt:

---

37 Vgl. Altshuler: Soviet „Transfer" (Anm. 5), S. 62.
38 Vgl. Hausleitner: Rumänisierung (Anm. 1), S. 428.
39 Vgl. Frunchak: Making of Soviet Chernivtsi (Anm. 8), S. 317.
40 Vgl. Altshuler: Soviet „Transfer" (Anm. 5), S. 59.
41 Vgl. Kazimierz Feleszko: Die Polen in Czernowitz. In: Harald Heppner (Hrsg.): Czernowitz. Die Geschichte einer ungewöhnlichen Stadt. Köln 2000, S. 129-144, hier S. 143.
42 Vgl. Javors'ka: Žyttja jak pošuk raju (Anm. 8), S. 163.
43 Vgl. Altshuler: Soviet „Transfer" (Anm. 5), S. 58.

Personen jüdischer Nationalität in der Nordbukowina, die vor dem 28. Juni 1940 nachweislich keine sowjetischen Staatsbürger waren, ist es gestattet, ihre sowjetische Staatsbürgerschaft aufzugeben und aus dem Gebiet Černovcy der Ukrainischen Sowjetischen Sozialistischen Republik nach Rumänien zu emigrieren.[44]

Die Resolution, die quasi wortgleich mit Chruschtschows Empfehlungen war, wurde von der sowjetischen Regierung (Resolution Nr. 2026-525ss, 8. August 1945) und von der ukrainischen Regierung (Resolution Nr. 1398-102, 31. August 1945) angenommen. Im Vergleich zu den sowjetisch-polnischen und -rumänischen Abkommen gab es aber signifikante Unterschiede. Die Resolution verstieß offen gegen das internationalistische Prinzip der sowjetischen Staatsangehörigkeitspolitik und es war eine alleinige und unilaterale Entscheidung der Sowjetunion ohne Absprache mit Rumänien. Innerhalb von sechs Monaten – bis Februar 1946 – wurden alle Vorbereitungen zur Ausreise getroffen, ohne diese mit rumänischen Behörden zu koordinieren. Erst kurz vor dem Abtransport entschied sich die sowjetische Regierung dazu, mit den Rumänen Ablauf, Zeitpunkte und Grenzübergänge zu besprechen.[45]

Ein weiterer Unterschied zu den anderen Abkommen bestand in der Bewertung dieser Maßnahme durch die sowjetischen Behörden. Während die Rückkehr nach Polen in den Dokumenten als ‚Repatriierung' bezeichnet wurde, tauchen in den offiziellen Unterlagen zur Ausreise der Juden andere Termini auf Russisch auf: ‚vyezd' (‚Auszug', ‚Emigration') und ‚pereselenie' (‚Umsiedlung'). In ihrer internen Korrespondenz zeigten sich die Behörden weniger diplomatisch und sie entlarvten ihre Einstellung, indem sie einen negativ konnotierten Begriff verwendeten. Sie bezeichneten die Ausreise als ‚vydvorenie' (‚Vertreibung', ‚Ausschluss' oder auch ‚Rauswurf').[46]

Viele Juden aus der Stadt stellten umgehend einen Ausreiseantrag. Sie verloren ihre Arbeit, mussten Lebensmittelkarten zurückgeben und warteten auf gepackten Koffern. Als sie begannen, täglich die Parteizentrale und Regierungsgebäude zu belagern, forcierten die Behörden, was ziemlich ungewöhnlich war, das Tempo der Registrierung und Ausreisebewilligungen.[47] Eigentlich konnte nur das Präsidium des Obersten Sowjets über die Rücknahme der Staatsbürgerschaft entscheiden und zu Beginn gelangten die Unterlagen zuerst nach Moskau. Anschließend entschied man sich jedoch, diesen Weg abzukürzen. Die ukrainische Regierung erhielt die Entscheidungsgewalt und in Czernowitz wurde eine Kommission eingerichtet, die die Registrierung und die Ausreiseunterlagen prüfte und nur noch eine Liste mit den Namen der Juden, die ausreisen wollten, nach Kiew sandte, wo dann in fast allen Fällen dem Antrag auf Rücknahme der sowjetischen Staatsbürgerschaft stattgegeben wurde.[48]

---

44 Zit. n. Altshuler: Soviet „Transfer" (Anm. 5), S. 60. Hier aus dem Russischen ins Englische übersetzt. Übersetzung ins Deutsche erfolgte durch den Verfasser.

45 Vgl. Altshuler: Soviet „Transfer" (Anm. 5), S. 62.

46 Brief von Ivan Zelenjuk (Sekretär des Gebietskomitees der Kommunistischen Partei in Černovcy) an Nikita Chruschtschow vom 16. November 1945. In: Altshuler: Soviet „Transfer" (Anm. 5), S. 63.

47 Ebd., S. 64.

48 Ebd., S. 62.

Nach einem Bericht des örtlichen Parteichefs Ivan Zelenjuk vom 6. Mai 1946 hatten 17.503 Juden über 18 Jahre einen Ausreiseantrag gestellt. 17.461 (99,8 %) wurde die Ausreise gestattet, wobei sich letztendlich noch ca. 6 % dagegen entschieden und in Czernowitz bzw. in der nördlichen Bukowina blieben. Insgesamt reisten 21.155 Juden (inklusive 4.894 Kinder und Jugendliche) im Zeitraum Anfang Februar bis zum 22. April 1946 mit organisierten Transporten aus. Darüber hinaus hatten weitere 1.152 Juden ihre sowjetische Staatsbürgerschaft aufgegeben und in diesem Zeitraum die Grenze individuell und legal überquert.

Die offizielle Zahl der Juden, die auf diese Weise die nördliche Bukowina verließen – durch Aufgabe der sowjetischen Staatsbürgerschaft bzw. durch eine von den sowjetischen Behörden kontrollierte Ausreisepraxis –, belief sich demnach auf 22.307 Juden (10.072 Frauen, 7.133 Männer und 5.102 Kinder). Jüdische Familien vom Land durften zwei Tonnen mit persönlichem Eigentum mitnehmen, städtische Familien eine Tonne. In Fahrzeugen lokaler Fabriken und des karpatischen Militärdistrikts wurden die Juden über die Grenze gebracht.[49]

Folgen der Ausreise und Resümee

Die meisten Juden, die nach Rumänien emigrierten, waren sich über ihre weiteren Pläne nicht im Klaren. Ein Teil entschied sich zur sofortigen Weiterreise nach Palästina, was aber durch das britische Mandat erschwert wurde. Einige gelangten noch direkt über die Route Konstanza–Haifa nach Palästina – mit Unterstützung der ‚Jewish Agency', ‚Hagana' und des ‚Joint' (‚American Jewish Joint Distribution Committee'). Andere – ohne legale Einwanderungszertifikate – wurden bis zu zwei Jahren auf Zypern interniert und kamen erst 1948/49 nach Israel.

Bei vielen Czernowitzer Juden war jedoch die zionistische Einstellung nicht sehr ausgeprägt und die Emigration nach Palästina nicht die erste Wahl. Sie blieben vorerst in Rumänien, insbesondere in Bukarest. Nach den zurückliegenden Jahren empfanden sie die Zeit von 1946 bis 1948 in Rumänien als positiv und als eine Rückkehr in ein geordnetes Alltagsleben. Rumänisch war vertraut, man traf wieder Bekannte und Freunde und fand auch Arbeit. Mit dem Ende der Königsherrschaft, dem kommunistischen Wandel des Landes und einer wieder spürbaren Judenfeindlichkeit gingen einige Juden in die innere Emigration, die meisten jedoch verließen das Land Richtung Israel, Westeuropa und USA.[50]

Zusammenfassend lässt sich festhalten: Neben einer gelenkten Großumsiedlung Czernowitzer Juden aus der Nordbukowina durch die Sowjets gab es weitere – wenn auch zahlenmäßig kleinere – Formen der Abwanderung. Einer bedeutenden Grup-

49 Der Brief von Zelenjuk an Demjan Korotčenko (Sekretär des Zentralkomitees der KP in der Ukraine) war mit der höchsten Geheimhaltungsstufe versehen. Briefabdruck in Altshuler: Soviet „Transfer" (Anm. 5), S. 74f.

50 Vgl. das Kapitel „Wege der Emigration" in Coldewey [u.a.] (Hrsg.): Zwischen Pruth und Jordan (Anm. 6), S. 94-119.

pe von Juden gelang ein mehr oder weniger legaler Auszug 1944/45 nach Rumänien, einigen mit Hilfe zionistischer Organisationen. Etwa zweitausend Juden reisten 1945/46 nach Polen aus und offenbar konnten auch einige wenige zusammen mit der deutschen Volksgruppe 1940 mitumsiedeln. Die Gründe für die Ausreise nach 1944 waren vielschichtig: Neben persönlichen Motiven führten auch antisemitische Vorfälle und die rasche Sowjetisierung zu einer inneren Distanz gegenüber der eigentlich vertrauten Umgebung. Nach den traumatischen Erfahrungen durch den Holocaust wurde die neue judenfeindliche Tendenz als Bedrohung empfunden, der man sich durch eine Ausreise zu entziehen erhoffte.

Ladislau Gyémánt

Das Schicksal der Juden in Rumänien nach dem Holocaust

Zwischen den Weltkriegen

Die Zwischenkriegszeit war die blühendste Epoche des jüdischen Lebens in Rumänien. Es war damals von großer wirtschaftlicher, gesellschaftlicher und institutioneller Vielfalt gekennzeichnet. Die Volkszählung von 1930 registrierte (nach religiöser Zugehörigkeit) eine jüdische Bevölkerung von 756.930 Personen. Juden stellten 4,2% der Gesamtbevölkerung und waren damit nach der ungarischen und deutschen die drittgrößte Minderheit.[1]

Der Umfang des Netzes jüdischer Institutionen zeigte sich im damaligen Schulsystem, das die größte Differenzierung in seiner etwa ein Jahrhundert währenden Existenz erreichte. Einen wichtigen Akzent stellte das Schulprogramm dar, ausgearbeitet von der zionistischen Bewegung durch die Schulorganisation ‚Tarbut'. 1931/1932 gab es insgesamt 45 jüdische Schulen in Siebenbürgen mit 224 Lehrern und 5.000 Schülern bei einer jüdischen Bevölkerung von ungefähr 200.000 Personen. Im Vergleich dazu bestanden auf dem Gebiet des alten Königreichs Rumänien (bis 1918) zur gleichen Zeit 114 jüdische Schulen mit 378 Lehrern und 10.000 Schülern bei einer jüdischen Bevölkerung von 265.000 Personen. In Bessarabien existierten 62 Schulen mit 349 Lehrern und 5.471 Schülern bei einer jüdischen Bevölkerung von circa 206.000 Personen, in der Bukowina 17 Schulen mit circa 1.000 Schülern und einer jüdischen Bevölkerung von 93.000 Personen.[2]

Dies ist umso mehr bemerkenswert, als das gesellschaftliche Klima, in dem diese Blüte entstand, mit dem Aufstieg des modernen Antisemitismus und dessen unheilvollen Zeichen einherging, der in den Holocaust während des Zweiten Weltkriegs mündete. Die rechtsextreme Studentenbewegung wurde zur Speerspitze der antisemitischen Massenbewegung, die im November 1922 an der Medizinischen Fakultät in Klausenburg ihren Anfang nahm. Der nationale Studentenkongress vom Dezember 1927 in Großwardein mit 5.000 Teilnehmern artete zu einem Generalangriff auf jüdische Geschäfte und Restaurants aus. Die Synagogen wurden verwüstet, die heilige Torarolle geschändet und öffentlich verbrannt. Mit dem Aufkommen der rumänischen Legionärsbewegung nahm die Militanz der Veranstaltungen kriminelle

---

1 Recensămîntul general al populației României 1930 [Allgemeine Volkszählung Rumäniens 1930], Bd. 2, București 1938, S. XXVIII- CIII.

2 Carol Iancu: Les Juifs en Roumanie (1919–1938). De l`émancipation à la marginalisation. Paris-Louvain 1996, S. 57, 162.

Dimensionen an. In der nordrumänischen Marmarosch gab es 1930 bis 1933 Opfer in Ieud und Moisei, und in Borşa wurden 140 jüdische Häuser angezündet. Auf Synagogen in Sighet, Großwardein und Karlsburg fanden Attentate statt.

Die Behörden reagierten mit Gerichtsprozessen gegen die Gewalttäter und auch mit der Entschädigung jüdischer Gemeinden. Sie vermochten aber letztlich der Beeinflussung der Öffentlichkeit durch die infolge der wirtschaftlichen Lage im Land immer heftiger werdenden antisemitischen Propaganda und dem allgemein zunehmenden Antisemitismus nach 1933, als in Deutschland die Nazis an die Macht kamen, nichts entgegenzusetzen. Zunächst gingen antijüdische Propaganda und Gewaltaktionen von Organisationen außerhalb des offiziellen politischen Rahmens aus. Gegen Ende der Zwischenkriegszeit wurden jedoch auch in der Regierungspolitik die gegen die Rechte der Juden gerichteten Maßnahmen immer stärker sichtbar.

Diese verhängnisvolle Entwicklung erreichte nach den letzten demokratischen Wahlen in der Zwischenkriegszeit (1937) ihren Höhepunkt, als König Carol II. von Rumänien die Regierungsbildung der 1935 gegründeten ‚National-Christlichen Partei' (‚Partidul Naţional Creştin'), geführt von den Antisemiten Octavian Goga und Alexandru C. Cuza, übertrug. Die Regierung Goga/Cuza verfolgte in allen politischen und wirtschaftlichen Bereichen ein antijüdisches Ausgrenzungsprogramm. Trotz des Scheiterns dieser ersten offen antisemitischen Regierung schon nach wenigen Wochen, blieben die von ihr initiierten antisemitischen Gesetze auch während der unmittelbar darauf folgenden Königsdiktatur (1938 bis 1940) in Kraft.

Diese Gesetze führten dazu, dass allein in Siebenbürgen circa 61.000 Juden (20.384 Familienoberhäupter) ihre rumänische Staatsangehörigkeit verloren, mit der Folge, dass ihnen der Zugang zu Eigentum, Wohnung, Arbeitserlaubnis, Berufsausübung sowie der Besitz eines Reisepasses verwehrt wurde. Dies betraf etwa ein Drittel aller siebenbürgischen Juden. Mit der Verschlechterung der internationalen Position Rumäniens nach Ausbruch des Zweiten Weltkriegs und dem Zusammenbruch Frankreichs von 1940, des wichtigsten rumänischen Verbündeten im Kampf gegen die Forderungen der Nachbarländer auf Revision der Pariser Friedensverträge, sah sich die Königsdiktatur vor allem aus Furcht vor der Sowjetunion gezwungen, sich politisch an NS-Deutschland zu orientieren. Dies führte im August 1940 zum Erlass der antisemitischen Rassegesetze durch die Regierung Ion Gigurtu.[3]

Die Zwischenkriegszeit mit ihrem aufblühenden jüdischen Leben, ihrem Reichtum und ihrer Vielfalt an Institutionen, Initiativen und Errungenschaften endete düster mit dem Niedergang des parlamentarisch-demokratischen Systems, dem Verlust größerer rumänischer Territorien an die Nachbarn sowie der Errichtung der

3 V. Pantelimonescu: Statutul evreilor din România [Statut der Juden in Rumänien]. Bucureşti 1941, S. 16-65; Lya Benjamin: Evreii din România între anii 1940–1944. Legislaţia antievreiască [Die Juden in Rumänien in den Jahren 1940–1944. Die antijüdische Gesetzgebung], Bd. 1, Bucureşti, 1993; Iancu: Les Juifs (Anm. 2), S. 207-243; 279-313; Jean Ancel: Contribuţii la istoria României. Problema evreiască 1933–1944 [Beiträge zur Geschichte Rumäniens. Das *jüdische Problem* 1933–1944], Bd. 1, Bucureşti 2001, S. 65-129, 199-261.

Diktatur des Generals Ion Antonescu und der faschistischen Legionärsbewegung, die die traurige Epoche des Holocaust in Rumänien einläutete.

Zweiter Weltkrieg und Holocaust

Die großen europäischen Veränderungen infolge der militärischen Erfolge NS-Deutschlands in den Jahren 1939 und 1940 wirkten sich auch auf Großrumänien aus. Nach dem Verlust Bessarabiens und der Nordbukowina als Folge des sowjetischen Ultimatums vom Sommer 1940 wurde Rumänien durch den Zweiten Wiener Schiedsspruch vom 30. August 1940 von Deutschland und Italien gezwungen, den nördlichen Teil Siebenbürgens an Ungarn abzutreten. Deshalb entwickelte sich in der Zeit bis 1944 die Lage der Juden im Norden und Süden Siebenbürgens unterschiedlich.

Die Einverleibung Nordsiebenbürgens durch Ungarn bedeutete für die Juden vor allem die Einführung der schon seit den 1920er Jahren in Kraft befindlichen antijüdischen ungarischen Gesetzgebung. 1941 wurde die Zwangsarbeit für alle jüdischen Männer zwischen 20 und 48 Jahren eingeführt. Bis 1943 wurden in Siebenbürgen 74 Arbeitskommandos gebildet mit einer Belegschaft von etwa 15.000 Personen. Ein Teil der Kommandos wurde im Bergwerk, für Waldarbeit, Eisenbahnbau oder andere Arbeiten eingesetzt. Die meisten aber gelangten auf die Schlachtfelder der Ostfront, wo etwa 85 % zu Tode kamen: bei der Entschärfung von Minen, durch Straßenreparaturarbeiten oder bei der Entladung von Zügen bis zum Tod durch Entkräftung, Unterernährung oder unmenschliche Behandlung. Im Frühjahr 1944 wurde nach der Besetzung Ungarns durch deutsche Truppen und der Installierung einer rechtsextremen Regierung unter Döme Sztójay eine Politik der beschleunigten ‚Endlösung der Judenfrage' realisiert.

Aufgrund deutscher Pläne und mit eifriger Unterstützung durch ungarische Behörden, angeleitet von Staatssekretär László Endre, fand zwischen dem 3. und 6. Mai 1944 die Festnahme von 131.633 Juden in Nordsiebenbürgen in 13 zentralen Ghettos (Sighet, Mezhogorie, Oberwischau, Sathmar, Großwardein, Akna-Szlatina, Klausenburg, Neumarkt am Mieresch, Desch, Frauenbach, Şimleul Silvaniei, Bistritz und Sächsisch Regen) statt. Dies geschah unter unvorstellbaren Bedingungen hinsichtlich Unterbringung, Hygiene und Verpflegung. Folter und Gräueltaten waren an der Tagesordnung, um Hinweise auf versteckte Wertsachen zu erpressen. Zwischen dem 16. Mai und dem 27. Juni 1944 wurden alle Juden aus sämtlichen 13 Ghettos mit 45 Zügen nach Auschwitz deportiert, um nach einem halben Jahrtausend dem jüdischen Leben Nordsiebenbürgens ein Ende zu setzen.[4]

---

4 Béla Vágó: The Destruction of the Jews of Transylvania. In: Hungarian-Jewish Studies 1 (1966), S. 171-221; Teroarea horthysto-fascistă în nord-vestul României septembrie 1940-octombrie 1944 [Der faschistische Terror unter Horthy im Nord-Westen Rumäniens im September 1940 – October 1944]. Bucureşti 1985, S. 183-185; J. Alexandru, S. Stanciu: Martiriul evreilor din România. Documente şi mărturii [Das Martyrium der Juden in Rumänien. Dokumente und Zeugnisse]. Bucureşti 1991, S. 254, 257; Moshe Carmilly-Weinberger: A zsidóság története Erdélyben (1623–1944) [Geschichte der Juden in Siebenbürgen (1623–1944)]. Budapest 1995, S. 311-312.

Erste Stimmen gegen diese Barbarei kamen aus kirchlichen Kreisen: Der römisch-katholische Bischof von Karlsburg, Márton Áron, hielt am 18. Mai 1944 eine mutige Rede in der Michaelskirche in Klausenburg. Er sandte Briefe an die Regierungsbehörden nach Budapest, in denen er das Ende der Deportationen forderte. Der griechisch-katholische Bischof Iuliu Hossu schickte seinem Klerus ein Rundschreiben und bat um Hilfe für die Juden. Der lutherische Pfarrer Andor Járosi aus Klausenburg rettete jüdische Leben durch die Ausstellung von Konversionsurkunden. Ein rettendes Netz für Juden wurde von dem Oberrabbiner Mozes Weinberger mit Hilfe einiger Bauern aus der Region Klausenburg und mit zionistischen Verbindungen organisiert. Rumänische Diplomaten und Intellektuelle (Aurel Socol, Mihai Marina, Mihai Gurgu, Emil Hatieganu), ungarische Professoren und Ärzte (József Tóth, Attila T. Szabó, János Demeter, Dr. Dezső Miskolczy), die Leiterin des Verbandes Katholischer Frauen aus Szeklerburg, Margit Schlachta, setzten sich vorbildlich für die Rettung der Verfolgten ein. Vertreter der Komitatsbehörden aus der Zeit vor der deutschen Besetzung von Bihor, Sălaj, Someş, Mureş, Năsăud oder der Bürgermeister von Großwardein demissionierten, statt sich an den Deportationen zu beteiligen. Auch Oberst Emeric Reviczky, Kommandant der Abteilung für Zwangsarbeit von Frauenbach oder Árpád Bán, Kommandant des Militärkrankenhauses Großwardein, setzten ihre ganzen Möglichkeiten zur Rettung jüdischen Lebens ein.[5]

Trotz solcher Heldentaten war die Zahl der Geretteten verschwindend gering im Vergleich zu den Verlusten, die den Juden Nordsiebenbürgens zugefügt wurden. Die 10 bis 15 % Überlebenden waren traumatisiert. Sie konnten trotz aller Anstrengung den Umfang und Glanz des jüdischen Lebens in Siebenbürgen nicht mehr erneuern.

In Südsiebenbürgen, dem Banat, dem Kreis Arad und dem südlichen Teil des Kreises Bihor, die nach dem 30. August 1940 bei Rumänien verblieben waren, lebten laut offizieller Volkszählung von 1941 40.937 Juden, 8,8% der jüdischen Bevölkerung Rumäniens. Sie wurden zwischen September 1940 und Januar 1941 von einer Lawine antisemitischer Gesetze überrollt, erlassen vom Regime des Generals Antonescu und der faschistischen Legionärsbewegung (‚Eiserne Garde'), die an der rumänischen Regierung beteiligt war. Darüber hinaus verschlechterte sich die Lage der Juden durch den Terror der Legionäre, der sich in Raub, Beschlagnahmungen von Hab und Gut, Enteignung von Institutionen, in der Verschleppung der Juden aus ihren Häusern, der Zerstörung der Synagogen, Misshandlungen und sogar Mordtaten entlud.

---

5 Vágó: The Destruction (Anm. 4), S. 171-221; Martiriul (Anm. 4), S. 258-259; Carmilly: A zsidóság (Anm. 4), S. 309-314; Moshe Carmilly-Weinberger: Drumul vieţii [Der Weg des Lebens]. Cluj-Napoca 1996, S. 78-117; Lőwy Dániel: A Kálváriától a tragédiáig. Kolozsvár zsidó lakosságának története [Vom Kalvarienberg zur Tragödie. Die Geschichte des Klausenburger Judentums]. Cluj-Napoca 2005.

1941 und 1942 setzte Antonescu die Diskriminierung und Verfolgung der Juden fort. Der Überfall Deutschlands und seiner Verbündeten auf die Sowjetunion im Sommer 1941 leitete ein antijüdisches Pogrom in Iaşi ein, das tausende Opfer durch die sogenannten ‚Todeszüge' forderte. Bei der Rückgewinnung der Provinzen Nordbukowina und Bessarabien, die nach dem sowjetischen Ultimatum von 1940 von Moskau besetzt worden waren, kam es zur Deportation der gesamten jüdischen Bevölkerung dieser beiden Gebiete nach Transnistrien, das von Rumänien verwaltet wurde. Infolge der unmenschlichen Bedingungen und der Unterversorgung der Deportierten waren bis 1944 über 150.000 Opfer aus den Reihen dieser jüdischen Gruppe zu beklagen. In Rumänien setzte eine Rumänisierungspolitik ein, die durch Errichtung eines ‚Nationalen Zentrums für Rumänisierung' (‚Centrul Naţional de Românizare') organisiert wurde, das Schritt für Schritt die Enteignung und Liquidierung jüdischer Unternehmen durchführte.

Auch die Autonomie der jüdischen Gemeinden wurde eingeschränkt. Die ‚Föderation der Jüdischen Gemeinden aus Rumänien' (‚Federaţia Comunităţilor Evreieşti din România') wurde aufgelöst und stattdessen 1942 die sogenannte ‚Jüdische Zentrale' (‚Centrala Evreilor') eingerichtet, um die Tätigkeit der Kreis- und Gemeindebehörden in allen Bereichen zu kontrollieren. Über diese das jüdische Leben in einen ständigen Überlebenskampf verwandelnde Maßnahmen hinaus schwebte der deutsche Druck zur Durchführung der ‚Endlösung' wie ein Damoklesschwert über den Juden Rumäniens.

Der Sturz des Antonescu-Regimes am 23. August 1944 brachte die Juden in einigen Gebieten Südsiebenbürgens in eine dramatische Lage. Die Offensive der deutschen und ungarischen Truppen zwischen dem 12. und dem 22. September 1944 führte zur Besetzung von Arad, wo unmittelbar die Vorbereitungen zur Deportation der dortigen Juden begannen. Letztlich wurde Arad von sowjetischen und rumänischen Truppen befreit und somit das Leben der jüdischen Gemeinschaft gerettet. Tragisch war das Schicksal der Juden aus Sărmaş und Luduş. Aus Rache wegen ihres Rückzugs wurden sie zwischen dem 16. und 18. September 1944 von der ungarischen Armee mit Hilfe Einheimischer ermordet; die Synagoge wurde gesprengt.[6]

Nach dem Krieg – Der Kommunismus und die Überlebenden

Trotz aller Verluste und größten Leides zwischen 1940 und 1944 haben Juden aus Südsiebenbürgen den Holocaust überlebt. Sie versuchten zusammen mit Überlebenden aus dem Norden das jüdische Leben Siebenbürgens in einem neuen Rahmen und in der Hoffnung auf Demokratie wieder aufzubauen.

6 Wolfgang Benz, Brigitte Mihok (Hrsg.): Holocaust an der Peripherie. Judenpolitik und Judenmord in Rumänien und Transnistrien, 1940-1944. Berlin 2009 (Dokumente, Texte, Materialien 73); Hildrun Glass: Deutschland und die Verfolgung der Juden im Rumänischen Machtbereich 1940-1944. München 2014 (Südosteuropäische Arbeiten 152); J. Alexandru, S. Stanciu: Martiriul (Anm. 4), S. 307-308; Istoria evreimii arădene [Geschichte des Judentums aus Arad], Tel-Aviv 1996, S. 119-120; Carmilly: A zsidóság (Anm. 4), S. 316.

Nach dem Sturz des Antonescu-Regimes und der Beseitigung der ungarischen Verwaltung im Norden Siebenbürgens entstand trotz größter wirtschaftlicher Schwierigkeiten und politischer Konfrontationen Hoffnung auf Rückkehr zu einer demokratischen Regierung, die eine Wiederholung der erlebten Gräuel unmöglich machen würde. Die Rassengesetze wurden aufgehoben, ein neuer gesetzlicher Rahmen geschaffen, die Verhaftung und Verurteilung der an antisemitischen Mordtaten Schuldigen begann. Ein zweiter wichtiger Schritt war die Neueinrichtung von Institutionen. In der Zeit, in der auf nationaler Ebene die ‚Jüdische Zentrale' aufgelöst und ihre Oberhäupter verhört und verhaftet wurden, entstand die ‚Föderation der Jüdischen Gemeinden in Rumänien' (‚Federaţia Comunităţilor Evreieşti din România') unter Wilhelm Filderman von neuem. In Siebenbürgen und dem Banat wurde die ‚Vereinigung der Jüdischen Gemeinden nach abendländischem Ritus', das ‚Zentrale Büro der Orthodoxen Israeliten' sowie die ‚Union Israelitischer Gemeinden nach spanischem Ritus' neu organisiert.

Es entstand ein ebenso ausgedehntes wie vielgestaltiges zionistisches Netzwerk, um die Auswanderung in das noch unter britischer Verwaltung stehende Palästina zu organisieren. 1945 bis 1947 stieg die Zahl illegaler Auswanderer, die von zionistischen Organisationen aus Rumänien herausgebracht wurden, auf 10.000 – ein gewisser Teil waren Juden aus Siebenbürgen.

Auf der lokalen Gemeindeebene wurden in den vorangegangenen Jahren beschädigte oder zerstörte Einrichtungen wiederhergestellt. Symbolische Bedeutung hatte der Wiederaufbau der 1944 gesprengten Synagoge in Klausenburg, die ihre Pforten am 31. August 1947 erneut öffnete. Der Wiederaufbau des caritativen Systems und der sozialen Fürsorge war entscheidend, um den aus der Deportation Rückkehrenden, ehemaligen Mitgliedern der Arbeitskommandos und Waisen, helfen zu können. Volkskantinen, Waisenhäuser, Heime für Alte und Arme wurden eingerichtet, jüdische Krankenhäuser wiedereröffnet.

Das jüdische Schulsystem wurde reorganisiert. Die Grundschulen unterrichteten auf Rumänisch, ihr Lehrplan entsprach weitgehend dem allgemeinstaatlichen, schloss aber hebräischen Sprachunterricht sowie Unterricht in jüdischer Geschichte und mosaischer Religion ein. Unter der Ägide der ‚IKUF-Organisation' (‚International Yiddish Cultural Movement') wurden jiddische Schulen, Bibliotheken, Theatergruppen und Verlagsinitiativen ins Leben gerufen.[7]

---

7 Moshe Carmilly-Weinberger: Memorial Volume for the Jews of Cluj-Kolozsvár. New York 1988, S. 250-255; Harry Kuller: Evreii în România anilor 1944–1949 [Die Juden in Rumänien in den Jahren 1944–1949]. Bucureşti 2002, S. 145-146; 346; 412-414; Ladislau Gyémánt: Învăţămîntul evreiesc din Transilvania. Tradiţie istorică [Der jüdische Unterricht in Siebenbürgen]. In: Lingua I (2002), S. 129-140; Andreea Andreescu, Lucian Nastasă, Andreea Varga (Hrsg.): Evreii din România (1945–1965) [Die Juden aus Rumänien (1945–1965)]. Cluj 2003, S. 18-21; 224-544.

Der intensiver werdende politische Kampf in den Jahren 1945 und 1946 zwischen den traditionellen prowestlichen Kräften, die eine an die Entwicklung der Zwischenkriegszeit anknüpfende Regierung anstrebten, und den Anhängern eines neuen, die sowjetischen Besatzungskräfte unterstützenden kommunistischen Systems, machte sich auch in der jüdischen Gemeinde in Rumänien bemerkbar.

Im Juni 1945 wurde das ‚Demokratische Jüdische Komitee' (‚Comitetul Democrat Evreiesc – CDE') gegründet, das von den Kommunisten unterstützt wurde. Sowjetischer Druck brachte am 6. März 1945 die Regierung Petru Groza an die Macht, die nur Mitglieder der von den Kommunisten dominierten ‚Nationalen Demokratischen Front' (‚Frontul Național Democrat') in der Führung der jüdischen Gemeinden duldete, welche die neue politische Macht unterstützten.

Nach den Wahlen von 1946 wurden die Gemeindeautonomien beseitigt, zeitgleich mit der Entfernung der politischen Kräfte, die sich dem kommunistischen System widersetzten. Im November 1947 wurde der einflussreiche und hoch angesehene Wilhelm Filderman von der Führung der Föderation Jüdischer Gemeinden entbunden, zugleich wurden neue Führungskomitees im ganzen Land gegründet. Als Prinzip galt, dass alle Juden in einem ‚Arbeitsverhältnis' zu stehen hatten. Ausländische Hilfe, vor allem vom US-amerikanischen ‚Joint Distribution Committee', wurde außer in einigen ganz begrenzten sozialen Bereichen nicht mehr angenommen.

Im Februar 1948 wurde eine strenge Zentralisierung und Kontrolle des CDE und seiner Beziehungen zu den offiziellen Institutionen und ihren kulturellen Aktivitäten eingeführt. Die jüdischen Schulen wurden nun dem Ministerium für Nationale Erziehung unterstellt. Dies war der Auftakt zur ebenfalls 1948 stattfindenden Schulreform, die zur Verstaatlichung der Privat- und Konfessionsschulen führte; verstaatlicht wurden auch die jüdischen Krankenhäuser.

Im neuen ‚Statut des Mosaischen Kultus', angenommen im Februar 1950, wurde nur ein einziger Gemeindetypus anerkannt. Die Existenz der sogenannten neologen, der orthodoxen und der status-quo-ante Gemeinden wurde beendet, geduldet wurden lediglich unterschiedliche orthodoxe oder sephardische Sektionen innerhalb der Gemeinden.

Der ganze gemeinschaftliche Besitz ging an die zentralisierte Verwaltungsföderation über, die Verbindungen zum ‚Joint Distribution Committee' und anderen internationalen jüdischen Organisationen wurden unterbrochen. 1953 wurde das CDE aufgelöst, da sein Auftrag angeblich erfüllt war, ebenso die Kulturorganisation IKUF und die jüdische Presse.

Das kommunistische Regime wirkte sich auf die jüdische Gesellschaft nicht nur infolge der Zentralisierungen und der Beseitigung der Autonomien aus, sondern auch durch drastische Wirtschaftsmaßnahmen. Ein schwerer Schlag war die Währungsreform von 1947, als die jüdischen Gemeinden und viele wohlhabende Juden ihre finanziellen Ressourcen verloren. Einen weiteren Verlust erlebten die rumänischen Juden 1948 durch die Verstaatlichung der Industrie, des Handels, der Banken und der meisten Immobilien in Rumänien.

Zionismus – Auswanderung nach Israel

Den von der Sowjetisierung der rumänischen Gesellschaft betroffenen Juden, die infolge der 1948 erfolgten Gründung des Staates Israel nicht bereit waren, die kommunistische ‚Umschichtung' zu akzeptieren, bot der Zionismus einen attraktiven Ausweg – zusätzlich gefördert von aufwallenden antisemitischen Vorurteilen. Trotz des Holocausts trafen die überlebenden Rückkehrer in ihren Heimatorten auf feindliche Zurückhaltung und Verweigerung der Rückgabe ihrer von den Mitbewohnern geraubten Güter; es kam sogar zu Gewalttätigkeiten. In der Sowjetunion hatte der Antisemitismus nach 1948 quasi offizielle Formen angenommen und als von dort ein entsprechendes Signal kam, erlebten in Rumänien auch dem Kommunismus wohlgesinnte Juden mehr oder minder offene Verfolgung; zahlreiche Opfer forderten die ‚Untersuchungen' von 1949 und 1950.[8]

Dies erklärt, warum zwischen 1948 und 1952 viele Juden aus Rumänien nach Israel emigrierten. Die Auswandererzahl aus Rumänien stieg auf 127.358 Personen, was ca. 29,7 % der jüdischen Bevölkerung darstellte (Stand 1947). Die meisten Emigrationen wurden 1950 (46.171 Personen) und 1951 (39.046 Personen) gezählt, was 67 % der ersten Auswanderungswelle darstellte. 1948 war die Sowjetunion noch von der Ausdehnung des Kommunismus auf den Mittleren Osten überzeugt und die Auswanderung erfreute sich offizieller Unterstützung.

Die Zionisten arbeiteten mit der Föderation und der CDE zusammen. Bald erwies sich die sowjetische Hoffnung auf Manipulation Israels jedoch als grundlos und die vom stalinistischen Regime in der UdSSR ausgelöste antisemitische Repressionswelle fand ihre Folge im Beschluss der Rumänischen Arbeiterpartei vom Dezember 1948 zur ‚nationalen Frage', der den Zionismus verurteilte. Die zionistischen Organisationen wurden aufgelöst, eine antizionistische Kampagne wurde durch den CDE und die regimekonforme Presse betrieben. 1950 bis 1952 wurden 180 zionistische Führer verhaftet.[9]

Überraschenderweise blieben auch während der antizionistischen Kampagne die offizielle Auswanderungsmöglichkeit und die Familienzusammenführung offen. Als die Auswanderungswelle ihren Höhepunkt erreichte, nutzte die Parteiführung die Dienste der CDE und führte eine Überredungskampagne (‚von Mensch zu Mensch') durch, um mit Hilfe von Hausbesuchen, Gesprächen, Massenmeetings und der Presse die Emigration nach Israel zu stoppen. Als Argumente wurden einerseits die

---

8 Andreescu u.a.: Evreii (Anm. 7), S. 90-97, 131, 136, 179-503; Kuller: Evreii (Anm. 7), S. 143, 243, 291, 296, 381, 386, 489-490; Ladislau Gyémánt: Ten Years in the Life of a Jewish Community in Transylvania. Alba Julia 1940-1950. In: Studia Judaica XIX (2011), S. 11-24; Liviu Rotman: Evreii din România în perioada comunistă 1944–1965 [Die Juden aus Rumänien in der kommunistischen Periode 1944–1965]. Iaşi 2004.

9 Aşezările evreilor din România. Memento statistic [Die Siedlungen der Juden in Rumänien. Statistische Mahnung]. Bucureşti 1947, S. 30-32; Carol Bines: Din istoria imigrărilor în Israel 1882–1995 [Aus der Geschichte der Emigration nach Israel 1882–1995]. Bucureşti 1998; Liviu Rotman: Romanian Jewry: the first decade after the Holocaust. In: Randolph L. Braham: The Tragedy of Romanian Jewry, New-York 1994, S. 318; Kuller: Evreii (Anm. 7), S. 144, 211; Andreescu u.a.: Evreii (Anm. 7), S. 419-423, 434, 445-448, 498-503, 530-544.

Chancen im Rahmen des kommunistischen Systems und andererseits die wirtschaftlichen Anfangsschwierigkeiten des Staates Israel nach seiner Gründung akzentuiert, wobei aber auch die fortbestehende Freiheit zur Auswanderung – in erster Linie für ‚das Bürgertum' – betont wurde.[10] Zielgruppe dieser Kampagne waren vor allem jüdische Facharbeiter und Spezialisten. Als die Propaganda gegen die Auswanderung sich zunehmend als unwirksam erwies (in Klausenburg wurden vom 1. Dezember 1949 bis 31. Mai 1950 von 1.966 Personen Ausreisepapiere beantragt, aber nur 92 davon verzichteten),[11] wendete sich die Politik. 1952 wurden die Auswanderungsgenehmigungen auf unter 10 % – verglichen mit dem Vorjahr – beschränkt. In den fünf Jahren zwischen 1953 und 1957 wanderten nur 1.809 Personen aus.[12] Die harte Haltung des Regimes zeigte sich in den Prozessen gegen die zionistischen Führer von 1953, in denen hohe Strafen verhängt wurden. Die Auflösung der CDE 1953 gehörte in denselben repressiven Trend, gewissermaßen verbunden mit dem Ausschluss kritischer „Abweichler" in der Parteiführung im Jahr danach, unter anderem auch jüdischer Persönlichkeiten wie Ana Pauker.[13]

Die Auswanderung wurde von Oktober bis Dezember 1958 wiederaufgenommen. 100.000 Auswanderungsanträge zur Familienzusammenführung wurden eingereicht. Tatsächlich sind die Hintergründe der neuen Welle aber komplexer. Es bestand wirtschaftliche Not, das kommunistische Regime grenzte viele jüdische Unterstützer des Systems aus der Anfangszeit aus und es herrschte eine Atmosphäre des Terrors.

Es begann mit der systematischen Ausschließung der Juden aus den früheren Ämtern, aus der Armee, dem Sicherheitsapparat, dem Innen- und Außenministerium und vom Außenhandel. Das verstärkte die Hoffnungslosigkeit bei der jüdischen Jugend. Die gläubigen Juden beklagten die Verkümmerung des religiösen Lebens, die an der Abnahme der Zahl der Synagogen und sozialen Institutionen der Juden zu erkennen war. Wer den Auswanderungswunsch äußerte, wurde vom Dienst suspendiert, versetzt, aus der Partei ausgeschlossen, von den Hochschulen exmatrikuliert und musste (bis 1964) auf die Staatsangehörigkeit verzichten. Die Immobilien mussten an den Staat abgetreten werden, die Anzahl der Gegenstände, welche ausgeführt werden durften, wurde limitiert.[14]

Diese Entwicklung verschärfte sich zwischen 1958 und 1966, als 106.244 Personen emigrierten. Spitzenjahre waren 1961 (20.800 Personen) und 1964 (24.244 Personen). In den beiden Jahren 1967 und 1968, im Kontext des Sechs-Tage-Krieges und der angespannten Lage im Nahen Osten, ging die Emigration auf weniger als 1.000 Personen zurück. Zwischen 1969 und 1990 wurde die Auswanderung wieder aufgenommen. Ihr Rhythmus und die Bedingungen hingen nun von den geheimen

10 Andreescu u.a.: Evreii (Anm. 7), S. 441-503; 530-544.
11 Andreescu u.a.: Evreii (Anm. 7), S. 458-459.
12 Bines: Din istoria (Anm. 9), S. 92-94; 211
13 Robert Levy: Ana Pauker. The Rise and Fall of a Jewish Communist, Berkeley, Los Angeles, London 2001; Andreescu u.a.: Evreii (Anm. 7), S. 516-570.
14 Andreescu u.a.: Evreii (Anm. 7), S. 33, 601-673.

internationalen Vereinbarungen ab, die das Ceauşescu-Regime abgeschlossen hatte; die Anzahl betrug konstant zwischen 1.000 und 2.000 Personen pro Jahr, nur 1970 (5.265 Personen), 1972 (2.627 Personen), 1973 (3.617 Personen) und 1974 (3.231 Personen) wurde diese Zahl überschritten – insgesamt waren es in diesen 22 Jahren 40.797. Mit der Reduzierung der jüdischen Bevölkerung in Rumänien – auch nach der politischen Wende von 1989/1990 – sank die Auswandererzahl zwischen 1991 und 1995 auf 300 bis 500 Personen jährlich (insgesamt 2.239 Personen).[15]

Die demographische Entwicklung der Juden Rumäniens nach dem Holocaust spiegelt die auf die jüdische Gesellschaft wirkenden Einflüsse wider. Die Lage der Juden in den ersten Nachkriegsjahren verdeutlicht eine Schätzung der Rumänien-Abteilung des Jüdischen Weltkongresses von Anfang 1947. Aufgrund der Informationen der Gemeinden wurde die jüdische Gesamtbevölkerung mit 428.132 angegeben (56,5 % der registrierten Zahl von 1930). Der Verlust von fast der Hälfte der Bevölkerung ging auf den Holocaust und auf die Gebietsverluste Rumäniens nach dem Zweiten Weltkrieg zurück. Die meisten Juden, nicht weniger als 96 %, lebten in Städten.[16]

Nach den alle zehn Jahre (außer zwischen 1980 und 1990) durchgeführten Volkszählungen ist die jüdische Bevölkerung drastisch gesunken. Wo 1956 noch 146.264 Juden (34 % der Eintragung von 1947) in Rumänien lebten, verminderte sich diese Zahl auf 42.888 Personen im Jahr 1966 (10 % zu 1947), 24.667 Personen 1977 (5,76 %), 8.955 Personen 1992 (2,1 %), 5.785 Personen 2002 (1,35 %) und 3.271 im Jahr 2011 (0,76 %). Unverändert wohnten die meisten in den Städten: 42.131 (98,2 %) im Jahr 1966, 24.266 (98,4 %) im Jahr 1977 und 8.799 (98,3 %) im Jahr 1992.

Die kulturelle Dissimilation der jüdischen Bevölkerung spiegelt sich in der Zahl der Jiddisch Sprechenden wider: 34.387 im Jahr 1956 (23,5 %), 5.143 im Jahr 1966 (12 %), 964 im Jahr 1992 (10,8%) – im Vergleich zu 518.754 im Jahr 1930, was über zwei Drittel (68,5 %) der ganzen jüdischen Bevölkerung Großrumäniens gewesen war. 1992 zählten 9.670 Personen zur mosaischen Religion, 2002 waren es 4.713 (81,4 %), 2011 noch 2.868 Personen (87,7 %).

Hinsichtlich sozialer und beruflicher Struktur, verglichen mit der gesamten Bevölkerung Rumäniens, zeigt die Volkszählung von 1966 das klare Überwiegen von Beamten (59,4% der jüdischen Bevölkerung), gefolgt von Arbeitern (29%), Handwerkern (7,5%), Landwirten (0,5%) und Anderen (3,6%).

Die Volkszählung von 2002 ergab, dass nur 25 % der jüdischen Bevölkerung Rumäniens berufstätig war. Die Sozialstruktur zeigt folgende Aufteilung: 22,3 % in der Industrie, 16,7 % in freien Berufen, 15 % im Handel, 13,1 % im Gesundheits- und Sozialwesen, 12,9 % im Schul- und Bildungsbereich, 4,1 % in der öffentlichen Verwaltung, 3,7 % in Transport- und Kommunikationswesen, 1,8 % in der Landwirtschaft und im Forstwesen, 8,6 % in anderen Bereichen. Hier spiegelt sich noch das berufsständische Modell der jüdischen Gesellschaft Rumäniens in der Zwischen-

15 Bines: Din istoria (Anm. 9), S. 92-94, 211.
16 Aşezările (Anm. 11), S. 30-32.

kriegszeit wider. Im Licht der Zahlen ist dies aber nur noch ein symbolisches Relikt des einst blühenden jüdischen Lebens.[17]

Die heute existierenden, um ihre Synagogen gruppierten Gemeinden mit Mitgliedern meist der dritten Generation sind Zeugen einer von Diktaturen und unheilvollen Vorurteilen geprägten Vergangenheit, aber auch von großartigen Beiträgen zur geistigen und materiellen Kultur Rumäniens.

Heute leben die meisten rumänischen Juden in anderen Teilen der Welt. Dennoch ist die Bewahrung des jüdischen Gemeinschaftslebens und jüdischer Kultur in akademischen Zentren für jüdische Studien von großer Bedeutung. Das 1991 als erste derartige Einrichtung in Klausenburg gegründete ‚Institut für Judaistik und Jüdische Geschichte Dr. Moshe Carmilly' (‚Institutul de Iudaistică şi Istorie Evreiască Dr. Moshe Carmilly') zeigt, dass jüdische Traditionen auch für kommende Generationen erhalten werden können.

---

17 Recensămîntul populaţiei din 21 februarie 1956 [Die Volkszählung vom 21. Februar 1956]. Bucureşti 1961, S. XXXVIII-XXXIX; 188-341; Recensămîntul populaţiei şi locuinţelor din 15 martie 1966 [Die Volkszählung und die Zählung der Wohnungen vom 15. März 1966], Bd. 1, Bucureşti 1969, S. 153-154, 158, 175; Recensămîntul populaţiei şi al locuinţelor din 5 ianuarie 1977 [Die Volkszählung und die Zählung der Wohnungen vom 5. Januar 1977], Bd. 1, Bucureşti 1980, S. 614-619; Recensămîntul populaţiei şi locuinţelor din 7 ianuarie 1992 [Die Volkszählung und die Zählung der Wohnungen vom 7. Januar 1992], Bd. 1, Bucureşti 1994, S. 708-751, 760-761; Recensămîntul populaţiei şi al locuinţelor 18 martie 2002 [Die Volkszählung und die Zählung der Wohnungen vom 18. März 2002], Bd. 6, Bucureşti 2003, S. 2-15, 196-283, 294-373.

IV.
Bittere Bilanz

Wolfgang Benz

Christliche Barmherzigkeit für Judenmörder Kirchliche Hilfe zur Flucht von NS-Verbrechern

Parallel zum Exodus der Juden als Opfer der nationalsozialistischen Herrschaft gab es einen Exodus der Täter. Gestürzte Gewalthaber des NS-Regimes waren auf der Flucht vor Verantwortung und Strafe, manche verbargen sich unter falscher Identität, andere versteckten sich in abgelegenen Regionen, viele saßen in Internierungslagern oder im Gefängnis. Dem alliierten Verfolgungseifer kontrastierten Mitleid und Solidarität auf deutscher Seite. Die Ausreise, die Flucht aus dem besetzten Deutschland und Österreich gestaltete sich schwierig, denn sie, der Uniformen, der Titel und der Macht ledig, waren jetzt kriminelle Subjekte, verfemt als ehemalige KZ-Kommandanten, NSDAP-Funktionäre, SS-Offiziere, auf der Flucht vor der Justiz, vor irdischer Gerechtigkeit, vor ihren Opfern, vor der Erinnerung.

Im Gegensatz zu den ‚Displaced Persons', die von internationalen Organisationen betreut wurden, durften die abgehalfterten Nazi-Verbrecher nicht auf organisierte offizielle Hilfe für ihr Entkommen rechnen. Die spektakuläre Elite der SS, die für den schlimmsten Fall, den Untergang des NS-Staats, vorgesorgt und ein Netz der Hilfe geknüpft und einen schlagkräftigen Apparat namens ODESSA errichtet hatte – diese Elite mit ihrem Hilfswerk waren ein Mythos. Die ‚Organisation der ehemaligen SS-Angehörigen' (ODESSA), die einer Krake gleich in der ganzen Welt den Slogan der SS ‚Deine Ehre heißt Treue' in Rettungsaktionen für die Angehörigen des ‚Ordens' umgesetzt haben soll, gab es nicht. ODESSA war ein Phantasieprodukt.[1] Aber Helfer für die Nazis gab es doch.

Notwendig war es zunächst, sich dem Zugriff der Alliierten zu entziehen, die schon vor Kriegsende verkündet hatten, NS-Verbrecher zur Rechenschaft zu ziehen und sie vor Gericht zu stellen. Ein wichtiger Fluchtweg war die ‚Rattenlinie' aus dem besetzten Deutschland und Österreich durch Südtirol nach Rom, wegen der Relaisstationen auch ‚Klosterroute' genannt. In den ersten Jahren nach dem Zusammenbruch des Dritten Reiches war dieser Weg, trassiert und gepflegt von Geistlichen und Würdenträgern der katholischen Kirche, eine komfortable Möglichkeit, der Verantwortung für Gewaltverbrechen wie der Mitwirkung beim Judenmord zu entkommen. In Rom wirkte der Franziskaner Krunoslav Draganović, ein ehemaliger Ustaschamann, für seine kroatischen Landsleute. Er war Sekretär des päpstlichen Instituts ‚San Girolamo degli Illirici', dem Pendant zur deutschen und österreichischen Nationalkirche in Rom, dem ‚Collegio Teutonico' des österreichischen Bischofs Hudal. Der kroatische Faschist war auch für das päpstliche Flüchtlingshilfswerk zuständig, dabei oblag ihm die Betreuung kroatischer Gefangener in alliierten Lagern. Lie-

1 Heinz Schneppen: Odessa und das Vierte Reich. Mythen der Zeitgeschichte. Berlin 2007 (Zeitgeschichte 3).

bevoll sorgte er für Ustascha-Faschisten, deren Anführer, der ehemalige Staatschef Ante Pavelić, vor seiner Emigration nach Argentinien zusammen mit Mitgliedern seines Kabinetts lange Zeit Gast in San Girolamo war.

Dem Bischof Ivan Bucko lag das Schicksal der in Rimini internierten Ukrainer einer Waffen-SS-Division stark am Herzen, durch päpstliche Intervention bei der britischen Regierung entgingen die Ukrainer der Repatriierung in die Sowjetunion und waren in einer Stärke von 8.000 bis 9.000 Mann in Kanada und Australien als Siedler willkommen. Der Erzbischof von Genua Giuseppe Siri war ein weiterer Helfer in der Not der Nazis. Genua war der wichtigste Hafen für die Flucht nach Südamerika.

Der Stadtpfarrer von Sterzing, Johann Corradini, half bei der Flucht des SS-Obersturmbannführers Adolf Eichmann, der Franziskaner Franz Pobitzer in Bozen versteckte Erich Priebke, das Albergo Lupo am Brenner war ein beliebter Unterschlupf für NS-Verbrecher im Transit wie den SS-Standartenführer Walter Rauff, der die Gaswagen konstruieren ließ, in denen hunderttausende Juden ermordet wurden. Auch das Deutschordenskloster in Meran und das Kapuzinerkloster bei Brixen waren gastfreundliche Orte für Nazis, ebenso das Bozener Kloster der Franziskaner. Der Bischof der Diözese Brixen, Johannes Geisler, sorgte sich intensiv um das Wohl von Nazis, unterstützt von seinem Generalvikar Alois Pompanin und vielen Klerikern.[2]

Zu den Praktiken der Fluchthilfe überliefert Simon Wiesenthal eine Anekdote, die er zwar in seine obsessiven ODESSA-Phantasien einbettet, sie ist aber trotzdem plausibel. Die ‚Bricha', die illegal jüdische Flüchtlinge durch Österreich nach Italien schleuste, von wo aus sie über das Mittelmeer nach Eretz Israel zu gelangen suchten, benutzte die gleichen Methoden und Stationen wie die Kirche und die Geheimdienste zugunsten der Nazis. Wiesenthal berichtet:

> Ich kenne ein kleines Gasthaus in der Nähe von Meran, wo illegale Nazitransporte und illegale Judentransporte zuweilen miteinander die Nacht unter dem gleichen Dach verbrachten, ohne voneinander zu wissen. Die Juden waren im ersten Stock versteckt und angewiesen, sich nicht zu rühren; und die Nazis im Erdgeschoß hatte man dringend gewarnt, sich außerhalb des Hauses sehen zu lassen. Ein Kurier der Bricha hat mir einmal erzählt, wie so etwas geschehen konnte. ‚Wir alle waren versteckt wie die Diebe in der Nacht. Allen hatte man gesagt, sie sollten ja da bleiben, wo sie eingewiesen waren. Tauchte ein Fremder auf, verschwand man schleunigst. Unsere Kontaktmänner haben sich bestimmt amüsiert – es waren Berufsschmuggler aus der Gegend, die auf gutem Fuß standen mit der Polizei und den Grenzposten. Es war ihnen egal, wen sie hinüberbrachten – wenn sie nur bezahlt wurden'.[3]

Die Flucht prominenter nationalsozialistischer Verbrecher nach Südamerika wurde mit Adolf Eichmanns Entführung aus Argentinien durch den israelischen Geheimdienst Anfang der sechziger Jahre ein Thema, das die Öffentlichkeit bewegte. Medial unterstützt entstand die Legende von der einflussreichen Geheimorganisation ODESSA, in der die SS fortlebte, die für das Fortkommen ehemaliger KZ-Kom-

2 Gerald Steinacher: Nazis auf der Flucht. Wie Kriegsverbrecher über Italien nach Übersee entkamen. Innsbruck 2008.

3 Simon Wiesenthal: Doch die Mörder leben. München 1967, S. 109.

mandanten und anderer Täter des Holocaust sorgte. *Die Akte Odessa*, gegründet auf Behauptungen Simon Wiesenthals,[4] der als Nazijäger eine Autorität war, wurde in den siebziger Jahren als Roman[5] und als Film zur Inkarnation des Verschwörungsmythos vom geheimen Fortbestehen der NS-Elite.

Tatsächlich sind außer Eichmann viele Täter wie der KZ-Arzt Josef Mengele, der Kommandant des Vernichtungslagers Treblinka Franz Stangl, der stellvertretende Lagerkommandant von Sobibór Gustav Franz Wagner und viele andere wie der einstige Gestapo-Chef in Lyon, Klaus Barbie, der Kommandant des Ghettos Przemysl, Josef Schwammberger, der professionelle Antisemit Johann von Leers, der SS-Hauptsturmführer Erich Priebke, der am Massaker in den Ardeatinischen Höhlen in Rom beteiligt war und viele andere Täter nach dem Zusammenbruch des NS-Staates nach Südamerika entkommen. Ihre Helfer saßen in Italien, vor allem in Südtirol und Rom.

Eine Schlüsselfigur war der 1885 in Graz geborene Alois Hudal, Theologieprofessor und seit 1923 Rektor des Collegio Teutonico di Santa Maria dell'Anima in Rom, seit 1933 Bischof und päpstlicher Thronassistent, der Papst Pius XII. persönlich nahestand und sich bis Anfang 1950 des besonderen Segens des Heiligen Vaters für sein Nazihilfswerk erfreuen durfte. Monsignore Montini (der spätere Papst Paul VI.) im vatikanischen Staatssekretariat engagierte sich unter dem Wohlwollen Pius XII. für bedrängte Nationalsozialisten, der amerikanische Kardinal Spellmann warb in katholischen Kreisen der USA Finanzmittel ein, aber auch aus anderer Quelle floss Geld. Ein Brief an Hudal vom 4. April 1949, abgesandt vom Staatssekretariat des Vatikans, beweist die tätige Anteilnahme am Hilfswerk für die Täter. Er habe die angenehme Pflicht, schrieb Montini,

> Ihrer hochwürdigsten Exzellenz den Betrag von 30000 Lire zu überreichen, der hier beigelegt ist, als außerordentliche Unterstützung, die der Heilige Vater gütig Österreichern zu überlassen geruht.

Dem Geschenk sei als „Ausdruck seiner väterlichen Güte" der päpstliche Segen für Bischof Hudal und dessen Mitarbeiter hinzugefügt.[6] Der Segen wurde Hudal erst entzogen, als die italienische Presse über seine Hilfe für den einstigen Gouverneur des Distrikts Krakau unter deutscher Besatzung, Wächter, berichtete, wodurch der Vatikan in unerwünschte Schlagzeilen geriet. Bis dahin hatte Hudal beträchtliche Hilfeleistungen organisiert.

Hudal hatte Helfer und Gesinnungsgenossen, die geleitet vom Gedanken der Vergebung, der Abwehr des Kommunismus, dem Kampf gegen Nihilismus und Atheismus in seltsamem Werteverständnis die Taten der NS-Verbrecher in Konzentrationslagern und beim Judenmord geringer bewerteten als die Bereitschaft zur Rückkehr oder Bekehrung zu den Überzeugungen und Verheißungen der katholischen Kirche.

---

4 Vgl. Wiesenthal: Doch die Mörder leben (Anm. 3), S. 101ff.

5 Frederick Forsyth: Die Akte Odessa. München 1973 (viele weitere Auflagen).

6 Ernst Klee: Persilscheine und falsche Pässe. Wie die Kirchen den Nazis halfen. Frankfurt a.M. 1991 (Fischer-Taschenbücher 10956), S. 39.

An Hudals Seite war der Pallotiner Pater Anton Weber tätig, nicht minder der Vizerektor der ‚Anima', Kaplan Karl Heinemann.

Christliche Barmherzigkeit war nicht die einzige Triebfeder des Bischofs Hudal. Er sympathisierte von Anfang an mit dem Nationalsozialismus und unternahm 1942 einen Versuch zu Friedensgesprächen mit einem Amateurgeheimdienstler im SS-Rang.[7] Hudal fühlte sich nach dem Untergang des Dritten Reiches berufen, den Gesinnungsgenossen zu helfen. Ein weiteres, sehr wichtiges Motiv der katholischen Kirche, insbesondere prominent vertreten durch Papst Pius XII., war das Bestreben, den Untergang des christlichen Abendlandes zu verhindern. Das Abendland sahen kirchliche Würdenträger, darin einig mit dem NS-Propagandaminister Goebbels, durch den Bolschewismus äußerst bedroht. Die Ideologie des Nationalsozialismus mit ihren Charakteristika Rassismus, Antisemitismus, Herrenmenschentum, Militarismus, praktiziert und mit vielen Millionen Opfern als menschenfeindlich bezeugt, erschien nicht nur Würdenträgern der katholischen Kirche als geringeres Übel gegenüber der bolschewistischen Gefahr.

Die Furcht vor einem Dritten Weltkrieg, ausgelöst durch Stalin zur Durchsetzung der kommunistischen Weltrevolution, war zur Zeit des Kalten Krieges eine verbreitete Form bürgerlicher Massenhysterie. Das Schlagwort Nihilismus bildete den Nucleus der Ängste, und die damit umschriebenen Gefahren schlossen nahtlos an Beschwörungen der NS-Propaganda an. Das Schicksal der europäischen Judenheit wurde zwar als Tragödie wahrgenommen, aber gegenüber der mit Schuld aufgeladenen Präsentation des Holocaust durch die alliierten Sieger, die vor allem als Besatzungsmächte und als Herrscher über Deutschland wahrgenommen wurden, blieb die Indoktrination Goebbels', der die Einheit eines vermeintlichen Weltjudentums und bolschewistischen Herrschaftsstrebens gepredigt hatte, wirksam.

Empathie mit den Resten der jüdischen Bevölkerung Europas, die den Naziterror überlebt hatten, war keineswegs so selbstverständlich, wie das Jahrzehnte später erscheinen mochte. Antisemitismus war zwar offiziell geächtet, aber die Ressentiments lebten natürlich fort, frisch aufgeladen durch den Argwohn gegenüber jüdischen Emigranten und Displaced Persons, genährt durch Neidgefühle wegen der vermeintlichen Vorzugsbehandlung, die Juden in der Nachkriegszeit erfuhren und erheblich gefördert durch Emotionen der Schuld und Scham, die durch die Publizität der Nürnberger Prozesse und alliierter Anstrengungen zur Demokratisierung der Deutschen entstanden. Man kann wohl auch von trotzigem Patriotismus als verbreiteter Haltung deutscher und österreichischer Bürger sprechen, die persönlich nicht einmal fanatische Nazis gewesen waren.

Dass das NS-Regime kirchenfeindlich gewesen war, schien nach seinem Zusammenbruch den katholischen Würdenträgern nachrangig, und angesichts vermeintlich größerer Gefahr, die Europa ab 1945 drohte, verzeihlich, ebenso wie die Verstri-

---

7 Hansjakob Stehle: Bischof Hudal und SS-Führer Meyer. Ein kirchenpolitischer Friedensversuch 1942/43. In: Vierteljahrshefte für Zeitgeschichte 37(1989), S. 299-322. Dort ist auch zu lesen, dass Hudal im Oktober 1943 zugunsten von Juden beim deutschen Stadtkommandanten in Rom interveniert hatte.

ckung der katholischen Kirche in die klerikalfaschistischen Regimes in der Slowakei oder in Kroatien. Die Verfolgung der Juden war am Ende des Zweiten Weltkriegs kein zentrales Thema für das große Publikum. Vom angeblich christlich-jüdischen Abendland war noch lange keine Rede und um das christliche Abendland vor Stalins Zugriff zu retten, schienen alle Mittel geboten und erlaubt.

Mit Bischof Hudal stand an der Spitze des österreichischen Komitees der päpstlichen Hilfskommission für Flüchtlinge ein Antisemit,[8] der vom Nationalsozialismus begeistert war und sich in den dreißiger Jahren für eine Annäherung zwischen Nationalsozialismus und Katholizismus engagiert hatte. Alois Hudal verstand sich als Großdeutscher und als Brückenbauer zwischen Nationalsozialismus und katholischer Kirche.

Dazu hatte er ein Buch verfasst, das 1937 unter dem Titel *Die Grundlagen des Nationalsozialismus* erschienen war. Hudal unterschied im Eifer des sendungsbewussten Patrioten das vermeintlich Gute in der Hitlerbewegung von einem linken, kommunistischen Flügel in der NSDAP, der die hehren Ziele bedrohe und deshalb bekämpft werden müsse. Hudal brüstete sich, im Mai 1933 vor der deutschen Gemeinde in Rom den Nationalsozialismus begrüßt zu haben mit den Worten:

> Die glanzvolle Vergangenheit des deutschen Volkes wird wieder lebendig. Je mehr die vaterlandslosen Elemente aus dem öffentlichen Leben verschwinden, die in den Tagen des Umsturzes den deutschen Soldatenstand geschändet und mit ihm alles, was in der deutschen Geschichte groß und heilig war, in den Kot gezogen haben, desto mächtiger soll der große völkische Gedanke erwachen, das erhabene Bewußtsein der Einheit aller Deutschen in Sprache und Kultur.[9]

Es sei „eine Pflichterfüllung für den deutschen Bischof in Rom" gewesen nach dem Machterhalt des Nationalsozialismus „Stellung zu nehmen und für die deutschen Katholiken einen Weg vorzuzeichnen."[10] Damit leitete Hudal seinen Versuch ein, die Parteinahme für den Nationalsozialismus ideengeschichtlich zu begründen. Auf zwölf Druckseiten behandelte er auch ‚Die Judenfrage' und begründete die Notwendigkeit des Antisemitismus als völkische Notwehr. Der katholische Bischof bemühte sich, seine Sympathie für die Judenfeindschaft mit vorsichtiger Distanz zum Rassenantisemitismus zu verbrämen.[11]

Die christliche Barmherzigkeit des Vatikans galt nicht nur den in italienischen Lagern internierten ehemaligen deutschen und österreichischen SS-Angehörigen, Nationalsozialisten und ihren Verbündeten, kroatischen Ustaschas, Ukrainern usw. Die Pilgerfahrt nach Rom versprach auch entflohenen Internierten aus Deutschland, Österreich und Kroatien Hilfe beim Entkommen vor irdischer Gerechtigkeit. Viele brachen auf und entsannen sich katholischer Wurzeln, oder fühlten spirituelle Bedürfnisse, die sie zuvor nicht gekannt hatten. Denn die Fürsorge des Vatikans galt

8 Hudal lavierte zwar hinsichtlich der nationalsozialistischen Rassenideologie, war also weniger Antisemit im rassistischen Verständnis, aber unbedingt im antijudaistischen Sinne ein Feind der Juden.

9 Bischof Dr. Alois Hudal: Die Grundlagen des Nationalsozialismus. Leipzig und Wien 1937, S. 9f.

10 Hudal: Die Grundlagen (Anm. 9).

11 Hudal: Die Grundlagen (Anm. 9), S. 81-94.

in erster Linie Katholiken und die Rückkehr einstiger Abtrünniger wurde mit Eifer betrieben und durch eine (kirchenrechtlich nicht zulässige und deshalb mit Tricks vollzogene) Zweittaufe besiegelt.

Gegenüber NS-Verbrechern wie dem Kommandanten des Vernichtungslagers Treblinka, in dem 900.000 Juden ermordet wurden, SS-Hauptsturmführer Franz Stangl, zeigte sich Bischof Hudal äußerst liebreich. Dem gebürtigen Österreicher Stangl war im Mai 1948 die Flucht aus der Internierungshaft in Linz gelungen. Er hatte sich nach Rom durchgeschlagen weil er wusste, dass im Vatikan ein Bischof Hilfsdienste für Leute seines Schlages leistete. Ein alter Kamerad, den er zufällig in der Heiligen Stadt traf, wusste Bescheid und wies den Weg. Der Empfang war warm und herzlich: „Der Bischof kam in das Zimmer, wo ich wartete, streckte mir beide Hände entgegen und sagte: ‚Sie müssen Franz Stangl sein. Ich hab‘ Sie erwartet.‘"

Der Gottesmann verschaffte dem Massenmörder eine Unterkunft, gab ihm Geld und besorgte einen Pass. Das Dokument, ausgestellt vom Roten Kreuz, hatte einen Schönheitsfehler. Stangl machte seinen Wohltäter sofort darauf aufmerksam:

> Ich sagte: ‚Die haben einen Fehler gemacht, das ist nicht richtig. Mein Name ist Franz D. Paul Stangl.‘ Aber er klopfte mir auf die Schulter und sagte, ‚Wir wollen schlafende Hunde nicht wecken – lassen Sie's lieber.‘ Er verschaffte mir ein Visum für Syrien und eine Stelle in einer Weberei in Damaskus und gab mir eine Schiffskarte. Und so bin ich nach Syrien gekommen. Und nach einiger Zeit kam meine Familie mir nach, und drei Jahre später, 1951, wanderten wir nach Brasilien aus […].[12]

Anfang 1949 hatte Bischof Hudal in einem Artikel der deutschsprachigen Zeitschrift *Der Weg* seine Gesinnung öffentlich dargelegt. *Der Weg* war von alten Nazis redigiert, er erschien im einschlägig revisionistisch-rechtsextremen ‚Dürer Verlag‘ in Buenos Aires. Hudals Text, der von zahlreichen rechtsradikalen Blättern in Deutschland und Österreich nachgedruckt wurde, enthielt den Hinweis auf die Liebestätigkeit im Vatikan zugunsten von NS-Verbrechern:

> Bekennt Euch stolz und furchtlos überall zu Eurer christlichen Weltanschauung. Viele von Euch haben die stille, opferfreudige Hilfsarbeit der Kirche gegenüber allen Flüchtlingen und politisch Verfolgten ohne Unterschied ihres Glaubensbekenntnisses und der Rasse mit eigenen Augen in Rom und anderswo gesehen und viele haben auch diese Liebestätigkeit im eigenen Leben persönlich wohltuend erfahren.[13]

Auch das politische Bekenntnis des Verfassers Hudal war im Klartext zu lesen: Der Krieg sei ein „Daseinskampf um Sein oder Nichtsein" gewesen, dem deutschen Volk sei großes Unrecht geschehen, aber die „lieben Landsleute sollten nicht den Geistern des Hasses und der Rache" vertrauen.[14] Aber, so die Botschaft des katholischen Oberhirten:

---

12 Gitta Sereny: Am Abgrund. Eine Gewissensforschung. Gespräche mit Franz Stangl, Kommandant von Treblinka und anderen. Frankfurt am Main 1980, S. 319f.

13 Klee: Persilscheine (Anm. 6), S. 28.

14 Sereney: Am Abgrund (Anm. 12).

> Glaubt auch nicht ohne weiteres allen Prozeßakten von Nürnberg, Landsberg und manchen Spruchkammern […] Nur wenige Jahre werden vergehen, und die große Revision der deutschen Geschichtsschreibung der letzten 30 Jahre wird beginnen, um auch unserem Volke wieder zu Recht und Gerechtigkeit zu verhelfen.[15]

Mit solcher Anbiederung an unverbesserliches Nazitum hatte Bischof Hudal als kirchlicher Würdenträger ein bisschen überzogen. Das vatikanische Staatssekretariat erteilt ihm einen Verweis, der freilich von einem jungen Geistlichen am unteren Rand der kirchlichen Hierarchie überbracht wird, dem Hudal ungerührt erklärt, er werde keine Zeile zurücknehmen, weil er überzeugt sei, dass schon in fünf Jahren „alle anständigen Deutschen" so denken würden wie er vielleicht ein wenig zu früh.[16]

Wenig später war Hudals Wirken Anlass eines neuen Skandals. Zu den Schützlingen des Bischofs gehörte Otto Wächter, 1901 in Wien geboren, promovierter Jurist und seit 1930 Mitglied der NSDAP, seit 1935 auch der SS, in der er es bis zum Generalsrang brachte. Wächter war hochrangiger Funktionär des NS-Regimes gewesen, als Distriktchef und Stellvertreter des Generalgouverneurs Hans Frank war er mitverantwortlich für die Ausbeutung und das Unrecht in Polen, die Unterdrückung und Verfolgung der Einwohner und für den Judenmord. Auch ihm gelang die Flucht nach Rom, wo er ganz besondere Zuwendung durch Bischof Hudal erfuhr:

> Im römischen Spital Santo Spirito starb in meinen Armen, von mir bis zum Ende betreut, der Vizegouverneur von Polen […] der von alliierten und jüdischen Stellen überall gesucht wurde. Während sein Chef Frank in Nürnberg gehängt wurde, gelang es Wächter, nicht zuletzt auch dank der rührenden selbstlosen Mithilfe italienischer Ordensgeistlicher unter fremdem Namen in Rom monatelang zu leben, bis er einer Vergiftung, die er selbst auf den amerikanischen Geheimdienst zurückführte (in diesem arbeitete in Rom ein früherer deutscher Major!) zum Opfer fiel.[17]

Presseberichte über Hudals Fürsorge (vor allem wegen dessen mangelnder Diskretion) schreckten die Zuständigen im Vatikan auf. Hudal wiegelte im September 1949 ab, es handele sich um die Verleumdung eines „Journalisten jüdischer Rasse und protestantischer Konfession".[18] Aber dem Bischof Hudal wurden von Monsignore Giovanni Battista Montini im päpstlichen Staatssekretariat die Leviten gelesen. Papst Pius XII. empfing ihn fortan nicht mehr, um die Kirche nicht zu kompromittieren. 1952 schied Bischof Hudal, nachdem der Vatikan starken Druck ausgeübt hatte, verbittert aus dem Amt als Rektor der ‚Anima', 1963 ist er gestorben, von Nazis als Wohltäter verehrt, ein Fluchthelfer für Gewaltverbrecher, der sich in posthum erschienenen Memoiren seiner Taten brüstete. Über Hudals Motive und über seine Verschwörungsphantasien ist dort zu lesen:

---

15 Klee: Persilscheine (Anm. 6), S. 28.

16 Alois Hudal: Römische Tagebücher. Lebensbeichte eines alten Bischofs. Graz 1976, S. 296.

17 Hudal: Römische Tagebücher (Anm. 15), S. 298.

18 Klee: Persilscheine (Anm. 6), S. 49.

> Mit Ergriffenheit denke ich oft an die Worte des früheren Vizegouverneurs in Polen, Generalleutnant der SS Otto von Wächter, der überall nach Kriegsende verfolgt, geächtet und bedroht, einsam, fern seiner Familie mit fünf Kindern, vom amerikanischen Geheimdienst vergiftet (?), in Castelgandolfo, im römischen Heiligen-Geist-Spital, in meinen Armen seine Seele aushauchte: ‚Ach, wie bedaure ich es, daß wir Nationalsozialisten nicht eine Verständigung mit der Kirche gefunden haben!' Dieses Bekenntnis eines sterbenden SS-Mannes an höchster Stelle möge der deutschen Jugend stets Mahnung und Richtung sein![19]

Wichtige Hilfsdienste für die Werke katholischer Nächstenliebe leistete das Internationale Komitee vom Roten Kreuz, das Pässe für die auswanderungswilligen Nationalsozialisten ausstellte, nachdem die päpstliche Hilfsstelle deren Identität bestätigt hatte. Bis Mitte 1952 sind 120.000 Personaldokumente vom Roten Kreuz angefertigt worden in einem höchst anfechtbaren Verfahren, das rechtlich zwar bedeutungslos war, in der Praxis aber sehr gut funktionierte. Da das Rote Kreuz nur für Staatenlose zuständig war, wurden viele Anwärter auf Fluchthilfe aus Deutschland und Österreich mit Hilfe Südtiroler Pfarr- und Gemeindeämter zu ‚Staatenlosen' gemacht. Die Begründung lautete, sie hätten angeblich vor 1945 als Südtiroler für Deutschland optiert.

Die kirchliche Fluchthilfe war nicht die einzige. Geheimdienste, insbesondere US-amerikanische Organisationen, spielten mit dem Aufbau der ‚Rattenlinie', über die Kriegsverbrecher, die wegen spezieller Kenntnisse und Fähigkeiten erwünscht waren, eine eigene Rolle beim Transfer von Nationalsozialisten nach Übersee. Südtirol war die Drehscheibe und Argentinien ein wichtiges Auswanderungsziel. Juan Peron, 1946 bis 1955 faschistoider Staatspräsident Argentiniens, hatte (wie die USA) eigene Interessen, kompetentes Personal aus den Trümmern des NS-Staats für die Modernisierung des Landes zu rekrutieren. Die Aktivitäten US-amerikanischer Geheimdienste, die Informanten und anderen Nützlingen zur Flucht aus Deutschland, zu neuer Identität und zur Immigration in Südamerika halfen, waren ebenso lange bekannt, wie sie Gegenstand diplomatischer Diskretion waren.[20] Die Rolle des Vatikans wurde durch einen Ermittler der US-Regierung, Vincent La Vista, frühzeitig ans Licht gebracht. Der politische Zynismus lag darin, dass dies geschah, noch während bei Kriegsverbrechertribunalen in der amerikanischen Besatzungszone die Fahne der Gerechtigkeit aufgezogen und die Entnazifizierung im Gange war.

Bischof Hudal, der wegen seines kompromittierenden öffentlichen politischen Engagements vom Vatikan schließlich aus dem Amt gedrängt wurde, war zur Symbolgestalt katholisch-christlichen Engagements für NS-Verbrecher geworden. Er fühlte sich in seinem Streben, einem ‚christlichen Nationalsozialismus' die Wege zu ebnen, verkannt, er empfand sich als Opfer, weil er seinen rechtskonservativen Patriotismus als großdeutsch fühlender Österreicher desavouiert und seinen Kampf gegen die kommunistische Gefahr missachtet sah. Alle Erfahrung – zu der die Ent-

---

19 Hudal: Römische Tagebücher (Anm. 15), S. 262f.

20 Christopher Simpson: Der amerikanische Bumerang. NS-Kriegsverbrecher im Sold der USA. Wien 1988.

täuschung über den Nationalsozialismus gehörte, der im Wahn des frommen Bischofs von linken Kräften in dessen eigenen Reihen zugrunde gerichtet worden sei – habe ihn schließlich veranlasst, schrieb er, seine Rechtfertigungsmemoiren einleitend,

> nach 1945 meine ganze karitative Arbeit in erster Linie den früheren Angehörigen des NS und Faschismus, besonders den sogenannten ‚Kriegsverbrechern' zu weihen, die von Kommunisten und ‚christlichen' Demokraten verfolgt wurden, oft mit Mitteln, deren Methoden sich nur wenig von manchen ihrer Gegner von gestern unterschieden haben; obwohl diese Angeklagten vielfach persönlich ganz schuldlos, nur die durchführenden Organe der Befehle ihnen übergeordneter Stellen und so das Sühneopfer für große Fehlentwicklungen des Systems waren. Hier zu helfen, manchen zu retten, ohne opportunistische und berechnende Rücksichten, selbstlos und tapfer, war in diesen Zeiten die selbstverständliche Forderung eines wahren Christentums, das keinen Talmudhaß, sondern nur Liebe, Güte und Verzeihung kennt und Schlußurteile über die Handlungen des eigentlichen Menschen nicht politischen Parteien, sondern einem ewigen Richter überläßt, der allein die Herzen, Beweggründe und letzten Absichten überprüfen kann.[21]

Seiner Klage, dass er wegen der geleisteten Hilfe als nazistischer oder allzu deutscher faschistischer Bischof gebrandmarkt und gestürzt worden sei, schloss Hudal den Dank an den Herrgott an, dass er ihm die Augen geöffnet und die unverdiente Gabe geschenkt habe, „viele Opfer der Nachkriegszeit in Kerkern und Konzentrationslagern besucht und getröstet und nicht wenige mit falschen Ausweispapieren ihren Peinigern durch die Flucht in glücklichere Länder entrissen zu haben."[22]

Nähme man die Causa Hudal als persönliches Bekenntnis eines kirchlichen Würdenträgers, der schließlich wegen seines Engagements ins Abseits geraten war, dann bliebe es ein individueller Fall von Irrtum und wahnhafter Weltsicht, wie er auch in katholischen Kreisen vorkommen kann. Die Sympathiebeweise, die Hudal erfuhr und vor allem die vielen Helfer und alle anderen, die NS-Verbrechern – aus unterschiedlichen Motiven – zur Flucht nach Südamerika oder nach Arabien halfen, weisen aber auf ein gesellschaftliches Problem, für das der Bischof nur ein besonders heftiges Symptom war.

Das Mitleid mit den Nazifunktionären, die Menschen wegen ihrer ‚Rasse', Herkunft, Religion oder Gesinnung totgeschlagen, gequält, deportiert, in Konzentrationslager verschleppt hatten, war nach dem Untergang ihres Systems keine vereinzelte Erscheinung. Gefühle der eigenen Demütigung unter Besatzungsherrschaft, patriotischer Trotz gegenüber den Siegern, die sich wie Sieger benahmen, Selbstmitleid als Opfer des Krieges, schiere unverschuldete Not, Scham wegen der Verbrechen, die jetzt öffentlich als ‚deutsche Untaten' verurteilt wurden – das waren Motive für viele, den hilflos gewordenen Nazis Empathie und Solidarität entgegenzubringen, zumal von ihnen keine Gefahr mehr ausging.

---

21 Hudal: Römische Tagebücher (Anm. 15), S. 21.
22 Hudal: Römische Tagebücher (Anm. 15), S. 21.

Festzuhalten bleibt außerdem – und das war entscheidend in der Nachkriegssituation – dass die Mehrheit nicht in der Lage war, den Opfern des Unrechtsregimes auch nur minimale Regungen des Verständnisses entgegenzubringen. Sei es aus Angst, als Folge nationalsozialistischer Indoktrination, aus Überzeugung oder Tradition: Die Juden (aber auch Sinti und Roma) als Opfer des Völkermords, Polen, Russen und andere Opfer unmenschlicher Besatzungsherrschaft und Bevölkerungspolitik, sie alle blieben Feinde, mindestens Fremde, im besten Falle interessierten sie nicht.

Der Exodus aus Europa war für die Betroffenen und vor allem die Juden daher die nächstliegende Option.

Anhang

Personenregister

Ortsregister mit Konkordanz

Abkürzungen

ACA: Allied Commission Austria
AJA: American Jewish Archives
AJDC: American Jewish Joint Distribution Committee ("Joint")
AJWS: Australian Jewish Welfare Society
AK: Armia Krajowa (polnische Untergrundarmee)
BE: British Element
CBF: Central British Fund for Jewish Relief and Rehabilitation
CCDP: Citizens Committee on Displaced Persons
CDE: Comitetul Democrat Evreiesc
CENTRA: Arbeitsgemeinschaft der jüdischen Gemeinden und Organisationen zentraleuropäischen Ursprungs in Lateinamerika
CIC: Counter Intelligence Corps
CRS: Commonwealth Record Series
CZA: Central Zionist Archives
DPG: Displaced Persons camps Germany
DP(s): Displaced Person(s)
ECAJ: Executive Council of Australian Jewry
FO: Foreign Office
FORD: Foreign Office Research Department
FRUS: Foreign Relations of the United States
HIAS: Hebrew Sheltering and Immigrant Aid Society
HUJ: Hebrew University of Jerusalem
IKUF: International Yiddish Cultural Movement
IRO: International Refugees Organisation
JA: Josef Rosensaft Archive of Bergen-Belsen
JCRA: Jewish Committee for Relief Abroad
Joint: siehe AJDC
JRU: Jewish Relief Unit
JTA: Jewish Telegraphic Agency
LRHC: Lady Rose Henriques Collection
LWSP: Leo W. Schwartz Papers
NAA: National Archives Australia
NKWD: Narodnyj kommissariat wnutrennich del (Volkskommissariat für innere Angelegenheiten)
NYANA: New York Association for New Americans
ODESSA: Organisation der ehemaligen SS-Angehörigen
OHD: Oral History Division
OMGBS: Office of Military Government Berlin Sector
OMGUS HQs: Office of Military Government for Germany Headquarters
OMGUS: Office of Military Government for Germany (U.S.)
ORT: Organisation – Reconstruction – Training
OSS: Office of Strategic Services
PCIRO: Preparatory Commission of the International Refugee Organization
PRO: Public Record Office
REC: Refugee Economic Corporation
RKFDV: Reichskommissariat für die Förderung deutschen Volkstums
SIU: Australian Special Investigations Unit
SJM: Sydney Jewish Museum
StHL: Stadtarchiv der Hansestadt Lübeck
UNDP: United Nations Displaced Persons
United HIAS Service: HIAS & United Service for New Americans
UNRRA: United Nations Relief and Rehabilitation Administration
USC: University of Southern California
USNA: United Service for New Americans
VoMi: Volksdeutsche Mittelstelle
WJC: World Jewish Congress
WJCP: World Jewish Congress Papers
WLL: Wiener Library London
YIVO: Institute for Jewish Research
YV: Yad Vashem Archives Jerusalem

Autorinnen, Autoren und Herausgeber

Prof. Dr. Thomas Albrich, Institut für Zeitgeschichte, Universität Innsbruck

Dr. Markus Bauer, Publizist, Berlin

Prof. Dr. Wolfgang Benz, Institut für Vorurteils- und Konfliktforschung e. V., Berlin

Dr. Miriam Bistrovic, Leo Baeck Institute – New York|Berlin.

Dr. Sigrun Jochims-Bozic, Historikerin, Gemeinschaftsschule Friedrichsort, Kiel

Prof. Dr. Ladislau Gyémánt, emeritus Professor, Institut für Geschichte, Babeş-Bolyai-Universität Cluj-Napoca (Klausenburg)

Dr. Angelika Königseder, Historikerin, Kuratorin und Lektorin, Berlin

Prof. Dr. Konrad Kwiet, emeritus Professor, Sydney Jewish Museum

Dr. Patrik von zur Mühlen, Forschungsinstitut der Friedrich-Ebert-Stiftung, Bonn

Prof. Dr. Matthias Weber, Bundesinstitut für Kultur und Geschichte der Deutschen im östlichen Europa, Oldenburg

Dr. Juliane Wetzel, Zentrum für Antisemitismusforschung der Technischen Universität Berlin

Dr. Markus Winkler, Institut für deutsche Kultur und Geschichte Südosteuropas an der Ludwig-Maximilians-Universität München